U0894522

商业个性与领导模式

(美) 泰德 · 普林斯 著
王占坡 梁芸 译

Business Personality and Leadership Success

中国财政经济出版社

图书在版编目(CIP)数据

商业个性与领导模式:有效提升你的事业与公司业绩的领导力法则/(美)普林斯(Prince,T.)著;王占坡,梁芸译.—北京:中国财政经济出版社,2012.1

书名原文:Business Personality and Leadership Success

ISBN 978-7-5095-3329-1

Ⅰ.①商… Ⅱ.①普… ②王… ③梁… Ⅲ.①企业领导学—研究 Ⅳ.①F272.91

中国版本图书馆 CIP 数据核字(2011)第 267341 号

著作权合同登记号:图字 01-2011-7987 号

责任编辑:刘占彬　　封面设计:华乐功

版式设计:孙志云　　责任校对:孙志敏

E. Ted Prince

Business Personality and Leadership Success: Using the Leadership Cockpit to Improve Your Career and Company Outcome

ISBN 978-0-6154-3244-1

中国财政经济出版社出版

URL: http://www.cfeph.cn

E-mail: webmaster@ewinbook.com

社址:北京海淀区阜成路甲 28 号　邮政编码:100142

发行电话:010-88190406

三河市祥达印装厂印刷　各地新华书店经销

787×1092 毫米　16 开　18.75 印张　255 千字

2012 年 2 月第 1 版　2012 年 2 月北京第 1 次印刷

定价:39.80 元

ISBN 978-7-5095-3329-1/F·2819

(图书出现印装问题,本社负责调换)

致　谢

为了写作本书，我已经进行了多年的准备。本书源于2003年至2006年期间我对CEO领导力特征及其对他们所领导公司的影响所做的研究。最终，我组建了一个团队来设计和开发这一评估系统，现在它被称为主管业绩评估系统（Executive Outcome Assessment，EXOA）。

团队的首席成员尼尔·福尔桑格（Neil Voorsanger）是评估体系中调查问卷的主要设计和开发者。作为我们的IT主管，大卫·威廉姆斯（David Williams）在把这个设计思路转变成一个可行的模型方面扮演了关键的角色。我的女儿瑞贝卡·普林斯（Rebecca Prince）在完善模型和评估系统以及将它们付诸实施方面起到了主要作用。没有这些团队成员的帮助和建设性意见，就不可能形成本评估系统，也不可能进行本书中开展的研究。

另外两名合作者给出了宝贵的建议。其中一位是哈尔丹—黛奥金尼斯公司（Haldane Diogenes）的负责人比尔·哈尔丹（Bill Haldane），他所掌握的关于CEO百科全书式的知识给我提供了无比宝贵的帮助，使我能保持正确的写作方向。佛罗里达州葛恩斯维尔市Goalmasters的皮特·约翰逊（Peter Johnson）也提出了宝贵和有益的建议。

另一位是我的朋友、无限能量（Infinite Energy）公司的CEO达林·库克（Darin Cook），同时他也是我的第一位真正客户。他也给出了很好的建议，同他的合作极大地推动了这一研究项目的进展。

对于从那时起就是我们客户的人们，我献上深深的谢意，感谢他们在合作中为我提供了从事这项研究的机会，在跟这些客户的合作过程中我所得到的深刻见解对本书内容的完善有着重要的影响。

然而，本书中的任何错误、遗漏或问题都是我自己造成的，我将对它们负全部责任。

本书已由我的实习生黄静（Jin Huang）负责在亚马逊以 Kindle 电子书和 Adobe 电子书的形式发表，她以熟练的技巧和专业的精神完成了工作，我对她的帮助和真诚的支持深表感谢。

泰德·普林斯

2012 年 1 月

作者小传

泰德·普林斯（E. Ted Prince）博士是佩斯领导力研究院（Perth Leadership Institute）的CEO和创始人，是全球公认的领导力和财务绩效方面的专家。他是《卓越领导者的3大财务风格》（*The Three Financial Styles of Very Successful Leaders*）的作者，本书英文版由McGraw-Hill公司2005年在纽约出版（后来在中国大陆、中国台湾省和印度出版）。他在学术和专业刊物上发表了大量关于领导力、管理学、人力资源、企业战略和技术方面的文章。普林斯博士经常应邀在企业高级主管专业会议上发表讲演。

在建立佩斯领导力研究院之前，普林斯博士在软件和技术行业有着20多年上市公司和私人公司CEO的丰富从业经验。在企业并购领域他也拥有丰富的经验，他曾在美国、欧洲和亚洲收购过多家企业。

当前，普林斯博士的主要工作是开展领导力方面的培训项目，内容主要集中在领导人的财务能力、行为金融学和高级主管的商业智慧方面。他还为世界上一些大型公司的高管和CEO提供领导力和商业智慧训练。

除了在佩斯领导力研究院的工作外，普林斯博士还担任佛罗里达大学沃灵顿商学院（Warrington Graduate School of Business）的客座讲师，讲授创业学课程，并作为上海财经大学的客座教授讲授财务领导学。

普林斯博士拥有新南威尔士大学（位于澳大利亚悉尼）语言和政治学的一等荣誉学士学位，以及莫纳什大学（位于澳大利亚墨尔本）政治学博士学位。

目　录

导　言

CEO 成败的原因

我作为 CEO 经营企业已有近 20 年的时间了。我经营过数家公司，在这些公司中，既有私人企业，也有上市公司，另外我还曾在多家企业的董事会任职。随着经验的增长，很自然地，我开始对一些 CEO 事业成功而很多 CEO 却遭遇失败的原因产生兴趣，并开始研究与我的企业类似的规模不大的公司。

随着对这个问题的兴趣日渐浓厚，我开始更多地关注大公司。即使大公司也存在同样的问题。一些大公司聘用的 CEO 往往在入职后一两年甚至在更短的时间内就被迫离职。这个问题在现实中没有得到缓解，而是日益严重[1]。看来这个问题不仅仅局限于我的生活圈，而是波及面很广，即使那些有成功记录的 CEO 也难免在下次遭遇失败。

随着年龄渐长，我开始就职于多家公司的董事会，开始以不同于以往的、圈内人的视角来看待 CEO。我也越来越多地参加 CEO 的招聘工作。当然，在这些人中，有很多随后因为失败而被炒掉，这就如同昼夜更替一样难以避免。

作为一名在任的 CEO，这些经历给了我许多思想的养料。在聘请 CEO 的时候，我们总是招聘我们周围最出类拔萃的人选。他们具有卓越的甚至是神奇的才能，这些才能会使公司更上一层楼。但谁能想到，过不了多久我们就不得不辞退他们。

随着思想的演变，我开始模糊地发现我所谓的 CEO 商业个性和他们的成败之间的联系。对我本人来说，这是个认识上的突破，因为此前我一直认为一名 CEO 的成败取决于诸如资本数量、市场地位和产品等外部因素。但我所发现的规律强烈地暗示着这些外部因素并不那么重要。真正重要的是 CEO 自身的商业个性。

我所认识到的规律将 CEO 的商业个性同公司的绩效联系在一起。也就在这个时候，我意识到其他人对这些规律可能也感兴趣。然而，在当时那个阶段，我将这个规律整理成文档，只是因为它们对我在佩斯领导力研究院的咨询工作有帮助。这就形成了纯粹为了服务客户而设计的工作手册初稿，而我的一些分析模型也在那时开始建立起来。

与我合作的 CEO 客户越来越多，我开始在他们身上检验我的思想和模型。我最初的思想尚处于萌芽状态，我发现它们中的许多经不起现实中 CEO 的评估。我的客户们常常就我的方法向我提出问题。我常常以为是他们的理解出现了偏差，然而当我进一步分析时，我发现他们往往是正确的。

我的客户们给我提供了十分宝贵的反馈意见。这些意见帮我证实了一些正确的想法，也让我摈弃了那些错误的观点。我的理论在很大程度上建立在现实企业中 CEO 的反馈意见之上。这些反馈意见对他们公司的生存发展至关重要，而不仅仅是对我的学术兴趣十分重要。

事实证明，我给 CEO 们举办的研讨会也是一个收集反馈意见和想法的重要渠道。这些研讨会上经常会有一些工作团队，他们在工作中遇到了各种和我的理论有关的问题。来自这些工作团队的想法也精炼和提升了我的理论。通过回答一群有实战经验的 CEO 的问题，我就可以确定一个观点在现实工作中是否有价值和实用功能，这是最令人兴奋的事情了。这些研讨会清楚地说明我的理论对在职 CEO 有着真实的、实用的价值。他们使我确信这一理论值得进一步完善并出版，于是就有了本书。

“一刀切”式的方法

我所进行的思考和检验工作带来的是一套领导绩效方面的理论，这一理论将 CEO 的商业个性（关于这一词语本书中将有更多讨论）同他经营公司的业绩联系起来。市场上已经有多本著作探讨了 CEO 的才能和公司业绩之间的联系，然而，它们使用的都是不成体系、不太正规的研究方法。在进行领导力评估时，有时会使用迈尔斯—布里格斯（Myers-Briggs）人格测试或霍根人格测试（Hogan Personality Inventory），但这些方法都是基于临床医学，和公司的绩效没有直接联系。

我的商业个性方法同通常的方法迥然不同。标准的管理学论著一般沿用下面两种方法中的一种。第一种方法即个性方法（personality approach）强调 CEO 的人际关系技能。这种方法最近得到了情商模型（emotional intelligence model）的支持。这种方法认为，高超的人际关系技能和较高的情商同财务上的成功有关。

另一种方法被我称为领导能力模型（leadership capabilities model），它也经常被称为胜任力方法（competencies approach）。这种方法认为 CEO 的成功是基于他们自身所具备的一系列能力，这些能力越多越好，包括高瞻远瞩的能力、激励他人的能力、擅长计划的实施以及以顾客为中心的经营能力等。我把这种方法称为“一刀切”（one-size-fits-all）式的方法。根据这种方法，只要让 CEO 拥有了全部或大多数能力，他便能成功。

这两种方法和我实际观察到的情况大相径庭。我所了解的 CEO 中有许多人在人际关系技能方面很糟糕但企业却很成功，同时也有许多 CEO 的人际关系技能很好但企业往往很不成功。

根据领导能力模型的观点，现实中的 CEO 往往在个人优势和心理素质方面差异很大。很难找到一个 CEO 同时具备模型所说的各种能力。对于绝大多数 CEO 来说，领导能力模型所说的并不属实。据我所观察到的现实，基于领导能力模型的管理方法常常效果不佳，因为 CEO 不具备执行管理方法所需要的商业个性，对于一个 CEO 来说很有效的战略对于另一个 CEO 则可能是错误的战略。

我的看法是：要想使管理战略得到有效实施，就必须使之同 CEO 的商业个性相适应，因此我们需要了解 CEO 的商业个性。这同传统理论无视商业个性的做法截然不同。根据“一刀切”式的领导力模型，不管 CEO 的商业个性如何，企业在销售、研发等方面的管理战略都是一样的。这和我的经验不一致。

因此，本书将提供一个不同的视角。我想了解的是 CEO 本人，这样我就能评估何种管理战略适合他使用，也可以根据他的商业个性评估他需要使用哪类管理技术，这是因为不同的商业个性适合使用不同的管理技术。我的目的是说明应如何根据不同类型的 CEO 选用不同的管理战略和技术，并说明这样做将怎样提升公司的财务绩效。

潜藏的 CEO

“潜藏的 CEO”（Hidden CEO）是什么意思？多年以来我发现，CEO（其实包括他身边的其他所有人）往往都没有意识到 CEO 的商业个性及其对公司的影响。这是因为在大多数情况下，商业个性处于人们的潜意识层面。有一个“隐藏的 CEO”，但我们看不到。

然而，CEO 是公司的驱动力。在 CEO 的内心深处有着一系列潜在的心理因素影响着他将公司带向某个方向，这个方向不一定和公司想要前往的方向一致，甚至是公司不想要的方向，或者和 CEO 所声称的方向完全相反。

我渐渐发现，所有的 CEO 和高级主管们都有潜藏的商业个性。我的理论将揭示出他们潜藏的商业个性，这样他们就会对它和它的重要性了然于心。他们就能因此调整管理风格，使之同公司的使命协调一致（现实中往往存在管理风格同企业使命的不协调）。

因此我想，如果我们在成为 CEO 或高级主管之前就了解潜藏的商业个性，那该多好！这样我们就可以调整企业战略，使之同 CEO 的人格类型相吻合，CEO 的领导业绩便会因此得到提升。

进一步讲，如果董事会了解 CEO 潜藏的商业个性，那会多有用呀！董事会并不会因此而不聘用你，因为每个人都有潜藏的商业个性，商业个性其实无所谓好坏。这么做是为了调整公司的经营策略和团队的人员构成，包括董事会的人员，公司因此将有更大的机会取得成功。

对于公司股东来说，如果他们了解 CEO 的商业个性，不也很有价值吗？还有其他投资者，在投资前了解 CEO 的商业个性，公司的客户、员工等了解 CEO 和高层主管的领导风格，他们做起事来就不会太盲目。

如果我们了解了 CEO 潜藏的商业个性，我们就可以避免许多错误。我们就可以针对 CEO 和高管的商业个性，为他们提供更有利的环境，也许很多 CEO 和高管就能因此避免失败的命运，至少那是我所希望的。这就是我提出领导力理论的根本目的，也是我写本书的原因。

潜藏的使命

近来，人们对公司经营的透明化和如何改进公司治理进行了大量的讨论，我的看法则是：了解 CEO 的商业个性有助于公司治理的改善。我相信公司治理方面的许多问题不仅仅源于公司运营过程缺乏透明度，而且还源于 CEO 的商业个性缺乏透明度。

提高透明度难道不应该将 CEO 的商业个性和企业流程包括在内吗？如果我们弄清楚了 CEO 潜在的商业个性特征，我们不就可以更好地理解公司及其发展方向了吗？难道那不是企业透明化的最高境界吗？

在公司治理方面有一个人们所知甚少的问题。在过去的几年中，我们看到了太多的公司欺诈问题，因此公司治理方面的改革将重点放在了防止欺诈上。然而，公司治理方面的问题主要不在于欺诈，而在于诚信的 CEO 做出了错误的决策，这些决策是由他们潜意识中的商业个性驱动的。这就构成了 CEO 潜藏的使命。对于拥有个性鲜明的董事会成员和 CEO 的公司，通过理解 CEO 和他潜藏的使命，我们就可以改善公司治理。

你会发现，我并不喜欢 CEO 潜藏的使命。我管理过一家上市公司，也在几家上市公司担任过董事，我赞同公司治理的透明化，这是监管机构对上市公司的要求。我相信隐藏会计信息和暗中交易不会也不应该得逞。我也不信奉“潜藏的使命”，我相信我们应该充分了解 CEO 或领导人潜藏的使命，相信他们自己也需要了解这些问题。

如果我们能在这一方面做到透明化，对投资者来说，公司和整个世界将变得更美好、更安全。这种形式的透明化比当前流行的透明化理念要更加有用。后者通常包括一系列遵守监管的事项清单，但它存在着几处缺陷。它们不可能给公司治理带来显著改善，唯有商业个性的透明化才能做到这一点。

准备不足的领导者

在领导力方面我是个乐观者。我相信，如果许多 CEO 和高级主管掌握了本书中的知识，就能避免失败的命运。

多数时候，我们的领导者是在缺乏准备或根本没有任何准备的情况下被推到充满挑战的领导岗位上。当然，大公司有财力为未来的领导人提供充足的领导力方面的训练和培养[2]。

但我们别忘了，绝大多数公司相对较小，它们不能像通用电气公司（GE）那样为领导者提供培训机构。大多数人在毫无准备的情况下匆匆走上了领导岗位或 CEO 岗位。这种情况也发生在多数规模较大的公司中。

多数失败的 CEO 和高管不知道自己失败的原因，而许多 CEO 对取得成功的原因也莫名其妙。只有意识到了自己的商业个性及其对他们的管理风格和公司绩效的重要意义，并且用这一知识武装自己，他们才能做出适当调整，并走向成功。

我相信，对于新公司的创建者来说，这种情况更容易发生。我不认同下面的传统观点：一名 CEO 擅长管理某个层次的企业，而且只能管理那个层次的企业。企业的创始人只能管理好某一层次的企业，只是因为他们没有意识到其潜藏的 CEO。如果他们认识到了这一点，他们就可以修正自己的领导风格，随着企业规模的逐步扩大在 CEO 岗位上取得成功。

当然，这是一个大胆的断言，并不会得到很多投资者和风险投资家的认同。但是，与商业领域中的任何其他人相比，风险投资者更容易受到 CEO 的蒙蔽。因此，他们可能更有理由读一读这本书，并认真消化本书的结论。或许到那时候，他们就会更有能力挑选具有成功潜质的 CEO，真正履行他们对所投资公司的 CEO 提供实际支持的承诺。

本书理论的概念基础

本书中的理论是笔者根据对实际工作的观察总结出来的。笔者基于近 20 年的工作经验和观察，从实证的角度建立了本书中的重要概念。书中绝大部分观点是笔者提出的，也有一些是从现有的理论中借用的。然后，我以此为基础开始了一个研究项目。

本项目研究了与我合作的 CEO 或接受我指导的 CEO 客户，其中包括对著名 CEO 的研究，也包括基于佩斯领导力评估所做的分析，具体来说，就是主管业绩评估系统（Executive Outcome Assessment，EXOA），它是该研究项目的重要成果，是我们设计的一个评估企业高级主管领导力的体系，下面我们将进行进一步讨论。

我使用了一些大家都熟悉的概念，比如“内向”、“外向”，因为它们和我的观察非常吻合。在另外一些情况下，我所使用的标尺和已存在多年的标尺有些重叠，比如“交易型/转化型领导力标尺”就和我的“风险/回报标尺”类似。我也整理出了其他一些标尺，据我所知，这些标尺还没有被他人公开发表过。这就形成了一个新的系统，而该系统旨在揭示 CEO 或高级主管的商业个性。

我相信，这个理论体系中的许多知识已经在现实中不自觉地为人们所使用，只不过是从来没有经过整理、提炼、总结和系统化。我也相信，成千上万有着丰富经验的企业界人士已经在感性的层面上了解了本书所讲述的理论，只是从未在一本书中看到过。

有了这本书，我们就可以使用和传授这些知识，并利用一个正式的模型对 CEO 的绩效进行评估，提升企业的业绩。我相信，许多经验丰富的董事会成员总体上是具备这些知识的。本书的一个功用即是向老练的董事会或一群老练的投资者提供一本易于使用的参考书，使他们懂得如何评价一名 CEO，不管他是新手还是老手。

研究项目简介

读者如果问我是从哪里得到数据和证据来做出书中论断的，我一点也不会觉得意外。对此我的回答只能是：它们至少部分来自我近 20 年经营公司、担任董事和管理各种企业的经验。我经营过 7 家公司，而且据我最新的统计，我曾经担任过 20 多家企业的董事，曾经和我密切合作的 CEO 超过 200 人。

然而，我们所进行的研究项目的主要基础还是佩斯领导力研究院开发的 CEO 数据库，其中包括在我的职业生涯中和我一起共事的 CEO，我对他们中的一些很熟悉，另一些是我的客户，我给他们提供领导力和企业战略方面的咨询。他们中的许多人都接受过主管业绩评估系统或其早期版本的评估，依据本书中的商业个性构成要素，这些 CEO 被归为不同的类型。

起初设计这个数据库的目的是为我的 CEO 客户提供一个参照的标

杆，借助它向客户说明他们同其他 CEO 相比到底如何。该模型将商业个性和代表公司绩效的各种因素联系起来，因此是一种帮助 CEO 了解自己的商业个性及其对公司绩效潜在影响的工具。

同其他 CEO 的比较可以向一位 CEO 提供一种参照和视角，使他能够看到公司可能面临的结果和问题。这么做就可以引导一名 CEO 修正因他的商业个性而导致的某种行为倾向，从而遵循正确的管理战略。

当我开始为本书准备素材时，我清楚地意识到这个数据库的宝贵价值，它可以帮我发现和解释众多类型的领导力，可以帮我说明我所发现的一些规律，可以在我虽已收集数据但还没有专门研究的领域为我开启思路，还可以用它来提出一些我尚不能回答的新问题。

这一数据库为我们提供了开发评估系统所需要的平台，促成了主管业绩评估系统的诞生。它也使我明白了评估体系应覆盖哪些方面，以及如何对待每一个方面。后来，随着越来越多评估结果的出现，研究项目的内容越来越广泛。当然，这个项目将是一个持久的工程，项目的成果会越来越多，并将进一步加深我们对本书开发出的领导力模型的理解和认识。

我最初的数据库只包括大约 200 名 CEO，但到目前为止，我们已收集了 1000 多名 CEO 和高管的数据。我所总结的模型越来越完善，但仍然需要更多人的认可。

与所有的研究一样，我们的研究也有局限性。最初的 200 名 CEO 数据中只有 120 位的数据完整，适合数据库使用。另外，这些数据显然不是科学选取的随机样本，这将使结论的适用范围受到局限。这些数据更多地来自高科技领域的小公司（受我的背景影响），会带有一定的偏向。不过后来我们在研究中加进了许多大公司，使这一问题得到解决。这些数据也偏向私有公司。我们不应该认为单凭此数据库本身就能提供可靠的关于 CEO 的结论，我们必须把它看成是对我更大范围内 CEO 研究的补充。

更大范围内的分析是基于我的经验进行的，也借助了另一个数据库。这个数据库包括 60 位著名 CEO，是根据对他们的传记和有关出版物的分析总结出来的，我在全书的注释和参考文献部分注明了这些资料的出处。

我们的研究方法是用我们的领导力理论来分析上述 CEO 的资料，并将这些 CEO 分成不同的类别。当然，这意味着我们对这些 CEO 商业个性的认定是基于这些书中的一些信息，然而，有时候对这些信息的解释令人质疑。这就是为什么读者会发现：在引用这些 CEO 的资料时，我都会注明出处，以便读者根据自己的意愿监测我们的结论。

在研究之初，我主要关注规模较小、更具创新性的公司。在我和其他人讨论我的研究时，越来越多的人提出我的研究是否适用于大公司的 CEO。本来，我不太愿意将这一理论扩展到大公司的 CEO，因为该理论是在对小公司 CEO 的研究中产生的。

随着工作的进展，我意识到这种方法太过学术化。从众多刊物和书籍中我发现，大公司 CEO 的行为和我的样本中的 CEO 十分相似。实际上，在进行了更详细的对比后，我发现这两类 CEO 行为几乎完全相同。这一点儿也不奇怪，我所归纳的 CEO 商业个性的重要方面对任何 CEO 来说都是相同的。无论公司规模有多大，它们的 CEO 都能根据我的理论进行分类。

由于无法以收集小公司 CEO 数据的方式来获得大公司 CEO 的资料，所以我开始阅读著名及知名 CEO 的传记。不出我所料，他们同我总结的 CEO 类别十分符合，他们的商业个性带来的结果和样本中的情形及我发现的一般规律也非常一致。人都是一样的，适用于小公司 CEO 商业个性的维度也同样适用于大公司 CEO，这没有什么值得大惊小怪的。

因此，本书也将援引著名 CEO 的案例来说明书中的一些观点。这些案例提供了一个个丰富而有趣的分析素材，这并非否认人们在过去已经对大公司 CEO 进行了大量研究这一事实，只不过我们将在本书中使用一种更正规的理论来分析他们。我相信，使用这些大公司 CEO 的案例会为我们提供一种宝贵且有趣的方式来凸显我所总结出的不同领导力类型的特征。

使用著名 CEO 的例子自然会带来一种固有的偏差，那是因为他们中的多数是很成功的，这一点和一般的 CEO 不同。在我们评估和分析关于他们的数据时应该清楚这一点。尽管如此，他们的确也提供了一个有趣的研究领导力的视角。

这样，我们就可以利用我们数据库中的 CEO 同著名的、成功的 CEO 进行对比。读者将会发现，他们在很多方面惊人地相似。这一高度的相似性说明，我们所定义的领导力类型从本质上说是普遍适用的。我们的分析也将揭示：尽管这些 CEO 是公认的成功者，但他们身上也携带着失败的种子。在许多情况下，我们可以很清楚地找出这些可能导致失败的因素，并用它们同我们身边的 CEO 的情况进行对比。

我们相信，以这两种不同类型的 CEO 为基础进行研究，将使我们的结论更有说服力，因为他们为我们提供了一些独特的研究资料。另外，由于读者肯定对许多著名 CEO 有一定的了解，因此他可以独立地判断我们的一般性结论是否可靠。

伙伴关系

许多 CEO 都有合作伙伴或联合 CEO。只要想一想宝洁公司、普华永道会计师事务所、惠普这些公司，你就会发现，这是个很普遍和重要的现象。

很多非常成功的公司刚开始都是以合伙制的形式创立的，最初的合作伙伴我们大多数人也许从未听说过。这类公司包括甲骨文公司、柯达公司和 DEC 公司，通常，这类公司只同幸存下来的 CEO 的名字联系在一起。合作伙伴关系开启了研究 CEO 的一个新视角。我们会问：为什么他们要组成合作伙伴，而不是由单个 CEO 来领导企业。

在我的整个研究过程中，我对合作伙伴关系这一特殊现象非常感兴趣。为什么一些 CEO 有合作伙伴关系而另一些却没有？透过合作伙伴关系我们能看到 CEO 商业个性方面的哪些内容？合作伙伴关系是否能够带来更大的成功？为此，在实际工作以及研究中，我特别关注了数据库中的 CEO 以及我所观察到的、现实中的 CEO 的合作伙伴关系。

合作伙伴关系有很多存在形式，一些是正式的，而另一些则不是。一些合作伙伴关系主要依赖家庭成员，比如丈夫和妻子。而另一些伙伴关系则是不为人知的。

我相信，研究合作伙伴关系能使我们掌握更多有关领导力的知识，尤其是在如何改善领导业绩方面。通过展示人们怎样自主地选择自己的职业伙伴，我们可以学到改善领导绩效的经验。合作伙伴关系提供了一个研究领导力的独特的视窗，有助于我们阐明针对不同 CEO 的一般规则。因此，读者会发现，我们对这一问题进行了特别的强调。

商业个性对企业财务的影响

我的作品《卓越领导者的 3 大财务风格》（英文版由 McGraw-Hill 公司于 2005 年出版，中文版由中国财政经济出版社出版）专门就企业领导人的财务风格进行了探讨。这一题目将商业智慧作为一个独立可识别的领导行为进行了研究。它填补了领导力研究文献的一大空白。

CEO 的商业个性及其对财务的影响在行为的深层次上联系在一起。我的公司将讲授这种联系作为我们的领导力项目的一部分。当然，这些话题属于另一本书的内容，因此不在此展开。

然而，读者应该清楚，本书中所描述的 16 种领导绩效可以直接地、以定量的形式同 CEO 对企业财务的影响联系在一起。实际上，这一问题属于行为金融学（behavior finance）的一部分，这是一门日益重要的新兴学科，它将给领导力研究带来一个崭新的视角。

作者背景

1984 年，我辞去了澳大利亚堪培拉（当然该市即使算上袋鼠也只有 15 万人口）的政府部门的工作，担任纽约一家新建立的小型软件公司的 CEO，从而开始了我漫长的领导生涯。作为一名公务员，我对管理公司一窍不通，尤其在纽约这样的地方。

这种无知带给我的唯一好处就是让我对如何做 CEO 抱有适度的恐惧，使我更愿意接受别人的建议。本书之所以能够得以出版，正是得益于我被抛入了这一困境之中，以及此后多年我对领导者个性类型的兴趣。

后来，我还管理过其他几家公司，这些公司都与软件和计算机服务相关。其中一家公司名为“计算机实力集团”（Computer Power Group），这是一家有大约 700 名员工的私人公司，总部位于纽约，在美国各地都设有办公室。另一家公司名为 INSCI 公司，总部位于波士顿，这是一家在纳斯达克上市的公司。我总共经营过 7 家公司，另外还做过其他几家公司的临时 CEO。这些公司有的是刚成立的企业，有的则已经进入中期发展阶段；有的是上市公司，有的是私人所有的公司；有的是美国公司，有的是外国公司；有国际化公司，也有只关注国内市场的公司。

我从事过 CEO 需要做的所有主要工作，包括兼并和收购、筹集资本、扩大公司规模、挽救业绩不佳的公司、同公众股东和监管机构打交道，以及寻找公司或股东退出的方式。

目前我管理着自己的公司——佩斯领导力研究院（Perth Leadership Institute），它的业务是为 CEO 和企业高管提供领导力方面的培训。这一背景为我写作本书提供了必要的经验和实证基础。到目前为止，我的研究院已经成立 8 年，它给我提供了继续研究全世界各种类型公司的平台。事实上，我们在中国开展了许多业务，我们的测评系统也有中文版。

尽管我获得过博士学位，但我不是一名学者。我的职业生涯始终是一名实践中的 CEO。我也建立过关于商业个性的理论模型，但我从不说自己是一名心理学家或者社会学家。我的目的始终是找到 CEO 成败的原因。之所以总结出企业领导类型的理论，是因为我在现实中发现它们是有效的，事实同理论相符。

本书的读者对象

本书将对两个主要群体有价值：企业领导者和对他们进行评估的人。企业领导包括 CEO 和高级主管，尤其包括那些憧憬成为企业领导者的人，不仅是 CEO，而且也包括分公司总裁、总经理或任何对企业盈亏全面负责的人。政府部门或非营利组织的高级主管也会从本书中发现重要的价值。

我将对企业领导者进行评估的人分为四个群体。第一个读者群就是投资界人士，包括投资银行家、投资分析师、风险资本家和股市参与者（如基金经理）、律师以及审计师，由于职业的缘故，这些人需要实用性更强的方法来测评企业领导者。

第二个群体是给企业提供咨询的专业人员及顾问，他们需要帮助客户提升业绩，并更好地理解企业的优势和劣势。这个群体还包括猎头公司和招聘专员，他们的工作职责就是选择企业领导。

第三个群体包括诸如商学院师生在内的教育界人士，以及提供管理教育与培训的私人企业。

最后一个群体包括私人投资者，阅读本书可以给他们提供一个关于投资的新视角。

我所说的企业领导者还包括企业创始人和创业者，他们或是刚刚创立公司，或是供职于刚开始成长的公司。这些领导者的处境更加艰难。他们无法得到大公司无处不在的科层制定的保护，以避免受到这个充满风险的世界以及现金短缺问题的伤害，而只能依靠自身的能力。

这些领导者是经济的命脉，他们创造了新产品和市场，却得不到培训。即使他们的公司最后会成功，他们中的许多人也难以避免失败的命运。对此我们也负有责任，我们需要给他们提供帮助。

本书将给他们提供一些实用的方法，来帮助他们和公司一起成功。我们会努力避免向投资者提供好心但具有误导性的建议，让他们聘用一名新的 CEO。通常情况下，如果董事会能给予创始人应得的支持，就没有必要换新的 CEO。

政府和非营利组织行使着重要的社会职能。它们也有客户、经营模式、收入和支出。这些组织的领导人的个性也影响着组织及其价值，这一点和私人企业的领导人完全一样。

政府与非营利组织和私营企业一样都面临着 CEO 潜在的商业个性问题，它们也需要帮助。这些机构的领导人尤其需要通晓本书中的知识和方法，以便能够提升他们的领导业绩，这样他们就能为自己的组织和客户带来良好的效益。

第 1 章　CEO 对公司绩效的重要影响

基于业绩的领导力

在多年管理公司的过程中，令我感触颇深的是我们通常使用的评价领导人的标准。这个标准常常是该领导人如何能够成功地为自己牟取私利。对领导能力的评估侧重于领导者的个性而非公司经营的业绩。我相信在过去几年发生的公司丑闻中都有这种评价方法的影子。

我的公司即佩斯领导力研究院开发出了一种测评领导力的新方法，名为"佩斯领导力业绩模型"（Perth Leadership Outcome Model，PLOM）。我们的方法与侧重领导者个性的方法不同，更强调公司的绩效，"绩效"一词指的是给股东带来的增加值。我们相信，领导力的测评和培训只有以此为基础才有意义。绩效的其他含义，不管具有多么积极的文化意义和社会意义，只要不能带来股东价值的增加，就不能说领导者达到了目的。在我们看来，在传统的领导力理论和我们所开发的这个新理论之间存在着根本性的差异。这一差异可以被归纳为：

> 领导者成功与公司成功是两个不同的概念。

本书论述的是 CEO 的商业个性以及他们领导下的公司的业绩。在我管理公司的 20 多年的时间里，我注意到了将二者联系在一起的某些规律。本书讲述了这些规律以及它们是如何产生的，理解这些规律对领导者的成功非常关键。我们没有在其他地方看到有人总结出这些规律，因此认为将它们写出来会是很有用处的。我希望通过阅读本书，那些即将成为 CEO 和已经成为 CEO 的人可以避免重复我本人和我所知道的其他人所犯的错误。

在研究这些内在联系之前，我要先写出自己在职业生涯中领悟到的有关领导力的几条基本原则。像许多有重要价值的知识一样，这些原则中的一些乍看上去显而易见，但为了使我们能够充分认识到 CEO 个人对企业绩效的重要性，我们有必要在此重申这些原则。

基于业绩的领导力原则之一

有一些领导者不具备 CEO 的实力却走上了领导者的职位，通常是因为他们自身的魅力、勇气、善于推销自我以及好运气。然而一旦走上领导岗位，他们就得接受真正的考验。那些不能领导公司为股东提供更多价值的人将会失败。

艾尔·邓乐普（Al Dunlap）就是这样一位领导者。他首次受到关注是在斯科特纸业公司（Scott Paper）的 CEO 任期内。他在斯科特公司的表现看上去很好，因为公司股价扶摇直上。但在金佰利公司（Kimberly）收购了斯科特公司后，邓乐普在担任 CEO 期间对公司造成的致命影响就显现出来，最后扭转颓势的努力也没见效。

邓乐普后来跳槽到阳光公司（Sunbeam）。他再次使公司股价飙升，然而后来形势却急转直下。其极端的管理风格使公司失去了有利可图的投资机会，也使公司损失惨重。阳光公司曾经是标志性的公司，最后被迫破产。

事实上，如果观察家们仔细研究邓乐普的职业轨迹，他们就会发现许多警示信号。邓乐普领导的几乎所有公司在受到其领导风格的致命伤害后都被出售或清算[3]。其独特的商业个性给他所管理过的公司都留下了同样的烙印。实际上，透过邓乐普的领导风格对之前他管理过的公司的影响，观察家们本来应该能够预测斯科特纸业和阳光公司的命运。

在本书中，我们列举了另一位多年来一直为人瞩目的领导者，这个人就是保罗·艾伦（Paul Allen），微软公司的共同创始人。他被称为“歪打正着的亿万富翁”（accidental zillionaire）不是没有道理的[4]。可以说艾伦是在正确的时间处于正确的位置，他是借助于比尔·盖茨（Bill Gates）的愿景和天赋才获得巨额财富的，比尔·盖茨才是微软成功的真正设计师。

从微软辞职后，艾伦投资并经营了几家公司，究竟赔了多少钱，只有他自己清楚，他的 Interval Research 公司可以说是一大败笔。如果由市场力量自然选择的话，艾伦绝不会成为他投资的任一家公司的领导者。

艾伦有着独特的商业个性。他是极端技术导向的人。他的投资项目过于超前，这种一条道走到黑的性格使他连续犯同样的错误，导致他经营的多家公司倒闭。尽管最近他认识到了自己的缺点，但已经付出了无比沉重的代价。

我们再一次看到了和邓乐普有着同样惨痛教训的人，尽管他们有很大的差别，但结果却是相同的。艾伦投资的公司无一例外地业绩不佳。同样，了解了艾伦的商业个性，我们就能预测所有他投资的公司的命运。

邓乐普和艾伦只是我多年关注的一种类型的企业领导者的两个例子。即使商业环境合适（比如邓乐普的例子），或者商业环境很理想（比如艾伦的例子），但他们的商业个性中缺乏必要的领导能力，因此他们领导的公司仍然会失败，只是失败的方式不同。因此，我们可以总结出一条构成本书重要基础之一的原则：

> 即使其他因素合适，缺乏恰当领导能力和方法的领导者也将给公司带来不良的后果。

我们在现实中已经无数次领略过的这个原则既显而易见，又影响深远。不管市场、产品、公司及其制度、高层管理团队多么匹配，由于其独特的商业个性和对公司的影响，这些领导者仍可能面临失败的命运。

基于业绩的领导力原则之二

现在我们可以转向第二条基于业绩的领导力原则。这一原则来源于一个重要的事实：有一些领导者（尽管是少数）不管面临什么样的挑战，总是能够取得成功。也就是说，他们的公司总会成功。关于这些领导人的情况，我们希望了解得更多。擅长挽救危局的 CEO（他们同艾尔·邓乐普这类糟糕的 CEO 截然不同）是这个原则很好的例子。尽管他们接手的领导工作总是很棘手，但他们最后却能为股东创造价值。他们能够打造出一家可以在长期中为股东创造价值的企业，而不仅仅是在短期中盈利。

对于此类领导者，我们重点关注两个案例：一位是吉列和卡夫公司的 CEO 吉姆·基尔茨（Jim Kilts），另一位是郭士纳（Lou Gerstner），他后来成为了 IBM 公司的 CEO，此前他先后在美国运通（American Express）、R. J. 雷诺兹公司（R. J. Reynolds）、纳贝斯克公司（Nabisco）做过 CEO。

郭士纳一直是一位出类拔萃的管理者。他从麦肯锡公司跳槽到美国运通公司，并在经营美国运通旗舰部门——信用卡部门——时非常成功。他没有耐心去建立和经营自己的公司，而是被科恩伯格·克拉维斯·罗伯茨（Kohlberg Kravis Roberts）招到麾下管理新收购的纳贝斯克公司。他在那里也很成功，他使纳贝斯克公司扭转了负债累累的局面，并小有盈余，重新回到了财务健康的状态。

受聘到 IBM 后，郭士纳也为公司带来了良好的效益。他使一度低迷、陷入亏损的 IBM 公司重新成为世界计算机行业的佼佼者，只不过是在另一个有所不同的业务领域即计算机服务领域。IBM 公司实际上是他第三次扭亏为盈的范例。

每当郭士纳入主一家公司时，他遇到的都是比以往更加艰难的境况，然而，他每次都取得了成功。在他第三次取得成功之前，人们就可以根据对其商业个性的了解预测到他会取得成功。

吉姆·基尔茨的情况又如何呢？他起家于食品生意，善于打造品牌。成为卡夫的 CEO 后，他使谷物食品和奶酪业务扭亏为盈。后来，他跳槽到纳贝斯克公司，又一次取得了成功。纳比斯科公司被飞利浦·莫里斯公司（Phillip Morris）收购后，他成为了吉列公司的 CEO，并且又一次成功地扭亏为盈。

像郭士纳一样，基尔茨也在他先后管理的三家公司取得了重大成功。重申一下，如果人们了解了他的商业个性，知道他是个什么样的人以及他的做事方式，就可以预测到他的第三次成功。我们从另一位 CEO 身上再次看到了商业个性和企业成功的联系。

这就带来了第二条基于业绩的领导力原则，归纳如下：

> 即使其他条件很糟糕，具有适当领导能力和领导方法的企业领导者也会给公司带来良好的业绩。

优秀的企业领导者似乎能够掌控一切。不管外部条件（如市场环境恶劣）和内部条件（如产品和管理团队存在问题）如何，这些领导者都能成功地克服这些障碍。

我们并不是说这些领导人能点石成金，我们只是说他们能扭转最困难的局面，使其更适合企业的生存，然后从中获得尽可能大的价值。他们能做到这一点靠的是内在的个人特质和方法。

基于业绩的领导力原则之三

上述四位企业领导者都有自己的商业个性，他们的商业个性给企业带来了正面或负面的结果。在我的职业生涯中，我发现某种类型的商业个性会带来某种类型的企业绩效，在上述案例中，CEO 带给企业的或是正面或是负面的结果。

我所观察到的规律远不止这些，它们将某种类型的商业个性和某种类型的公司绩效联系起来。我们由此做出大胆的论断，即：

> 企业领导者的商业个性同他们所领导企业的业绩密切相关。

这一条是本书的核心原则。随着你更深入地阅读本书，我们将向你呈现这一命题的论据，你将能够体会到这一原则的强大力量。事实上，我们将向你展示具有不同商业个性的 CEO 将给公司带来哪些具体的结果。

本书的许多读者都是经验丰富的企业从业人员，他们无疑会明白这些内在的联系。他们将从中发现许多他们熟悉的商业个性类型，我相信他们也能从中看出这些商业个性将带来的典型的企业绩效。

基于业绩的领导力原则之四

人们有理由认为：某种类型的商业个性只是在有些时候会导致某种企业绩效，但并非意味总会导致这一结果。这正是本书要讨论的问题，或者说是本书讨论的主要话题。

我们已经观察到，除非受到某些因素的影响，相同类型的商业个性将无一例外地导致同一类型的企业绩效。这类影响因素可能是 CEO 获得的新经验、得到了指导，或者存在一位导师等。

例如，我们见识过许多像保罗·艾伦这样的 CEO。保罗是一位内向的、高度技术型的 CEO，拥有分析型思维和愿景，我们在创业型公司中能看到许多具有这种商业个性的 CEO。在绝大多数情况下，这些 CEO 将给公司带来某种特殊的影响。这种影响包括全球视野、对产品技术的绝对信奉、不关心短期收入以及严重的持续亏损。在多数情况下，这类公司将像保罗·艾伦经营的公司一样走向倒闭。

你见到过多少家公司的领导具有这种商业个性？我们可以预期他们中的大多数会带来类似的结果。通过判定商业个性类型来预测企业绩效，这就是本书的主题。我们扩大了商业个性的概念，以描述其他类型的领导者商业个性。我们将某种类型的商业个性同与之相对应的公司绩效联系起来。从这个意义上讲，公司绩效是可以预测的。

因此，我们的第四条基于业绩的领导力原则表述如下：

> 企业业绩的类型是可以预测的。

经验表明，企业业绩和不同类型的商业个性相联系，这一规律的确以一种可以预测的方式重复出现。尽管这种联系很复杂，但它们还是呈现出较强的逻辑关系。我们将在本书中解释这一现象背后的行为动因。随着本书内容的展开，我们将看到更多的此类联系和规律。

基于业绩的领导力原则之五

没有不好的商业个性，只有不好的企业业绩。然而在多数情况下，由领导者商业个性决定的企业业绩将对股东不利。我们列举的像郭士纳和吉姆·基尔茨这样的 CEO 是例外情况，而非主流。而像保罗·艾伦和邓乐普这样的 CEO，以及被提拔到高层的主管们则常常给公司带来不良的业绩。因此，我们的第五条基于业绩的领导力原则陈述如下：

> 许多类型的商业个性将给公司带来非常典型的、不良的业绩。

出现这种情况并非因为企业领导不忠于职守或者渎职，根本不是这样。企业领导人几乎总是兢兢业业，通常要面对十分苛刻的环境。然而，前面提到的因素（包括个性、职业背景和其他个人因素）将导致企业领导人的决策方式和决策本身出现偏差。

这种偏差通常是无意识的，尤其对初次走上领导岗位的人来说更是如此。许多企业领导者（如果不是绝大多数领导者的话）从没有意识到决策过程中的这些偏差。然而，这些偏差会在中长期内导致某种类型的企业绩效，而这些绩效是全部决策的函数。多数企业领导者并非全能的和无所不知的个体，他们的倾向和方法不可避免地会缺少一些能使判断和决策更加均衡的因素。

正是这些不足导致了企业的绩效不佳。一位优秀的、有经验的企业领导者会意识到这些不足。这类领导者会有意识地修正自己的战略和决策方法，使之更均衡和全面，但年轻的、缺乏经验和知识的企业领导者一般情况下意识不到这些固有的偏差，他们继续制定决策，全然不知他们的决策没有考虑自己固有的偏见。在这种情况下，我们可以预测这些公司注定要遭受某种损害。

基于业绩的领导力原则之六

上述内容或许看上去有些悲观。我们好像是说大多数领导者毫无希望。并非如此。基于业绩的领导力理论是一个乐观的理论，我们的第六条基于业绩的领导力原则可陈述如下：

> 如果企业领导者能够提前了解自己，并以特定的方式调整他的领导战略，那么公司的业绩就会受到积极的影响。

这对于领导力和本书来说都是好消息。在商业个性和企业业绩之间存在的这些显著的规律说明，我们可以采取预防性的行动。也就是说，只要我们的思想不狭隘，只要我们能够承认自己没有能力也没有必要无所不知，承认我们的能力是有限的，这样，也只有这样，我们才能够以端正的心态来研究这些规律，并遵循规律行事。

决定公司业绩的因素是什么？

在企业管理理论中，一个最有争议的根本问题是：哪些因素决定了公司业绩？是 CEO、管理、资本、产品、市场、运气中的某一个因素，还是所有这些因素共同决定的？如果是共同决定的，那么每个因素起多大作用？这不仅仅是一个学术问题。根据对这个问题的不同回答，企业管理者、董事会和管理学教师将关注不同的因素，而这些因素会深刻地影响几代企业高管、董事会和投资银行家以及其他多方面的人士。

不同的观察者对这个问题的意见往往大相径庭，这些意见可以被分为两个阵营：一种意见认为，公司的管理、企业文化和业务流程对公司业绩影响最大；另一种意见认为，CEO 的个性和领导力才是影响公司业绩的关键。在两个阵营之间，还有一些人认为这两类因素共同影响着企业业绩，只不过不了解具体的环境因素，因而我们不能提前做出预测。

毫无疑问，相信公司因素的阵营目前占据统治地位。诸如风险投资家这样的小企业财务支持者倾向于相信“赌的是赛马手，而不是赛马”。但是，多数观察者（尤其是学术界的人士）倾向于相信：不管 CEO 的影响有多强，都会被公司自身、公司文化和根深蒂固的企业惯例所淡化。按照这种观点，这些因素的影响力比单个 CEO 的影响力要大得多，不管 CEO 有多么强势。

然而，不管观察家们相信什么，董事会在做出选聘 CEO 的决定时，还是受会到以下思想的影响：CEO 的特质往往对企业的业绩有着重大的影响。分析人士、财经作家和企业管理者继续在以上两种观点之间摇摆不定，但总的来说，很多人倾向于做出让步，开始承认现实中 CEO 的个性对公司业绩至关重要。

关于 CEO 的书籍很多，它们都正确地指出了 CEO 许多行为特征的重要性。这些书的作者们努力对某个 CEO 成功或失败的原因做出解释，例如，CEO 高瞻远瞩、高傲自大或富有实际操作经验等是他们经常宣传的理由。在本书中，我们将分析推进一步，即把 CEO 的商业个性同公司的业绩联系起来。我们认为这将为研究领导力和如何提升 CEO 的业绩开启一个新的视角。

同一类公司，同一个市场，不同的领导者

如果能够找到几家处于同一市场但领导人的商业个性不同的公司进行比较，我们将会有何发现？这样做能帮我们回答企业领导人的商业个性对公司绩效的重要性这一问题吗？尽管仍有数不尽的因素影响着公司业绩，但这种方法还是能给我们回答前述问题带来一些启发。让我们用这种方法研究一个案例吧。

我们将研究媒体行业的三家公司和他们的领导人，分别是新闻集团(News Corporation) 前澳大利亚老板鲁伯特·默多克 (Rupert Murdoch)、他的对手“英国人”罗伯特·麦克斯维尔 (Robert Maxwell) 以及被称为“南方的声音”的有线电视新闻网 (即 CNN) 资深首席执行官和董事会主席泰德·特纳 (Ted Turner)。长期以来，这三人的比较给我们留下了深刻印象。

三家公司中的麦克斯维尔通信公司如今已改换门庭，重新成为英国培格曼出版公司 (Pergamon Publications) 的核心。泰德·特纳把他的公司卖给了时代华纳公司 (Time Warner)，后来该公司又被转手卖给了美国在线 (AOL)，这使特纳懊悔不已，因为这一交易使他的股票价值大受损失。三家公司中只有新闻集团保持原样，始终由首席执行官鲁伯特·默多克执掌帅印。

巧合的是，这三位中没有一位是他们所建立的商业帝国的创始人。鲁伯特·默多克从他父亲那里继承了阿德莱德的一份报纸，后来他通过精明的收购和扩张将它变成一个新闻帝国。麦克斯维尔也通过类似的方式，先在英国后在美国和欧洲通过收购创立了一个短命的帝国。泰德·特纳和鲁伯特·默多克一样，成功地将从父亲手里继承的小不点公司发展成为业绩辉煌的 CNN。

这三位 CEO 都是同时代的人，在人生的某些阶段他们互为竞争对手。麦克斯维尔总是嫉妒默多克帝国，总是想方设法超过它。麦克斯维尔冒险的做法不仅导致了自己商业帝国的崩塌，而且导致了他的自杀。泰德·特纳对默多克和新闻集团的成就时而诋毁，时而歌颂。默多克和特纳在不同的时期曾就潜在的收购和多笔经销交易展开竞争。

这三位领导人都有着商业愿景。默多克建立了一个以电子、卫星等最新数字手段和平面媒体为纽带的全球媒体帝国。麦克斯维尔也有类似的愿景，尽管他的公司在以技术为驱动力方面略逊一筹，但也在几大洲整合出一个平面媒体的帝国。特纳的愿景是创立一个实时新闻的市场，完成一项前人未能完成的事业。

这三位领导人的个性具有什么特征？从他们的传记、第三方的描述和有关文章中我们能总结出每个人鲜明的个性特征，我们将在后面的章节中用本书发明的以业绩为基础的评估体系详细地予以剖析。

这些领导人都喜欢冒险。默多克非常喜欢冒险，以至于他的公司在

20 世纪 90 年代早期差点儿因过度负债而倒闭。麦克斯韦尔常常处于悬崖的边缘，他所进行的都是高风险的收购，这些不稳定的企业联合体胡乱拼凑在一起，事后看来基础十分脆弱。特纳也常因冒巨大的风险和下巨大的赌注而生活在悬崖边缘，他先是把赌注压在新闻网上，后来又将公司出售给美国在线，那个决定真是个败笔。

这三位均是推广高手和销售能手。麦克斯维尔似乎会施展魔法，没有什么是他不能销售的，即使面对世界上最优秀、最聪明的人，他也无需借助太多的道具完成销售。特纳曾成功地将他的愿景推销给世界上最强大也最挑剔的时代华纳公司，造就了他所完成的迄今最大的一笔交易。默多克利用其澳大利亚的小公司通过杠杆方式在美国各地进行收购，首先收购了《纽约邮报》等具有代表性的企业。在这些疯狂的收购中，他成功地保持了对新闻集团的控股，甚至迫使美国议会按照他的意愿修改了规则。

这三位领导人都是外向型性格，麦克斯维尔和特纳尤其如此。默多克在进入老年后性格不如以前外向了。他们每一位都有一种为众人熟悉的、强悍的个性。当然，特纳强悍的性格中夹杂着困扰他一生的心理疾病。麦克斯维尔的个性则以擅长在他的下属甚至儿子们中间制造恐惧而臭名昭著。默多克作为三家公司唯一的幸存者也有强悍的个性，只不过他给人的印象是自谦的。

这三位都非常精明，每个人在事业初期都没有巨大的物质基础可依赖，完全依靠自我建立起商业帝国。麦克斯维尔这个冒险家从欧洲大陆迁往英国，利用个人魅力，成功地赢得了一桩值得夸耀的婚姻，又被选为英国议会议员，然后进行了几次商业收购。特纳则成功地利用财务方面的直觉将一家小公司发展成一个商业帝国，一次次地打破了权威人士的不佳评论。

他们三位都是“快枪手”，都是先开枪再问问题。他们快速行动的风格使竞争对手猝不及防，也常常使他们的员工甚至有时候连他们自己也反应不过来。因为行动太快，他们三位都犯过大错误，但除了麦克斯威尔外，其他人都够聪明，正确的时候比错误的时候多。

最后，他们三位都接近过失败或最后真的失败了。麦克斯维尔在职业上和生活上都失败了。默多克通常被人们认为很成功，但也曾经差一点失败，原因和麦克斯维尔一样，即负债太多。默多克和失败擦肩而过，幸运地逃过一劫。特纳除了最后将公司出售给时代华纳这一笔糟糕的交易外，总的来说可谓是成功的。换句话说，他们三位十分相似，甚至在差点失败或者真的失败了这一点上也很相似。

三位领导者处于同一市场中，具有同样的商业愿景和相似的个性特征，甚至失败时的情形也相差无几。那么，他们个性特征中的哪些差异导致公司业绩差别如此之大呢？

我们可以找到一条，那就是对得到他人认可的需要。默多克从来都不是一个善于交际的人，不像罗伯特·麦克斯维尔那样渴望他人的认可。他是一个公认的谦逊的人[5]。麦克斯维尔则相反，他是有名的声誉追逐者，得到认可对他来说是贯穿一生的至高目标。

特纳则是个颇耐人寻味的人。提起他，人们总会想起他那活力四射的个性。然而，他还是一个利他主义者。众所周知，他曾向联合国提供了史上最大的一笔个人捐款，他也花费了大量的时间致力于几项包括世界和平与环境保护这样的公益事业。不像默多克或麦克斯维尔，他是一位把许多精力花在自己公司之外的人。

仅仅这一个性格特征就导致了这三家公司的不同境况，这么说是否言过其实？我们能否说正是麦克斯维尔渴求他人认可的性格、即使面临失败也要在别人眼里显示自己是成功的这种固执劲儿是导致他垮掉的元凶？而默多克不需要他人某种形式的认可，我们能否说正是这一点使他在看似将要像麦克斯维尔那样失败的时候艰难地调整了自己，躲过了失败的厄运？我们能否说特纳之所以出售他钟爱的CNN，是因为他的利他主义和不追逐个人声誉的性格？

这三位领导者在一个重要方面有所不同这一事实似乎确实对其公司的不同业绩有着重要影响。事情当然远非如此简单，但这一例子还是给我们提供了一个考虑问题的线索，企业领导人的商业个性可能是造成公司绩效迥然不同的一个重要原因。我们将在本书中对这一问题进行详细分析。

最近的研究：影响企业业绩的是领导者因素还是公司因素？

以上是基于对企业领导者的印象进行的分析，那么是否有人就这个题目进行过研究？答案是：这类研究很少。被人们广泛接受的正统观点认为，企业领导者本人对公司的业绩影响甚微，这就造成了没有研究者敢于站出来挑战这一观点。

然而，的确有人进行过这方面的研究。最有影响的是来自麻省理工斯隆商学院的一篇文章，这篇文章就领导者的商业个性与公司绩效的关系提出了一些新的看法[6]。此文是基于对成功令公司转型的 CEO 和企业高管进行的大量研究而写成的，考查了 CEO 的个人管理风格对公司财务战略的影响。这一开拓性的研究显示，企业高管的商业个性对公司的战略方向和财务绩效有着重要的影响。

我本人对 CEO 财务特质的研究也揭示出了类似的联系[7]。行为经济学和行为金融学也有助于巩固以下观念：企业管理层的行为方式同外部经济因素一样，对公司业绩有着同样重要的影响。

本章要点：CEO 对公司业绩的重要性

我们可以将本章的内容总结如下：

- 我们需要从领导者的商业个性对公司业绩的影响入手研究领导力，也就是说，通过一个基于业绩的模型来进行研究。
- 不仅仅是产品或市场，CEO 的商业个性也是影响公司绩效的关键因素。没有恰当的领导力和方法，企业就不可能有好的业绩。
- 要理解公司绩效的潜在水平，我们就必须在理解公司自身因素的同时，理解企业领导者的商业个性。
- 理解 CEO 商业个性和企业绩效的联系为提升公司业绩和领导者业绩提供了新的思路。

第 2 章 何为商业个性?

CEO 的商业个性与公司的成功有联系吗?

作为公司董事会成员，我见到过许多失败的 CEO 的例子。让我们看两个例子吧，它们揭示了相似的情形。我之所以引用这些例子，是因为正是它们所反映的问题促使我去研究商业个性和公司绩效之间的关系。

首先让我们看看一个名叫编程公司（Writings, Inc.，虚构的公司名）的初创期软件公司的例子。编程公司是从一家规模较大的公司中分离出来的。它开发出了一个软件产品，销往许多成功的大型公司。但是，它的母公司并不是软件行业中的企业，因此在战略上对编程公司的产品缺乏兴趣。

然而，这里边还真有潜在的商机。尽管市场上有竞争产品，编程公司的产品在几次关键的销售中还是拔得头筹。母公司因此达成一致：现在或许是把这一业务分离出来的时候了，这样它就可以更加专注于此业务，也就更能取得商业上的成功。为了这个目的，研发和销售团队将被一并分离出去。母公司说服了一家风险投资公司，一旦物色到一位合适的 CEO，风投公司将投资编程公司。

母公司的主管们一致认为，当前的团队中没有一位成员适合做新的 CEO，于是他们决定从外部招聘一位。他们觉得成功的应聘者应该具备丰富的软件行业从业经验，最好具备很强的销售背景，因为在母公司看来，销售工作是新公司成功的关键。母公司中没有人有过寻找 CEO 的经验，因此他们聘用一家猎头公司来完成这一工作。

经过短时间的搜寻，一位看上去很优秀的人被聘为 CEO。伯特莱姆是一家大型软件公司的高级主管，编程公司的母公司董事会和风险投资公司都觉得他符合所有的要求。他拥有丰富的软件行业经验，而且在前一家公司也非常成功。作为销售和营销负责人，他使公司的销量和市场份额得到了显著的增长。他拥有深厚的销售背景，这对于像编程公司这样一家新成立但有着成熟产品的公司来说非常重要。他所供职的前一家公司是软件行业的领头羊，而他本人也很善于沟通、智力超群且精力充沛。

董事会和投资人有充分的理由期望伯特莱姆能够带领公司更上一层楼。他们相信伯特莱姆甚至能实现他们的最终目标——带领公司上市。唯一使他们担心的事情是聘请伯特莱姆的价格不菲，他的工资和福利比董事会当初预计的要高许多，而且他的奖金数额也非常高。尽管如此，他们认为如果伯特莱姆能给公司带来他所承诺的增长，这一切条件都不是问题。

伯特莱姆快速且果断地接过了公司的管理大权。他招募了一个经验丰富的销售团队，并很快让他们去拜访潜在客户，建立销售通路。他和董事会都很清楚，公司产品的销售周期相对较长，因此他指出，为了实现销售，公司应该早早地开始建立销售队伍，打开销售通路，向潜在客户发出适当的信号。

伯特莱姆的努力似乎建立起了销售的势头，但公司的费用也开始增长，而且增加的速度超过了人们的预期。尽管销售的通路在增加，但销售额并没有随之增长。出于某些原因，伯特莱姆一直许诺的销售额迟迟没有实现。费用增长的速度超出了预算，不久便开始给公司有限的资源带来越来越大的压力。前景看上去依旧很光明，但是疑云也开始在人们心中升起。

在那个时候，伯特莱姆的其他一些个性特征开始显现出来，包括对产品兴趣不大，这对于一家技术型公司来说是一个问题。另外，他没有耐心倾听别人的意见，甚至连董事会成员的意见也听不进去。他的员工感觉到，即使他们对这类产品和应用拥有丰富的经验，伯特莱姆也不会倾听他们的意见。

另外，伯特莱姆很在意他的新职位在外界的影响。他极力表现以使人们意识到他的重要性，这使得他在娱乐、新办公家具和乘坐头等舱旅行等方面的支出很高。这家新成立的公司无力承担这些奢侈的支出。另外，伯特莱姆的聘用合同规定他第一年的奖金是受保证的，这将成本推向了更高的水平。

不出数月，董事会就开始对他产生怀疑。一年后，他所承诺的销售量没有实现。事实上，如果你仔细研究的话，他所做出的许多承诺压根儿就是不真实的。

董事会和风险投资公司开始对公司进行评估。除了销量以外，其他方面也存在严重的问题。由于伯特莱姆对产品本身缺乏兴趣，公司产品的销量开始在市场中处于落后的位置。公司也笼罩在人人自危的气氛中，员工也不喜欢他们的 CEO，有几名核心员工已经相继辞职。最后，公司得出结论，伯特莱姆很不得力，他使公司的市场前景受到损害。于是，董事会解雇了伯特莱姆，代之以一名公司的内部人士。

新上任的 CEO 聪明过人且有着很强的技术背景，但此时公司已经花掉了大部分创建公司的资本，它的母公司也不愿意再追加投资。因为缺乏对产品的投入使得销量下降，产品中缺少一些关键特性使其缺乏竞争力。实际上，此时的销量比伯特莱姆上任前的水平还低。几年后，公司由于没能成功走出低谷而被以很低的价格卖给了一家竞争对手。

现在，让我们看一看另一家新成立公司的例子，该公司名叫软件销售公司（虚构的公司名）。软件销售公司（Softsell）恰巧也是从一家大公司分立出来的，同样也处于软件行业。

软件销售公司的创始人是一位具有技术愿景但缺乏销售和管理能力的领导者，因此董事会决定替换他。同样，公司聘请了一家猎头公司，经过一番寻觅后，最后决定聘用哈利。

董事会对哈利很满意。他曾经是一家大型软件公司的高级主管，具有很强的销售背景，这一点正是公司需要的，他在营销方面也很成功。董事会觉得他会克服公司内部对技术的过度关注，对技术的过度关注造就了优秀的产品，但销售却很糟糕，并且贻误了许多销售机会。哈利年轻有为、精力充沛，而且善于沟通和说服他人，因此董事会聘他做公司的总裁和 CEO，将公司创始人安排到首席技术官的位置上。

如董事会所愿，哈利很快就展开了工作。他扩大了销售队伍，销售的通道也快速增加。哈利领导公司开始了一场大规模的营销活动，给公司带来了大量的销售机会。过去，公司非常强调咨询服务，将其看成是销售的支柱。他对这一战略进行了调整，将重点从咨询转向了更具吸引力但风险更高的软件产品领域。这需要更多的员工，因此公司迁到了面积更大的办公室中，这使得费用大幅上升。

费用不断增加，远远超过了预算，董事会开始质疑销售通道和费用。人们很快发现，销售通路并不想表面看上去那么有效，而且哈利承诺的销量也没有实现，而此刻公司费用已经失控了。

哈利另一些让人难以忍受的个性特点开始被人们注意到。一个特点就是阻止下属发表不同意见，另一个特点是旅行和娱乐等私人开支居高不下。一年后，董事会炒掉哈利，聘用了另一位 CEO，但无效投资对公司造成的伤害并没有结束，公司虽然上市了，但再也没有恢复元气。

我看到过许多与伯特莱姆和哈利类似的例子，这些例子中的主人公有着相似的商业个性，业绩也十分相似。他们所做的决策很相似，他们的公司有着相似的财务状况，因而评估结果也非常相似。如果你不知道他们的名字，那么你可能以为他们是同一个人或同一家公司。看一看上市公司，你能很快举出一大堆类似的例子，每个例子都反映出主人公相似的商业个性、相似的企业战略、所犯的相似错误和造成的相似后果。不管他们就职于大公司还是小公司，也不管是上市企业还是私有企业，这些相同的商业个性总是重复出现，公司的业绩也十分相似。

在前面的例子中，我们只用到了一种特定的商业个性。然而，现实中还有许多种其他类型的商业个性，每一种类型都会表现出独特的行为和企业经营效果。这些类型包括具有销售或技术背景的高级主管、内向的或外向的、偏重分析或凭借直觉等。在多年的研究中我注意到，在所有这些不同类型的个性中，同属一种类型的领导者都表现出相同的行为规律以及相同的战略和经营效果。对每种类型的商业个性来说，决定其业绩的驱动因素都是一样的。本书将讨论这些商业个性同企业绩效之间的内在规律，以及每种商业个性的潜在行为特征。

请注意，伯特莱姆、哈利以及他们的董事会都没有认识到这些规律。哈利和伯特莱姆不知道他们为什么被炒鱿鱼，甚至直到现在他们还不知道是哪些因素导致了他们的失利。董事会也没有认识到这些规律，否则，他们或许就不会聘用这两个人了。对于伯特莱姆和哈利，对于董事会（更不要说投资者了），甚至对于猎头公司，都存在着一个他们并不了解的 CEO。伯特莱姆和哈利被他们并不知晓的因素推动着，不可避免地给公司带来了失败的结果。

商业个性的含义

我想每个人都在不同的时间听说过著名的迈尔斯—布里格斯人格测试（Myers-Briggs personality assessment）。我当然也知道它，只不过我对它的了解因以下事实而更与众不同：最初开发这种测试方法的非营利机构——高级心理类型中心（Center for Advanced Psychological Types，CAPT）就坐落在我的家乡佛罗里达州的盖恩斯维尔市［Gainesville，此地以鳄鱼闻名，大学运动队的名字也多以 Gators（鳄鱼）命名］，该中心离我的家仅几英里远。

商业个性（business personality）的含义是什么？它同我们传统上所说的个性有何区别？当我们说起一般意义上的个性时，我们指的是一个人的所有方面以及他同外部世界的关系，包括同他人、社会、家庭、朋友、配偶等的关系，也包括他对爱、恐惧、友谊等的反应。换言之，个性确实是一个涵盖了个体所有方面的词汇。

相反，本书中所说的商业个性具有相对有限的含义。在研究一个身处领导岗位的人时，我们只是关注其全部个人特征和技能的一小部分，而不考虑那些与企业的业绩没有直接关系的领导者个人特征。实际上，我们只是研究那些对领导业绩有直接影响的一小部分个性因素，而不考虑其他因素。

但是，我们不应该将领导力同商业个性相混淆。关于领导力的评估有很多种，包括 DISC 模型、麦克奎格（McQuaig）测试等。这些能力本质上大都是满足职业发展所需要的，包括尽责、耐心以及某些职业技能，如是否喜欢和数字打交道等。然而，对于商业个性，我们只对和公司业绩（如销量、产品开发等方面）有直接和可度量联系的行为因素感兴趣。

因此，我们将商业个性定义为“在一个个体的行为中对企业总体业绩有直接、可度量影响的一小部分行为因素”。

解构 CEO 潜藏的使命

我们可以用八个最根本的行为驱动因素来定义每一位管理者，每个行为驱动因素都可以和不同类型的企业业绩联系在一起，这些因素共同定义了管理者的商业个性。商业个性的特征主要表现在如何制定决策以及制定何种管理决策，这一点成为我们分析商业个性的切入点。如大家稍后将在本书中看到的那样，商业个性向我们展示了任何 CEO（或企业主管和经理）的领导力类型。构成商业个性的行为驱动因素包括：

1. 风险/回报容忍度。
2. 认可注重度。
3. 关系注重度。
4. 逻辑注重度。
5. 客户注重度。
6. 执行注重度。
7. 反应时间。
8. 授权注重度。

在解释每个驱动因素时，我们将看到其中一些和其他管理学论著里的领导力因素有相似之处。领导力理论经常用一个或多个因素来解释领导绩效，许多因素和我们使用的因素相重合。然而，大多数情况下，这些理论并没有包含所有的因素，而是仅仅详细讨论其中的一两个因素来说明它们同领导力的关系。我们则是使用一种将尽可能多的因素包含在同一个模型里的综合方法。

1. 风险/回报容忍度

我们每个人天生对风险有一定程度的容忍度。我们也都有一个临界点，超过这个临界点，我们就会停止行动，因为风险已经大于我们想要的回报。我们经常称之为风险/回报容忍度（risk/reward tolerance）。对于一些人来说，你可以把他们称为充满冒险精神的前卫派，他们对风险/回报的容忍度非常高。这种人是新产品和新工艺的发明者，是新市场的创造者，但通常无法完全实现这些目标，也许会以一种轰轰烈烈的方式悲壮地倒下。一个很贴切的例子便是人民快运公司（People's Express）的唐纳德·波尔（Donald Burr），他冒着巨大的风险成立了一家低成本空运公司，同现有的航空公司进行竞争。公司一度很成功，但不久就破产了。

在另一端则是偏爱低风险的一类企业管理者，包括不愿意通过借贷来打造一个更好产品的企业领导者，因为这样做会让他们负债，他们也许无力偿还。许多普通的、或许有些平庸的公司的 CEO 都属于这一类型，他们的兴趣在于维持现状而不是革新。通常情况下，人们很少写关于他们的书，因为他们的风格平淡无奇。在这两个极端的中间地带，存在着无数种风险/回报容忍度，从高到低，各不相同。

所有的 CEO 和企业领导者都处于风险/回报轴的某个位置上，这是与生俱来的特征，它或许会随着后天的经历而有局部变动，但基本特征是不会改变的。CEO 或管理者在风险/回报轴上占据的位置决定了公司的绩效。

那么，现实中我们如何去辨别不同类型的风险/回报关注度？如何区分坐标尺的两个极端？在图 1 “风险/回报驱动因素” 中，一端代表的是对风险高度回避的企业领导人，他们主要关心自己的决策能否给企业带来短期收益，这意味着在长期中获得高回报（但风险更高）的可能性极低。我们可以称这些人关注“当前回报”（Current Returns）。

在坐标尺的另一端则是那些有着强烈产品愿景的 CEO，他们愿意花费很多年的时间来实现这一目标。在这种情况下，潜在的回报将十分巨大，但相应的风险也很高。有许多企业领导人属于这种类型。我们可以称这些人关注“产品愿景”（Product Vision）。每位企业领导者都介于两个极端之间的某个地方。

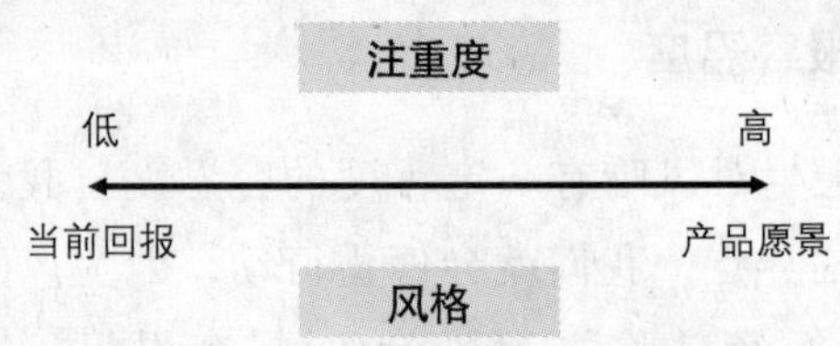

图 1　风险/回报驱动因素

在分析风险/回报驱动因素时，我们会想到另一种领导力的研究方法，即交易型—转变型领导力（transactional-transformational type of leadership）[8]。

转变型领导力是指“领导者进行深刻变革、为企业引入新的愿景以及鼓励人们为实现这些原景而努力的能力”[9]。交易型领导力是指以明确的服务换取明确的回报。也许这两个概念和“当前回报”及“产品愿景”并不严格重合，但很相近。稍后我们会看到，通过它同CEO财务特质的关系，我们的方法使我们能够得到一个更加定量化的方法。

2. 认可注重度

多年以来，我注意到，在谁是其行为的受益者这个核心问题上，不同的CEO有不同的做法。我注意到CEO做事的方式往往与其价值取向相一致，他们的行为面向的主要受益方是不同的。

对许多领导者来说，最主要的受益人是他们自己，这一点并不仅仅体现在挣多少钱上，也体现在赢得个人认可的行为上。在这方面，李·艾科卡（Lee Iacocca）是人们经常引用的一个例子。另一方面，许多CEO的取向压根儿不是让他们自身受益，因此他们在我所说的认可注重度（recognition focus）方面的需要是较低的，最贴切的例子包括沃伦·巴菲特（Warren Buffett）以及在这方面表现得更明显的、他的合作伙伴查理·芒格（Charlie Munger）。当然，许多CEO是处于两个极端之间的，他们确实使公司及投资者得到了他们应得的回报，同时也使他们自身受益。但所有的CEO都得到了公司给予他们的报酬，真正的区别在于他们在得到公司报酬的同时是否还特别地考虑自身的利益。

当然，还有另一种看待“认可注重度”坐标尺的方式，我们可以找出典型的认可注重度风格，如图2“认可驱动因素”所示。在坐标轴的上端，我们可以看到那些只关注自身获得认可的需要而对公司的关注较低的领导者，我们称这类人为“个人主义者”（Individualist）。我们用这个字眼来说明他们的主要目标是取得自己想要的利益和认可，而不太关心其他人的利益。

坐标尺的另一端代表了另一种风格。这类领导者专注于帮助其他人（包括他的公司、股东、员工、社会、慈善机构、宗教团体以及人们的精神幸福等），而不太关心自己的利益。这类领导者同“个人主义者”的风格大不相同，他们的出发点是全社会而非个人目标，我们把他们称为“利他主义者”（Altruist）。

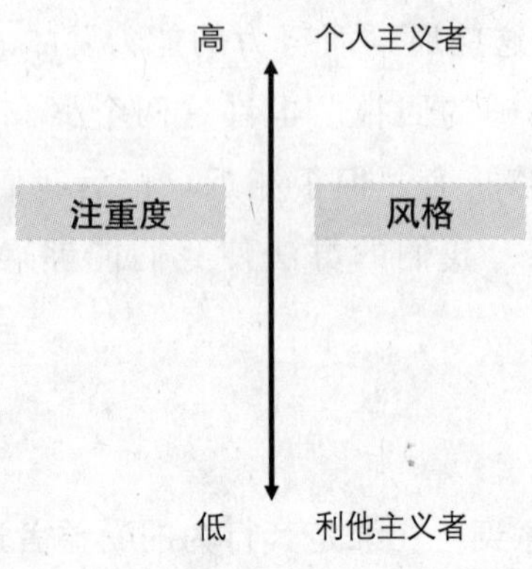

图2　认可驱动因素

这种方法也会使我们想到其他的管理学方法，尤其是它能让我们想起在许多书中见到过的有魅力的领导者与谦逊的领导者的区别。吉姆·科林斯（Jim Collins）著名的《从优秀到卓越》（*Good To Great*）[10]一书得出的结论是：他研究的样本中有魅力的领导者往往失败，或者说不能建立一家长青的公司，相反，最成功的领导者是那些谦逊者。事实上，像肯·布兰查德（Ken Blanchard）在他的著作《仆人式领导》（*Servant Leader*）中所指出的那样，他们都是公司的忠实仆人[11]。关于这一点，我们稍后在谈到 CEO 数据库时将会进一步讨论。

3. 关系注重度

你很可能注意到，高管或 CEO 在开发和维护关系方面的能力有很大差别，一些人是“见面熟”，与其说是商人，不如说像政客。他们很喜欢和人打交道，不太喜欢独处或者和事情打交道。

所有的 CEO 和领导者都或多或少地关注关系的建设，只不过有些人非常重视关系，这个特点影响到了他们对待员工和客户的方式。一个例子就是特纳广播公司（Turner Broadcasting）的泰德·特纳（Ted Turner）。另一些人不太注重关系，而更重视企业流程，这影响到了他们制定决策和控制自己组织的方式。这方面的例子是花旗银行的前 CEO 和纽约证券交易所的临时 CEO 约翰·瑞德（John Reed）。所以说，CEO 们对关系的重视度是不同的。

我们称那些最不强调关系的领导者为“内向型”（Introverted）风格，称高度重视关系的领导者为“外向型”（Extroverted）风格，如图 3“关系驱动因素”所示。不论是在公开演讲中还是在更加正规的研究中，我们都曾经多次见到这种说法。迈尔斯—布里格斯类型指标（Myers-Briggs Type Indicators）中就使用这种说法作为关键个性维度之一[12]。

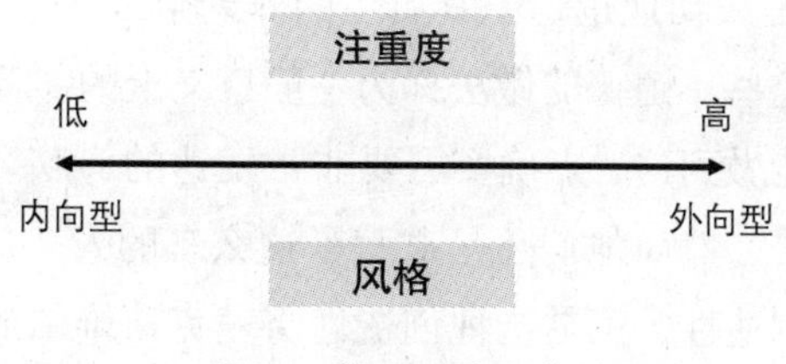

图 3　关系驱动因素

4. 逻辑注重度

在制定决策时，CEO 的商业个性中包含着一种典型的、可以预见的对使用和依赖逻辑的偏好。一些领导者非常注重正规逻辑的使用。IBM 公司的前 CEO 和麦肯锡公司的前雇员郭士纳（Lou Gerstner）即是这种风格的例子。另一类领导者则不太依赖正式的逻辑。

事实上，许多领导者对正式的逻辑都非常排斥，苹果公司的创立者史蒂夫·乔布斯（Steve Jobs）就是一个很好的例子。领导者在其决策过程中会系统地表现出这方面的特征。像前面一样，我们可以用一个坐标尺来表示低逻辑注重度和高逻辑注重度，一个 CEO 可能处于中间的某个地方。

在坐标轴的下端是“分析型”（Analytical）风格，上端是“直觉型”（Streetwise）风格，如图 4“逻辑驱动因素”所示。

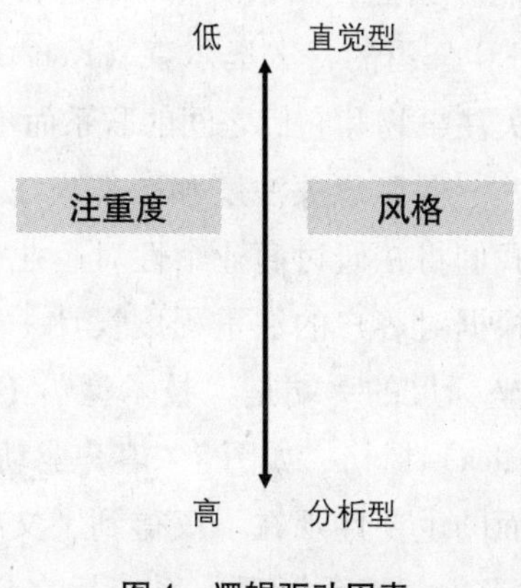

图 4　逻辑驱动因素

你或许见到过许多直觉型的领导者，他们从不仔细分析数字，但同样也能制定高超的财务决策。罗伯特·麦克斯维尔（Robert Maxwell）就能够轻松玩转自己庞杂、让人头疼的金融资产，使人看不出来他实际上已经破产。他甚至能骗过高盛公司那些头脑精明的银行家们，即使经过了审计，但他还是成功地抢走了其员工的养老金。

我们不想将这些不道德的做法称为一般意义上的“高超”决策，但我们不得不承认，能做到这一点确实需要非常发达的头脑。这些人采用的并非传统的分析方法，然而他们还是欺骗了这么多的人。要做到这一点，就需要财务方面的创造性，正是这种创造性将麦克斯维尔的商业帝国推向了顶峰。如果他没有破产的话，他会被人们看成是财务方面的天才。

逻辑驱动因素使我们想到了左右脑在思维方面的分工。左脑主要负责逻辑思维，右脑主要负责创造性思维。对于任何想取得优异成绩的人来说，如何使左右脑协调起来是个关键问题。爱德华·德·博诺（Edward de Bono）是这一领域伟大的理论家之一，许多领导者都学习他的理论以寻求突破[13]。

5. 客户注重度

有的 CEO 对商业等式中的顾客一端尤其注重。这是一类喜欢和客户待在一起、总是在出差拜访客户、喜爱参加客户活动、能叫出每位客户名字的人，老汤姆·华特森（Tom Watson）在他的早期就是这样的人。这些人是高度关注客户的企业领导者。

另一类人对客户的关注度低。他们将注意力放在产品和技术一端，总是思考如何改进它们［当然，呆伯特（Dilbert，卡通人物）就是这类领导的最佳范例］。DEC 公司的肯·奥尔森（Ken Olsen）是这种类型的人。这类领导者往往关注事物和它们之间的联系而不是人和人际关系。

这两种类型的人——低客户关注度和高客户注重度——有截然不同的决策风格和方式，我们将在研讨商业个性对企业决策的影响时进行分析。因此，我们可以根据对客户的注重程度设计一个坐标尺，显示由低到高的客户注重度。坐标尺的一端是“技术型”（Technical）风格，另一端是“销售型”（Sales）风格，如图 5“客户驱动因素”所示。

客户在领导力方面的重要性现在不仅得到了文献的重视，也得到管理体系的重视。CRM（客户关系管理）系统旨在使客户服务流程正规化，以降低重要的客户关系被忽视和遭受损害的风险。理论上，客户管理系统使人们不必再考虑客户，因为系统会帮助人们考虑一切。当然，事实并非如此，具有较高客户注重度的 CEO 制定的决策与对产品有较高注重度的 CEO 制定的决策不同，我们将在本书的后面详细讨论这一问题。

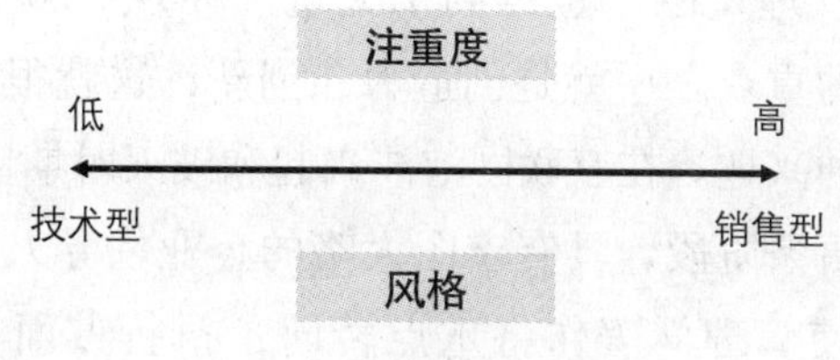

图 5　客户驱动因素

6. 执行注重度

所有公司制定的决策都需要得到执行。在执行与实施方面，CEO 们表现出了巨大的差异，一些 CEO 善于执行决策，能执行到最小的细节。本杰瑞公司（Ben and Jerry's）的本·科恩（Ben Cohen）对其冰激凌的味道就进行着不懈的追求。另一类 CEO 无论在公司战略还是财务方面都是只求大概。ITT 公司的哈罗德·基尼恩（Harold Geneen）就是这种风格的集中体现。在领导人中，这种差别至关重要，因为没有执行，一个企业即使拥有最好的想法和战略也无法成功。

我们因此可以建立另一个坐标尺，由低到高显示出对执行的重视。我们将会发现，这一点十分重要，因为在一位 CEO 的职业生涯中对执行的不同重视程度会对他的决策特点和他的领导绩效产生深刻影响。

如图 6 “执行驱动因素” 所示，在坐标尺的一端我们看到的是那些更乐意投身于财务和战略管理（即分析职能）的 CEO。在另一端我们会

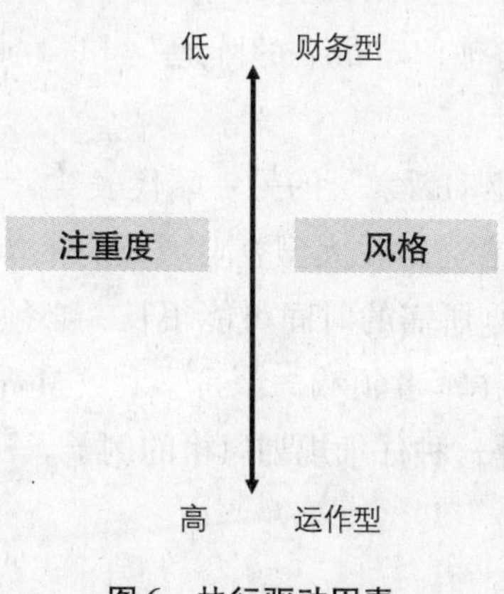

图 6　执行驱动因素

发现偏向实际运作的 CEO，他们更多地置身于具体的任务之中，即他们更偏重执行职能。

这一差异在管理文献中也得到了大量的体现。20 世纪 90 年代末，管理学著作强调的重点之一就是创造力和创新，这就很容易排斥人们对执行和具体实施的兴趣。在互联网泡沫兴起和破灭时期以及 21 世纪第一个十年末期的大萧条阶段，具有宏图大略的企业领导人在战略的执行上频频失败，这就使管理学著作将重点转向了执行方面。拉里·博西迪（Larry Bossidy）和莱姆·查兰（Ram Charan）等人的著作分析了高效执行所需要的管理方法[14]。现在我们看到企业正在回归 20 世纪 90 年代初的质量运动，当时的质量管理主要集中在六西格玛、戴明[15]和朱兰[16]的思想上。当前注重巩固而不是开拓新领域的宏观经济环境要求我们重新重视这些最基本的因素。

7. 反应时间

一方面，有的 CEO 反应非常迅速，缺乏耐心，能快速制定决策，但往往缺乏一致性。另一方面，有的 CEO 则会深思熟虑，讲求程序和方法。有人说这是行动迟缓，有的则说这是做事讲求章法。无论怎样说，我们都可以将这些 CEO 的反应时间在坐标轴上表示出来。不同的领导具有不同的反应时间。这决定了 CEO 作为一个人、一个决策者的内在特性，也决定了 CEO 的领导风格。

因此，我们将坐标尺的一端称为“行动型”（Action）风格。巴顿将军（Patton）肯定属于这类人，卡斯特（Custer）可能也属于这一类人[许多快速行动者也有他们“最后的阵地”（last stand），在本书的后面我们将进行详细分析]。

图 7“反应时间驱动因素”的另一端代表“计划型”（Planning）风格的 CEO，这些领导者通常在大型企业或政府工作，对他们来说，计划是必要的第一步。计划所需的时间可能很长，必须经过一系列全面的程序后才能制定决策。在军事领域，蒙哥马利（Montgomery）和艾森豪威尔（Eisenhower）就是这种仔细规划风格的例子。

8. 授权注重度

CEO 或多或少地都会对员工进行授权。最极端的做法是根本就不授

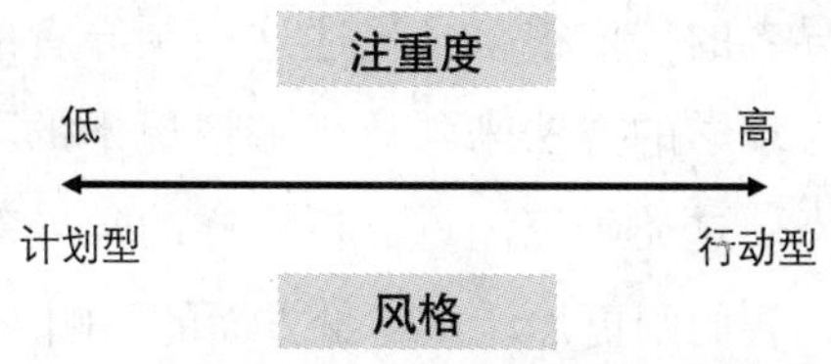

图 7　反应时间驱动因素

权，在这种情况下，本来可以由下属完成的工作，他们都要亲历亲为，这会给他们带来难题。另一方面，有些 CEO 在没有分析每位下属的意见之前不会采取任何行动。我们在同一坐标尺上由低到高可以标出这两类人，以表示不同的授权度。

如图 8 “授权驱动因素” 所示，上端是 “命令型” （Command）风格，下端是 “共识型” （Consensus）风格。处于坐标轴两端或接近两端的领导者在决策的方式上会表现出某种独特的、一贯的特征和倾向性。“命令型” 领导者通过严格的等级制度来领导公司，他对纪律和忠诚的信奉超过其他因素。麦克斯维尔通信公司的罗伯特·麦克斯维尔就是这种风格的例子。通常，公司的流程被严格界定，几乎没有灵活变通或发挥个人创造性的余地。

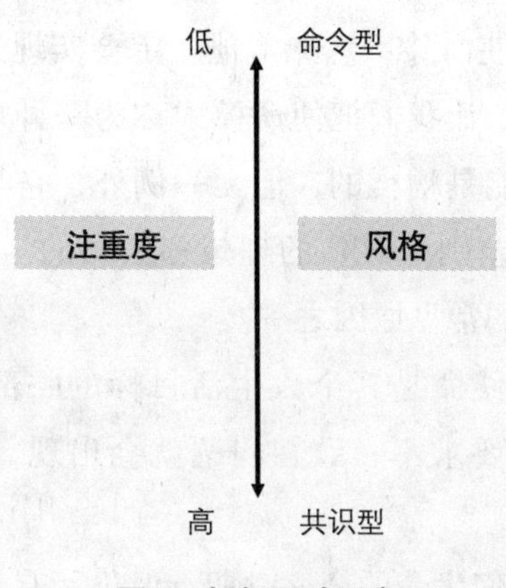

图 8　授权驱动因素

与之相反，“共识性” 领导者倾向于大家先达成共识，然后才开始工作。英特尔公司的安迪·格鲁夫（Andy Grove）就是这样的人。企业几乎没有规章和程序，即便有也很粗略，给个人发挥留下了很大的（常常是太大的）空间。这两种领导类型会造就不同特点的公司和组织绩效。

关于这两类领导者的传记很多。论述这些领导者的管理学文献往往以一种临床的或者心理学的方法来强调极端情况下的不利影响，尤其是“命令型”领导者[17]。这类研究注重分析这样的领导对组织定性方面的影响，而在本书中，我们则更加注重定量方面的影响。

行为驱动因素和领导业绩模式

以上我们找到了 CEO 的八种行为驱动因素。我们把这些驱动因素归为四类，它们和我们日常所说的术语大致吻合：

- 使命模式。
- 管理模式。
- 职业模式。
- 领导模式。

CEO 的使命模式

每位 CEO 都有一个使命（mission），只是很可能他本人没有明确意识到。CEO 拥有一个使命并不意味着他一定会实现这一使命，但他一定会努力去实现，因此，让我们把使命模式称为一种理想。这种理想对公司可能是好的，也可能是糟糕的，但无一例外，它与公司的真正需要之间存在着或多或少的差别。CEO 的理想和公司的需要有可能背道而驰，这也是导致公司失败的常见原因之一。

实际上，CEO 的使命是其个人生活目标的一部分。所以，如果这个使命和公司目标与要求不一致，问题就会出现，现实中这种情况经常发生。

许多 CEO 处于他们生命的全盛时期，但仍然有着青年时期的理想主义和经验不足的问题。他们开始时抱着利他主义或贡献社会的理想，一旦成家后，其理想就可能转变成对个人报酬的追求。

相反的情况也会在 CEO 职业生涯的晚期发生。他们也会变得更加利他、更加讲求社会公益和精神价值。当然，CEO 也会以许多其他的方式来改变他的使命模式，比如变得高尚、卑鄙等。但是请注意，这实际上取决于很多其他因素，一些人永远也不会改变，而另一些人则会改变（例如在一次特别糟糕的企业失利后），但后来又恢复到原来的类型。

是哪些因素造成了不同 CEO 具有不同的使命？在我的职业生涯中，我注意到 CEO 的使命（我称之为使命模式）由两部分构成。第一部分是 CEO 对风险的态度以及对风险/回报的权衡，第二部分关乎谁是其决策的受益人，即对他人认可的注重度。

为什么采用这些驱动因素来描述使命模式？风险/回报容忍度引导我们选择同它一致的职业和未来。它推动我们选择能带给我们想要的生活的职业和行动。它带给我们渴望得到的、与风险相对应的回报，而这些风险是我们可以从容应对的。风险/回报驱动因素是 CEO 使命中的一个重要构成要素。

认可注重度又如何解释呢？它也是领导者使命的重要组成部分。我们取得成就或许就是为了得到他人的认可，这可以成为一个领导者强有力的使命。或者我们作为公司和社会的一部分，可以有一个强有力的、帮助公司和社会进步的使命，而很少考虑得到别人的认可和回报，这也可以成为 CEO 的重要使命。

现在，我们可以将这两个行为驱动因素放在同一个图形中，如图 9 所示。图 9“使命模式”显示的是 CEO 可能会拥有的全部目标范畴。该图利用风险/回报以及认可注重度这两个方面向我们展示了可能对领导者造成影响的目标范畴。

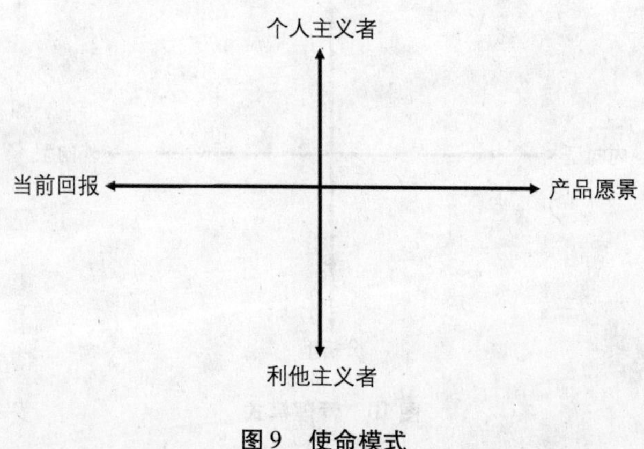

图 9　使命模式

CEO 的管理模式

我注意到，有两种商业个性因素是每一位 CEO 似乎都具有的，并且在某种程度上会对其企业的发展造成重大影响。它们就是 CEO 对以下两个要素的独特观点和运用：

- 人际关系——这是因为 CEO 在内向型—外向型坐标尺上的位置可靠地反映了他在开发和建立人际关系方面的能力，这种能力将对公司运行的所有方面产生影响。

以及

- 逻辑——这是因为 CEO 在直觉型—分析型这一坐标尺上的位置反映了他在决策方面独特的方法。

这两个驱动因素对公司和公司的业绩有着重大影响。一位 CEO 会制定什么样的决策，在很大程度上取决于他对逻辑的依赖程度和在人际关系方面的能力。

在图 10“管理模式”中，我展示了从管理模式的视角来描述 CEO 的可能方式。

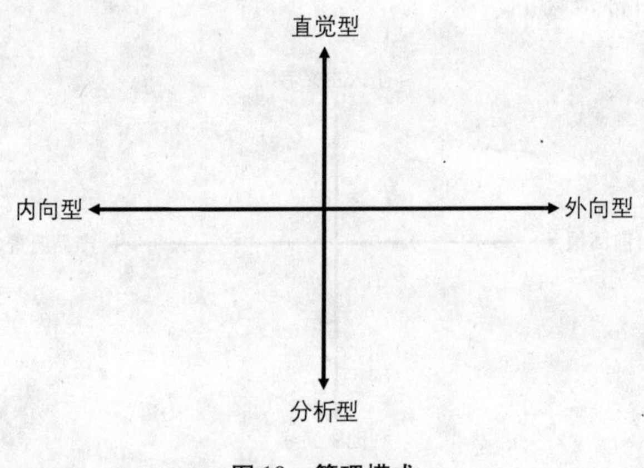

图 10　管理模式

CEO 的职业模式

事实证明，CEO 在职业方面的表现是其最重要的反映指标之一。一项工作不仅仅是工作，它也反映了我们的职业和教育体系在引导人们（包括 CEO）选择他所擅长和喜欢的事情、回避自己不擅长和不喜欢的事情方面是否有效率。很久以前我就认识到 CEO 的职业背景对公司经营业绩的重要影响，仅仅通过观察众多 CEO 的决策和行为特点就可以看出这一点。

例如，李·艾科卡是工程师出身，这通过他的商业个性以及在开发像“野马型”汽车这一重要产品的过程中所起到的关键作用就可以表现出来。几乎每一个企业领导（或许除了最年轻的）都有不同的经验和背景，这些因素会以独特的方式影响他在新岗位上制定的决策。

然而，有时候将职业背景当成一个有用的指标也会出错。许多企业创始人和企业家在年轻时就开始创业，其中许多人在此之前并没有工作经历。迈克尔·戴尔（Michael Dell）和比尔·盖茨（Bill Gates）就是两个例子。在很多情况下，他们受到的大学教育（如果他们真的受过大学教育的话，我们知道许多人没有）并不能真正告诉我们后来他们的发展方向。然而，大多数 CEO 通过他们选择的专业显示出了他们的职业方向。

职业背景如何影响 CEO 决策的特点和方向？我们将根据下列因素将职业模式分成两类：

- 客户——这是因为 CEO 在技术型—销售型坐标尺上的位置向我们提供了他在同客户打交道方面的能力。

以及

- 执行——这是因为在财务型—运作型坐标尺上的位置反映了他的执行能力和偏好。

这些坐标尺如图 11“职业模式”所示，该图表现了 CEO 职业模式的各种可能的范畴。

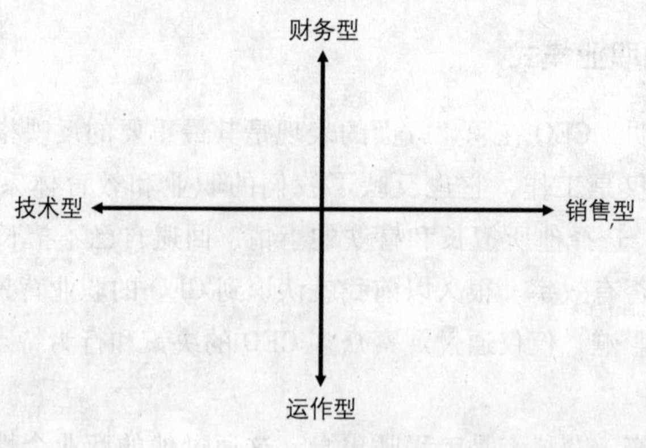

图 11 职业模式

CEO 的领导模式

多年以来，我对 CEO 领导企业的方式和他们表现出来的不同风格时而感觉困惑，时而被深深吸引。一些 CEO 居高临下、专横傲慢，而另一些则谦和温顺。还有一些人非常善于管理，以至于你意识不到自己正在接受他的管理，更重要的是，他会带领企业走向成功。我们可以通过下述两个坐标轴的相互配合来描述任何类型的领导风格。它们是：

- 反应时间——这是因为一位 CEO 的反应和决策的速度以独特的方式影响着任何一家公司，这一速度反映在我们的计划型—行动型坐标尺上。

以及

- 授权程度——这是因为 CEO 准备向下属授权的程度将导致不同的公司业绩，这反映在我们的命令型—共识型坐标尺上。

因此，只要我们不考虑拿破仑·波拿巴、希特勒等人的领导风格（即使我们考虑了），我们就能把稍后将要看到的大多数领导风格纳入更简明的几个类型中。许多企业领导人永远都不会承认自己的领导风格，这涉及工作中的许多社会因素和政治正确性问题。谁愿意被看成是专横或者犹豫不决的人呢？我们在图 12“领导模式”中显示出了领导模式的范畴。

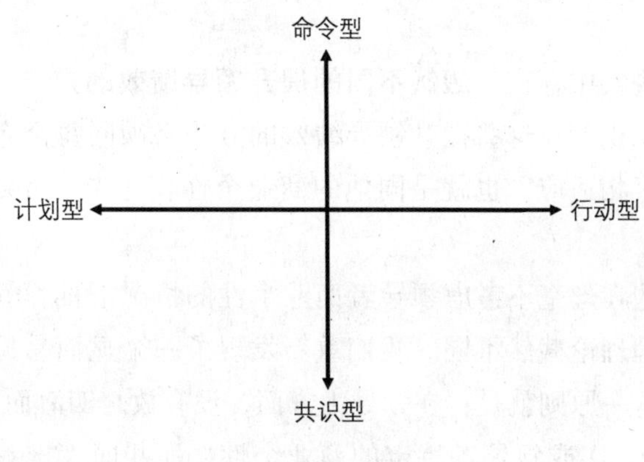

图 12　领导模式

CEO 的四种领导业绩模式

我们已经将适用于任何企业领导的八种行为驱动因素简化为四类领导业绩模式，这些业绩模式结合在一起将能够描述任何 CEO 的商业个性。这四种模式使我们能描绘 CEO 或任何领导者的情况。它们将向我们揭示推动领导者行为的无形因素。这样我们就能预测公司可能实现的经营业绩，除非 CEO 的行为发生重大变化或 CEO 修正了自己的行为方式。

我意识到，上述内容的技术性相当强，但是我们的工作已经有了成果。我们已经建立了一个描述任何 CEO 行为的模型，我们不是按照单一的因素而是运用多因素来解释 CEO 的行为。我们不是使用单一的方法，比如交易型—转变型标尺，而是将这一尺度或类似的工具融合进一个多因素的模型中。

我们也认识到，要想解释 CEO 的行为，仅凭传统的方法是不够的，无论这些方法多么有效。我们可以将互不相同的因素例如个人魅力、执行能力、职业背景、领导风格等置于同一个大背景下。在下面的章节里，我们将展示如何巧妙地利用这种方法来准确地洞察 CEO 的行为并预测公司的绩效。

通过本章的分析，我们可以断言：**CEO 们通常有着不同的领导方法，而这种领导方法的差异来自于八种行为驱动因素**。他们各自的商业个性导致了他们有着不同的注重度和风格，这些差异又造成他们关注公司业绩的不同方面。这些差异对理解他们的领导力和潜在业绩十分重要。

因此，现实中存在着**迥然不同的提升领导绩效的方法**，这一点似乎不易被人们认识到。这些提升领导绩效的方法必须同每个企业领导人的行为驱动因素相适应，也就是同他的商业个性相适应。否则，他就可能失败。

这同那些在丝毫不考虑领导者商业个性的情况下推荐管理战略和管理方法的管理理论截然不同。我们重新发现了一个显而易见但常常被忽视的原则。这一原则就是：在领导力方面，没有放之四海而皆准的标准。如果不参照 CEO 或领导者特定的商业个性，那些向人推荐标准管理战略、技术和工具的方法是无效的。

这种关于 CEO 绩效的研究方法必定会带来许多方面的重新评估，包括管理培训、管理团队建设、管理战略甚至公司价值的评估等诸多方面。

在以后的章节中，我们将说明哪些具体的方面需要重新评估以及如何重新评估。我们将展示如何按照正规的程序为一种具体的商业个性定制出一套提升绩效的方案。

本章旨在建立一个可以描述所有类型企业领导者的理论平台。下一章我们将说明我们如何利用这个平台找出一名 CEO 基本的领导业绩类型，这样我们就可以解释所有 CEO、企业高管或经理的决策和行为。

本章要点：商业个性的含义是什么

让我们回顾一下本章的内容：

- 第一，我们定义了 CEO 的商业个性，我们定义商业个性的方式能使其得到客观测评。
- 第二，我们开发出了能把领导力要素整合到一个模型中去的方法，这就为综合测评 CEO 的商业个性对公司或组织的影响提供了一个基础。
- 第三，我们确认了商业个性的八个基本行为驱动因素，以揭示出导致某种公司业绩的无形驱动因素。
- 第四，我们将这八个行为驱动因素结对组成了四类领导业绩模式，分别是使命模式、管理模式、职业模式和领导模式。它们结合起来就能描述任何 CEO 的商业个性，这为我们提供了一个使 CEO 对公司绩效的无形影响“有形化”的集成体系。

- 最后，我们展示了我们的模型引发的对以下原则的重新评估：管理和领导战略对于 CEO 的商业个性来说是中性的。不能用同一个模式套用所有的情况，我们需要按照 CEO 不同的商业个性来设计不同的提升领导业绩的方法，否则他就可能失败。

第 3 章　商业个性如何决定企业战略

领导者企业战略背后的商业个性机制

在前一章中，我们阐述了决定 CEO 商业个性的行为驱动因素。我们得出了以下结论：这些驱动因素意味着某种类型的企业领导将会带来某种类型的企业业绩。通过测评 CEO 在这些驱动因素坐标尺上的位置，我们可以描述出他所采用的企业战略类型。换言之，不同类型的商业个性将带来不同类型的企业战略。随着本书内容的展开，我们将展示这些不同的商业个性将如何造就具有不同特征的企业业绩。

本章将解答的问题是：在不同的 CEO 商业个性会带来不同的企业业绩这一规律背后存在着什么潜在的机制？如果我们明白了这一机制，我们就能解释为什么某种类型的领导倾向于采用某种类型的企业战略，也就可以说明 CEO 的商业个性如何导致某种类型的企业绩效。

前一章我们明确了四类领导业绩模式，即使命模式、管理模式、职业模式和领导模式。这四种模式描述了 CEO 制定的企业决策的全部特征。通过确定 CEO 的决策在这四种模式中的独特位置，我们就能评估他的总体企业战略。

就使命模式而言，因为 CEO 的决策对外部环境有着观察得到的影响，公司之外的人将能看到其决策对市场的直接影响（这些决策受上述驱动因素的影响）。例如，通过分析 CEO 所完成的销售类型、他喜欢的产品和成长战略的类型，我们可以看出他的风险容忍度。通过分析 CEO 的促销和其他活动，我们可以立即看清楚他的行为，看出他在认可驱动因素方面的特征。

与使命模式类似，职业模式对外部环境也有直接的影响。一名 CEO 在顾客驱动因素坐标尺上的位置将决定他对顾客和销售活动的偏好在多大程度上胜过喜欢内部的产品活动。他对计划执行的注重度也将通过公司在多大程度上实现运营的差异化而非财务战略反映出来。

正因为使命模式和职业模式对外部存在着直接影响，我们将它们称为面向市场的模式。这同其他两个模式（即管理模式和领导模式，我们称这两种模式为面向公司的模式）形成对照。管理模式包含逻辑和关系驱动因素，描述的是 CEO 如何制定决策和管理公司，能看到其影响的主要是内部观察者，外部观察者只能进行推测。

同样，领导模式也主要对内部观察者造成影响。授权驱动因素描述的是 CEO 在多大程度上授权给他的下属。反应时间驱动因素描述的是 CEO 制定决策的速度。重申一下，外部观察者只能推测 CEO 在这些驱动因素坐标尺上的位置，但内部观察者则可以直接看到。

面向市场的模式隐含了关于 CEO 企业战略偏好的大量信息。它们能告诉我们一名 CEO 更加看重的是销售还是产品，他本人是注重微观的实际操作还是宏观的财务运作，是充满愿景还是相反，是追逐个人声誉还是相反。通过对这些模式的讨论，我们就可以知道每位 CEO 处于我们画出的描述这些模式的图形中的哪个位置。

通过这种方式，我们就能够明白，面向市场的模式可以有众多的组合形式，事实上总共有 16 种，如图 13“公司业绩的范围”所示。将使命模式和职业模式组合起来，结果是不同类型的商业个性表现出不同类型的市场关注度。这就为我们提供了 16 种潜在的“纯粹”绩效类型。当然，在现实生活中，多数 CEO 都不会处于极端的位置，因此事实上有无数种组合结果。但图 13 为我们提供了一种根据面向市场的模式对 CEO 的偏好进行归类的方法。这种分类方法向我们提供了 CEO 所希望的公司发展方向和发展战略的信息。

这些企业战略反映了 CEO 对他期望看到的公司业绩的某种偏好。一旦我们以这种方式看待商业个性，我们将发现 CEO 对公司业绩的偏好会随着商业个性类型的不同而表现出许多不同的情形。这是一个三维的表格，如图 14“公司业绩维度”所示。

在职业模式方面，CEO 对公司业绩的偏好是我们期望了解的。对于销售方面的业绩，CEO 的主要目标是取得高销售增长；对于产品方面的业绩，CEO 非常重视产品的设计和开发；运营方面的业绩意味着重视运营的 CEO 非常注重调整产品质量和物流的细节；财务业绩意味着 CEO

使命模式

职业模式

	当前回报	产品愿景	个人主义者	利他主义者
销售型				
技术型				
财务型				
运作型				

图 13　公司业绩的范围

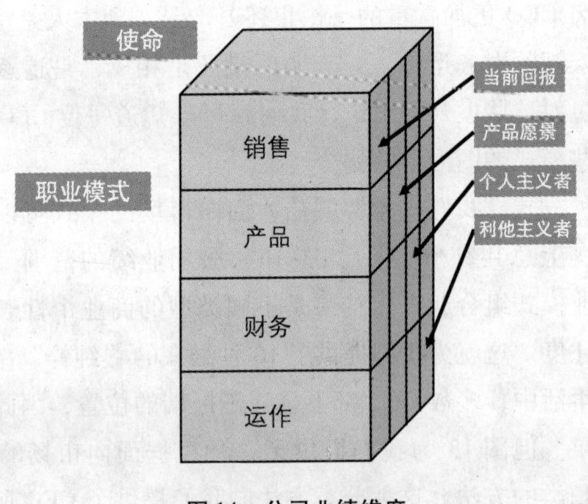

图 14　公司业绩维度

更偏好处理财务问题、找到问题的财务解决方案而非其他方案。

使命模式也是一样。与产品愿景对应的业绩反映了对高风险/回报的偏好，而公司理财者偏好的业绩则是较低的风险/回报。十分注重认可度的 CEO 偏好为其本人或公司赢得很高的外界认可。利他的 CEO 偏好的则是对他本人之外的机构和组织带来高度的福利。

CEO 行为的使命和职业模式会使他将注意力放在某些方面，而忽略甚至有时候排斥其他方面。一个极端的例子是一位技术型的领导对销售漠不关心，而是将几乎全部时间花费在产品的技术方面，在销售或财务问题上花费的时间几乎为零。一个产品愿景型的 CEO 往往注重产品愿景和有关产品发展方向的问题，而忽视短期的利润和现金流。

事实上，在 CEO 的头脑中存在着一个“透镜”，这个透镜倾向于将 CEO 的决策聚焦于他天生偏好的方面，而忽略或者排斥其他方面，我们将它称为商业个性的透镜。在图 15“商业个性透镜”中，我们展示了某位虚构的 CEO 的透镜，他非常偏重销售并对他人的认可有着强烈的需要。这样的一位 CEO 自然会偏重他爱好的方面，结果是他头脑中的“透镜”使他的注意力聚焦在那些方面，而不考虑其他方面，这些被忽视的方面自然就要遭受损害。

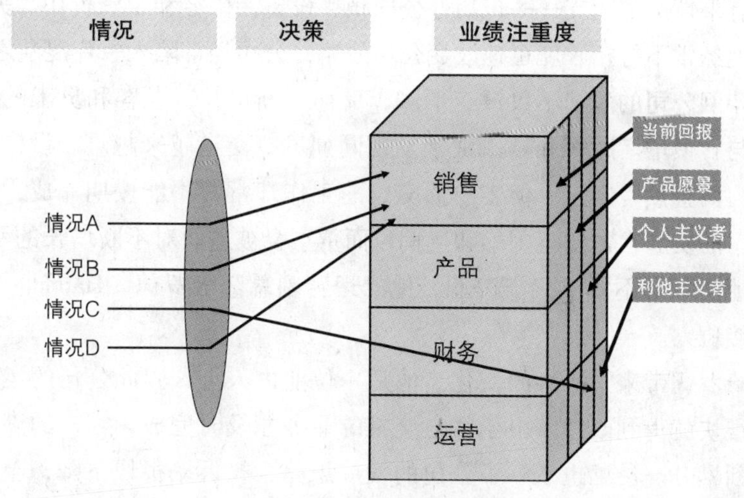

图 15　商业个性透镜

关键问题是，对于 CEO 偏好的每一个方面，都存在着一个相应地被他忽视的方面，只是忽视的程度不同而已。尽管如此，这种倾向是明显存在的。商业个性透镜的作用就是将 CEO 的注意力集中在某些方面，并转移他对其他方面的注意力。这些不太被注重的方面可能会形成 CEO 的盲点。商业个性透镜将导致 CEO 轻视甚至忽视某些方面的公司绩效，使 CEO 的注意力倾向于关注企业战略的某些方面，而不考虑其他方面，正是这种机制导致了不同类型的 CEO 会关注不同方面的企业绩效。

让我们用一家真实的公司——印网公司（虚构的公司名）的例子来阐明这一点。印网公司是一家提供印刷服务的公司，它的创建者列奥（Leo）是一位很有创业精神的人。列奥就是你想象中的那种创业者，他的愿景是创造一家印刷技术服务公司，借助技术的力量向客户提供能带来最有效沟通的印刷资料。他有较高的风险/回报容忍度，是一位产品愿景型的CEO。他外向且喜欢社交。在产生创业灵感后，他毫不费事地就筹集到了资本。他具有个人魅力且善于沟通。他对公司前景的预测确实在很多方面存在漏洞，他的预测侧重于理论，而在细节上则存在着不足，然而列奥的沟通技能使他克服了障碍，吸引到了成立公司所需的资金。

就在这时，情况开始变糟。列奥是公司最优秀的销售人员，产品也确实有了销量。但是，尽管列奥擅长销售，他的财务智慧却十分欠缺。他常常为了招揽顾客而亏本销售，而后续的销量却不见踪影。列奥往往在所有事情上都超支——包括办公面积、设备、待客和工资费用。另外，由于他经常不打招呼就迅速改变公司战略，公司经常陷入一片混乱之中。

印网公司的亏损不仅没有下降，反而不断增长，顾客和员工的不满意也与日俱增。顾客和员工常常发现同列奥打交道越来越难。没错，他有魅力而且热爱客户，但客户们交付的工作却常常不能按期完成，员工对公司的发展常常感觉困惑和迷惘，而董事会被迫面对不断增长的亏损。最后他们不得不要求列奥辞职，他的运营副总裁哈罗德（Harold）被任命为接班人。

哈罗德带来了巨大的变化。他是一位业内人士，因此公司的运营和物流很快就得到改进。由于客户交付的业务能及时完成，客户的满意度也不断攀升。员工也了解了公司的发展思路，投诉率很快下降，至少一度下降很多。

然而，没过多长时间，哈罗德的问题也暴露出来了。和列奥相反，他安静而矜持。他不喜欢与客户谈话和见面，不像他的前任那样敢于表达。公司失去了头号能花钱的CEO，也失去了头号销售高手，因此销量迅速下降。

虽然费用下降了，但亏损反倒增加了。列奥总能制造出一种公司处在变动之中的气氛，但哈罗德的做法则相反。他的创新能力不足，对新的想法接受起来很慢。董事会很快发现，聘用一名做事扎实的CEO的代价便是负的增长和严重的亏损。这种局面比列奥在任时更糟糕。

因此，董事会要求哈罗德辞职，并提拔原首席财务官杰瑞米（Jeremy）担任公司的CEO。董事会知道，杰瑞米虽不能使销量大幅增长，但他至少可以阻止公司财务“大出血”。显然，不管在运营方面还是在销售方面，公司都需要更健全的财务控制，而哈罗德就曾经在设备方面大肆超支。董事会的考虑是这样的：即使公司不能增长，但通过财务控制这一策略，至少可以使公司生存下来。这就可以给董事会更多的时间去寻找能使销售走上正轨的其他方法。

杰瑞米的确削减了开支，但他削减的幅度过大，客户开始流失。他削减了销售佣金，这种做法疏远了销售人员，他们中的许多人选择离开，这又加剧了销量的下滑。

吉瑞米的问题还表现在其他方面。他的沟通能力很差。他只与最重要的客户沟通，而不再与其他人进行交流。他缺乏换位思考的能力，这使他同下属的关系严重恶化，在一年之内，公司的局面甚至比以前更糟。

由于董事会对他明显表示出不满，杰瑞米提出了另一项战略。如果不能使销售增长的话，他们至少可以通过收购使公司业务增长。由于公司是上市公司，他们可以通过增发股票筹集资金。这样做可以使公司的业务重新获得增长，并通过合并带来的规模效应使成本下降，这样公司就能盈利，而这正是公司一直追求的目标。

尽管融资成本颇高，但公司还是筹集到了足够的资金。他们专门成立了一家公司，然后开始并购其他企业。但杰瑞米的管理风格使他很快就疏远了被收购公司的经理们，他们带着客户离开了公司。销量急剧下降，公司被迫宣布破产，不久以后被清算。

印网公司的三名 CEO 在一些方面都有很强的领导力。首先，列奥在销售和营销方面有卓越的能力，但他忽视了运营和财务方面的工作。他的失败是因为他不能平衡自己对销售的过分偏重。哈罗德是一名出色的运营和质量方面的管理者，但他对这些方面的偏重使他总体上忽视销售、营销和财务问题。杰瑞米是一位有天赋的财务主管，但他对财务的偏重彻底压过了对销售、营销、运营和员工的关注。

实际上，正是每位管理者的优势导致了他们的失败。正是他们太注重自己擅长的方面这一行为使得他们忽视了所有其他方面。在每一个案例中，CEO 独特的个人优势导致了某种独特的公司绩效。每一位 CEO 在其任期内都给公司带来了失败的结果。

除了最有天赋的企业管理者，其他所有人在商业个性各驱动因素方面的优势都意味着他具有相应的弱项。产品愿景型管理者容易忽视当前回报，销售导向型管理者容易忽视产品质量，财务主管往往忽视企业的运营和生产质量。对于企业的领导者来说，优势本身常常对应着劣势。这一机制之所以会导致 CEO 失败，是因为他们没有意识到这个问题，这就是印网公司存在的问题。这是一个在公司中普遍存在的问题。对于所有 CEO 和领导者来说，这也是一个普遍的问题，尤其对那些初次担任企业领导的人。

印网公司发生的事情向大多数初次走上 CEO 岗位的人揭示了一个更深层次的问题。在许多情况下，一个人被提拔为 CEO 是因为他有着显著的优点，这个优点或许存在于销售、财务、产品或其他方面，正是这个优点将他推到了 CEO 的高位上。自然，他将这一优点看成是可以依靠的资本，一般来说，他会不断强化这一优点。

像我们在印网公司的例子中看到的，正是 CEO 的独特优势导致了他们的失败。印网公司的三位 CEO 都没有意识到这一点。他们回应失败的方法是更加偏向于他们有优势的方面，而不是想办法平衡自己的优势，弥补自己的劣势。

大多数普通人都有弱点。因此我们都知道应该努力弥补自己的“短板”。很多非常能干的人（其中许多是 CEO）在每个方面都不存在明显的不足。对于他们来说，问题在于其各种优势的相对强弱。他们必须强化自己的优势，而不是弥补自己的不足。很少有人理解这一点，而这正是导致他们失败的原因。

商业个性透镜常常以另一种方式对我们产生误导。它将我们的注意力引向我们具有较强优势的方面。对其他方面的持续忽视意味着我们永远没有机会来打造领导企业走向成功所需要的技能。在关键方面缺乏技能是导致多数 CEO 和领导者最终失败的原因，除非他们能意识到这个问题。但大多数人永远都意识不到这个问题。

商业个性透镜揭示的是商业个性推动企业战略的机制。对企业战略某一方面的关注造成了对另一些方面的忽视。对优势方面的关注越多，对弱势方面的关注就会越少。

企业战略和商业个性的演变

到目前为止，我们描述的似乎都是 CEO 业绩令人灰心丧气的一面。

我们似乎得出结论：正是因为大多数 CEO 有一些关键的优势，所以他们注定是要失败的。然而我们通常的认识是：CEO 的成功靠的正是他们的优势。随着年龄的增长，CEO 能否做出改进？大多数 CEO 和高级主管是否有希望获得成功？这正是本书最终要破解的谜题。首先，还是让我们探讨一下商业个性是如何随着时间而演变的，这一工作将使我们就这个问题的一个方面得到更多的信息。

不会改变的模式

在四种模式中，有两种不大会变化或根本就不变化，它们是管理模式和领导模式。管理模式包括关系和逻辑标尺。你 13 岁时在关系标尺上的位置和你 92 岁时的位置完全一样。你对逻辑的注重度也是一样。

然而，我们应该将一个在管理文献中被人们广泛关注的因素包括进去，它是上述规律成立的重要条件之一。上述两个驱动因素本质上都取决于环境。例如，当一位内向的 CEO 同其更加内向的下属共事时，他可能显得更加外向一些。在逻辑方面，如果一位 CEO 注重逻辑和分析，而他的下属有过之而无不及，那他在坐标尺上就可能更靠近“直觉型”。许多 CEO 有意识地调整他们的风格，以弥补其高级经理们在某方面的缺失。

领导模式也不随着时间变动，这些领导模式包含反应时间和授权注重度两个因素。重申一下，根据团队和环境的不同，领导者可能会改变他或她的领导模式的表现形式。他们这样做是为了弥补团队中某一因素过多或过少的情况。如果一位命令型 CEO 的团队成员更喜欢向别人发号施令，那么他就可能变得更乐于向下属授权。如果 CEO 手下的高级经理们做事急躁，那么 CEO 就可能延长反应时间。当然，在有些情况下，情况可能正好相反。然而上述现象只是对环境的适应，而非永久的变化，他们的领导模式一生中基本上保持不变。

对于多数 CEO 保持不变的模式

对于大多数 CEO 来说，另一个模式即职业模式也保持不变。构成职业模式的行为驱动因素有两个，它们是客户注重度和执行注重度。我们的教育体系日积月累的效果是一个人通常会从事他拥有最高技能的工作。因此，如果你上了大学，学习营销专业，又从事了几年的销售工作，然后成为了 CEO，那说明你真的具备销售和营销的技能。在这种情况下，教育体系确实尽到了自己的职责。在此，用你在客户注重度标尺上的位置来表示你的职业模式就有相当高的可靠度。

但事情并非总是如此。教育体系并非总是有效率的，它常常不能将人们引导到他最擅长的方面。在我们的社会和家庭背景中存在着欠缺和差距，它们会阻止我们发挥出我们的全部潜能。在这种情况下，我们从事的就会是我们不应该从事或者同我们的技能不相适应的工作，在这些情况下我们就面临着“改行”的问题。

以弗雷德为例。弗雷德刚开始做了多年的软件编程人员，但他性格外向，喜欢和客户打交道。与开发软件代码相比，他更喜欢和客户在一起，尽管他精通编写软件。因此，当弗雷德成立自己的软件公司时，他很快转换了角色，成了一个典型的面向销售和营销的 CEO，这和他自己特殊的天赋的确很匹配。

在 CEO 层次，还有许多其他中途“改行”的例子。改行经常发生在客户注重度标尺之上，就像弗雷德的例子说明的一样。有时候它们也发生在执行注重度标尺之上。例如，一名会计或财务人员或许改行从事企业运营方面的工作。事实上，他一直就是这样一个人，如果不是出于父母、教育或社会的压力，他早就从事他擅长的工作了。

中途改行的人常常是典型的“起步较晚者”。或许是他们的父母或者教育系统误导了他们，或许并非如此。我们所说的“起步较晚者”并非指那些年过 40 的人，尽管这个年龄段的人常常改行。一个“起步较晚者”可以是 25 岁的年轻人，从未上过大学，而是花了几年的时间环游世界，回来后就成立了自己的公司，而且很快就取得了成功（而更有可能的是遭遇失败）。

总之，职业模式的变化表现为两种情况。对于大多数 CEO 来说，其职业模式几乎不发生变化，教育和社会系统很好地履行了它们的使命，CEO 的职业背景和资质正是他们内在技能的准确反映。

另一种改变发生在教育和社会系统失灵的时候。CEO 比大多数人幸运，他们找到了自己的发展方向。结果就是改行。改行的结果是进入和当初职业通常完全不同的领域。教育和社会系统将他置于不能充分发挥其优势的岗位，而 CEO 完成了自我救赎。

发生变化的模式

我们会发现，一名 CEO 的商业个性的变化主要发生在其使命模式方面。在较长的时期内，使命模式的变化对 CEO 企业战略的变动会产生重要影响。

使命模式的两个驱动因素是 CEO 的风险/回报容忍度和他对他人认可的需要程度。在风险/回报容忍度方面，让我们以我们数据库中的一位 CEO 吉姆为例。吉姆曾创立过两家公司。第一家公司运转尚好，但不是非常理想。公司总能实现良好的销售，但毛利率尤其是利润总是很糟糕，常常是零。他的第一家公司是被收购的，在某种程度上，他是被迫卖掉这家公司的，因为对方出价很有吸引力。如果不卖掉公司继续经营的话，无论如何他也得不到那个水平的投资回报。

吉姆和收购方共事了几年，但为别人打工让他很郁闷，于是就创立了第二家公司。这次他决定干得更好些。尽管他不喜欢被别人雇用，但他还是从收购方那里学到了许多东西。他学会了更加重视财务问题，更加重视利润率，也学会了提升产品价值的一些技术和方法。吉姆是那种偏重销售的人，如果不是被收购，他永远不会有机会学到这些产品和利润率方面的经验。

这次回来创业，吉姆比以前更加重视毛利率、创造现金流的能力和增加服务的价值。他改变了以前对销售的过分偏重，尽管改变得不很多。现在他可以从业务中抽出更多的现金，而企业仍然有利可图。吉姆的老朋友们对这一变化有些不敢相信。这不是他们熟悉的那个吉姆。

吉姆在同客户交往和销售方面能力很强，比起财务工作，他也更偏重企业的运营。这样的领导通常是非常外向和高度侧重销售工作的，他们可以实现很好的销售业绩，但常常开支过度。由于过于注重销售，可以说正是他们的优点造成了他们的失败。事实上，这就是吉姆的第一家公司失败的原因，公司被别人收购反倒使他免于退出这一行业的命运。

然而，那段经历以及为收购方工作的经历教会了吉姆很多东西。新知识以及以前失败的教训使他改变了领导方法，他学会了如何平衡自己的优势，也学会了如何弥补自己的不足。

结果，吉姆的第二次创业非常成功。他在销售方面的优势带来了业务的大幅增长，但这次是伴随着更高的利润和为客户提供更高价值的服务。企业效益偶尔会有短时间的不良表现，但总体上吉姆做出了惊人的改变。

吉姆代表了那些经营过多家企业的 CEO 所遇到的情况。开始时，他们常常为其产品、服务和公司制定一个比较宏伟（或者不太宏伟）的愿景。他们常常听说 CEO 必须有一个愿景，于是就建立了一个，当然伴随着高额的费用、较长的产品开发周期和销售周期。

有时候他们成功了，但绝大多数情况下他们会失败，或者他们的企业业绩不佳、难以为继，或利润少得可怜。一旦企业失败，或者以新的名称重新开张，他们通常会意识到需要更加保守一些，企业需要产生利润才行。当然并非任何时候都会这样，很多 CEO 没有吸取教训，即使有第二次创业的机会，他们仍会遭遇失败的命运。他们没能学会如何平衡自己的优势。

不幸的是，许多初次出任 CEO 的人根本就没有第二个机会。基帝恩（Gideon）就是其中的一个例子。他是一名很有天赋的电脑编程员，对风险有较高的容忍度。他创立了一家公司来开发一种新的软件产品，产品开发时间超过他的预期，但他最终还是拥有了一个优良的产品，但却无法实现销售。他的技术优势使他忽视了对顾客的关注，最后他的公司倒闭了。

基帝恩压根儿就没有第二次机会，因为他已经花完了全部资金。没有销量使他无法说服投资者为他的新项目投资。基帝恩是许多初次创业或初次任 CEO 者的典型代表。他们不能平衡他们的优势，所以失败了，而且很少有东山再起的机会。

吉姆和基帝恩代表着一种随时间的推移沿风险/回报标尺向低风险一端移动的倾向，可能也有一些人是稍稍向高风险端移动，不过这些人毕竟很少，他们更多地位于坐标尺的中部，而且通常是靠近“当前回报”的一端。在他们的职业生涯中，他们或许想要尝试比他们以往的业务回报更快且利润更高的项目，在职业生涯的晚期，他们决定实验一下。对于他们来说，这意味着投资于一种新产品或服务，这类 CEO 通常会失败。

在认可标尺（利他主义与个人主义）上的变化又如何呢？让我们以乔为例。乔从一家小公司做起，后来发展到很大的规模，并担任 CEO。他处于认可标尺的中间位置。一段时间后，乔显示出更加利他的倾向，他本人和公司花在慈善和公益活动方面的时间越来越多。当他越来越成功时，他内在的利他主义思想越来越强烈。在本书稍后我们将看到，这并没有给公司带来帮助。这个例子代表着 CEO 们在认可标尺上的一种普遍倾向。

有一种在认可注重度标尺上的变化很有意思。多数 CEO 开始时处于标尺的中间，后来向两端中的某一端移动，这意味着要么移向“CEO 名流”一端（我要在死之前变得既富有又出名），要么移向“利他主义”一端（我迟早要死去，我要确保我的钱为那些不像我这么幸运的人发挥最大作用）。像我们稍后将看到的那样，这和特定的公司业绩密切相关。另一方面，很少有 CEO 从认可标尺的两端向中间移动，虽然有时确实会发生这种情形。这种情况通常是因为年轻的创业者刚开始时有服务社会的想法，后来失败了，就回到标尺的中间，以后就很少离开那里。

向标尺一端的移动涉及更多的个人认可。很多 CEO 最初位于标尺的中间位置，后来移向“个人主义者”一端，在这一端，认可对 CEO 来说更加重要。我们可以发现，这种情况常常发生在“名流 CEO”身上。他们在担任 CEO 之初以良好的企业公民形象示人，但后来他们慢慢地向我所说的名流 CEO 陷阱移动，预计他们的未来不会很好，当然这一点需要到更晚的时候才能看到。

总之，商业个性往往只在一个模式方面发生重大改变，这就是使命模式。即使如此，也并非所有 CEO 都会遇到这种情况。然而，一旦发生改变，则改变将十分显著。这些改变有时候（并非总会）是积极的。这种改变可能是向风险更低的方向移动，这通常是积极的。另一种改变是沿着认可标尺向外移动，这通常是消极的。在稍后的章节中我们将看到这种改变带给 CEO 和公司的重要后果。

CEO 会修正其企业战略吗？

这似乎是个伪命题。不管怎样，人们会说，CEO 们难道不是企业理所当然的领导者吗？当他们发现事情没有按照预定的方向发展时，难道他们不会对企业战略进行修正吗？当然，这种理想化的、认为 CEO 会理所当然地修正其战略的观点是站不住脚的。只要看看公司频繁更换 CEO 的现实就会明白，CEO 的失败常常是由于未能成功地修正企业战略。

摆在 CEO 们面前的路有两条，他们只能选择其一：要么改进，要么失败。CEO 失败的例子有很多。在长期中，大多数 CEO 最终都会失败。他们的失败发生在初次担任 CEO 的第一年或第二年之后。几年下来，只有一小部分 CEO 还留在领导岗位上。

每名 CEO 都有一组由其商业个性驱动的使命，多数时候 CEO 或许没有意识到这些使命。一般来说，这些使命面临的结果不外乎以下两种之一：要么在初次任 CEO 的早期遭遇失败（尽管也有例外，但是通常如此）；要么在初次或者更有可能在第二次任 CEO 之后走向成功。这是因为 CEO 的使命和行为会不断变化以修正从前的偏差。实际上，有时候 CEO 能够学会如何修正自身的优势。对于那些未曾失败的领导者而言，经验会告诉他们如何避免在新岗位上遭遇失败，因此他们更倾向于纠正可能导致失败的行为模式。

我们把企业领导者因为未能修正自身行为而遭遇失败的阶段称为“未修正阶段”（uncorrected stage）。这一阶段将会给公司带来“未修正的业绩”（uncorrected outcome）。后来的阶段我们称之为“修正阶段”（corrected state），而 CEO 所带来的公司业绩便是修正后的业绩（corrected outcome）。多数 CEO 永远都无法成功地走过未修正阶段。CEO 要想成功，就必须进行修正。稍后我们会看到，这些不同的阶段是和商业个性中一些最具活力的基本因素密切相关的。

在未修正阶段，领导者常常有一个主导性的行为，这种行为如果不加修正的话，将导致失败。我们称这个修正过程为“平衡自身优势的过程”（compensating for his strengths）。在修正阶段，领导者用其他类型的行为和战略来替代会带来失败的主导性行为，他也因此学会了修正自我和平衡自身的优势。

于是，我们看到了一个重要的分化：一方面，大多数 CEO 不去修正他们的行为；另一方面，少数领导者会修正他们的行为。我们把这些 CEO 分为三类：

- 学徒期的领导者（apprentice leader）。
- 执业期的领导者（practioner leader）。
- 富有经验的领导者（experienced leader）。

学徒期的领导者还没有将他们的领导行为修正到一个稳定的状态。

尽管每个阶段的时间长短会有差别，但一般来说，学徒期的领导者要在这个阶段停留两年左右的时间，执业期的领导者也会在这个阶段经历两年左右的时间。如果 CEO 有了 5 年以上的经验，他便成了富有经验的领导者。然而，只有一小部分学徒期的领导者和执业期的领导者能够成为富有经验的领导者，因为他们中的大多数人达不到修正行为的层次。他们永远都不会平衡自己的优势。

CEO 的目标也会以相应的方式演变。在未修正阶段，他或她倾向于强调和强化那种主导性的未修正行为，毕竟是这些优势帮他们走上了 CEO 的岗位。然而在修正阶段，该领导人将学会如何识别和强化平衡性的行为，从而抵消那些可能会带来失败的行为倾向。

当然，不是所有的领导人都需要 5 年时间达到修正阶段，但有一些领导人则需要 5 年多的时间。也会有少数例外的情况，他们无需多少时间便可到达这个阶段。但大多数领导人的发展将会遵循上述规律。

我们研究项目中的 CEO 是如何做的？我们可以使用我们的数据库来回答这个问题。通过直接观察和面谈，研究人员对数据库中的每位 CEO 是否有修正行为做出了判断，采用的标准是看他的企业战略是由单一的行为模式主导还是更加均衡。分析的结果将有助于预测 CEO 随着经验的增长在多大程度上有可能修正自己的行为。

人们也许会问，以前有 CEO 经验的人是否更有可能修正自己的行为？人们会认为，过去担任 CEO 的经历会有所帮助。在我们的研究中，初次做 CEO 的人有修正行为和无修正行为的各占一半，而对于以前做过一次 CEO 的少数人来说，有修正行为的人数是未修正人数的 2 倍。因此，在我们的研究中，以前的经验确实对 CEO 有帮助。

企业的创始人又如何呢？传统观点认为，创始人比非创始人更加意志坚定和独立。从表面上看，这一点会使他们更不可能修正自己的行为，但我们的研究并不支持这一看法。我们的研究显示，创始人和非创始人有修正行为的比例大致相当。

我们的研究显示，有两个因素对 CEO 修正自身行为的倾向有重要影响。第一个因素是年龄，这有些出人意料。研究发现，20 多岁的 CEO 们没有修正行为的倾向，30 多岁的 CEO 未修正行为的人数是已修正人数的 2 倍。40 多岁的 CEO 未修正行为的人数仍多于已修正行为的人数，但相差不多。50 多岁的 CEO 显示出明显不同的特征，有修正行为的人数是未修正人数的 2 倍。60 多岁的 CEO 均有修正行为的现象。换句话说，在我们的样本中，小于 50 岁意味着你很可能不去修正自己的行为，而过了 50 岁，则很可能去修正。显然，年龄和经验的差异对 CEO 有着巨大的影响，至少对我们选取的样本来说是这样。

第二个对 CEO 行为修正倾向影响颇大的因素是这位 CEO 是否有合伙人。如果没有，他既有可能修正自己的行为，也有可能不修正自己的行为。然而，有合伙人的 CEO 结果就大不相同了，他们修正自己行为的概率是没有合伙人 CEO 的 2 倍。合伙关系显然对参与其中的领导者调整其行为有很大的促进作用。这个话题十分重要，所以我们将在后面另辟一章专门讨论。

因此，我们可以试着回答刚才的问题：CEO 会修正他们的企业战略吗？答案是：通常不会。如果修正，也要等他们年龄更大以后。经验会造成很大的差异。克服这种差异的重要方法就是使用合作伙伴。但是，合作伙伴关系的形式也是多种多样的，我们将在本书后面看到，不是所有的合作伙伴关系都同样有效。

不修正自己行为的 CEO 无法学会均衡他们的优势。他们的企业战略通常受那些曾经帮助他们走上 CEO 岗位的优势主导，但那些优势也可能是导致他们失败的元凶。对于 CEO 来说，一种压倒性的优势通常会带来失败。要成功，就必须淡化他们当初借以走上 CEO 岗位的优势，甚至将它们看成是自己的弱项。对于许多 CEO 来说，这是一门很难掌握的课程。事实上，他们的优势越强，就越不可能学好这门课。

为什么商业个性通常会导致失败？

我们已经看到，每位 CEO 都有自己偏重的方面和忽视的方面。我们也描述了造成这种情况的机制，即商业个性透镜。CEO 的优势本身往往就是他失败的原因。那么，这一倾向背后的基本原理是什么呢？

大多数 CEO 都具备一些技能和观点，这使他们倾向于注重那些他们很成功且自己感觉得心应手的方面。这就是 CEO 的“安逸地带”（comfort zone）。CEO 往往不愿走出自己的“安逸地带”。他们这么做完全是因为他们过去在安逸地带很成功，因此倾向于回避自己不太成功的方面，即使这些方面对其公司或组织的成功至关重要。这就解释了为什么很多

CEO 的行为十分固执，即使这些行为可能对组织造成不利影响。

我们可以更加清楚地理解行为未经修正的 CEO 和已修正的 CEO 的区别。行为未经修正的 CEO 还不理解下面这个道理：要想使公司获得成功，他们就必须走出自己的“安逸地带”。他们还不能平衡自己的优势。行为修正后的 CEO 则已经明白：他们必须学会应对自己不得心应手的方面以及不太成功的方面。他们已经掌握了能够正确对待自身优势的技术。

本章要点：商业个性如何决定企业战略

CEO 的商业个性在他的企业战略形成过程中起着十分重要的作用，我们的研究得出了以下结论：

- 相当大一部分人在他们初次担任 CEO 时会遭遇失败。
- 他们的失败不只是因为自身的弱点，更多的是因为他们自己的优势。
- 一个人在某一方面的能力越强，这个优势就越有可能将他带向失败。
- 多数失败的 CEO 在其任期的早期阶段就失败了。
- 多数 CEO 再也没有从主导性优势带来的失败中恢复元气。
- CEO 领导力的变化是非连续的——如果 CEO 任由自己的主导性行为继续下去，那么他将失败。只有切实改变自己的行为，平衡自身优势，领导者才能成功。
- CEO 的根本目标是达到修正行为的阶段。
- 那些不曾失败的 CEO 通常是发现了平衡其先天的主导性优势的方法。他们做到了平衡自己的优势，如果不这么做他们也难免会失败。
- CEO 倾向于随着年龄和担任 CEO 经验的增加来修正自身的行为。维持一种商业伙伴关系对 CEO 修正自身行为的能力似乎有重要的、积极的影响。

第 4 章　商业个性如何影响管理技术

在前一章中，我们讨论了 CEO 的商业个性如何影响企业战略。战略对 CEO 来说的确很重要，但肯定不是他们考虑的唯一因素。对 CEO 来说，另一个重要的问题就是管理技术。为了执行企业战略，他们需要实施这些管理技术。

在商业个性和管理技术之间是否存在着联系？CEO 的商业个性是否有可能以 CEO 全然不知的方式影响着管理技术？如果有联系，那么显然 CEO 就必须了解这种联系，因为它可以告诉 CEO 在一些场合使用某些管理技术是不合适的，甚至压根就不应该使用某些管理技术。

在本章中，我们将证明这种联系是存在的。我们将说明不同的商业个性将使管理者专注于某些管理技术，而忽视其他管理技术。这些联系能直接导致公司业绩不佳甚至破产。理解这些联系发挥作用的原理对掌握如何矫正和提升领导业绩是至关重要的。

管理技术的类型

在我们将话题转到管理技术和商业个性的联系之前，我们需要对管理技术进行分类。当然，已经有无数的图书对管理技术进行了总结，因此我们没必要从头开始。相反，我们将在一个更高的层次上描述这些管理技术，这样我们就可以继续分析管理技术是如何与 CEO 的商业个性联系在一起的。

CEO 需要具备的管理技术有四类，它们是：

1. 人事。
2. 流程。
3. 资源配置。

4. 沟通交流。

为了执行企业战略，CEO 必须对这四类管理技术进行搭配使用。

人事

这类管理技术主要关注人事方面的因素，涉及的问题包括人员招聘、培训、薪酬以及如何向下属授权，在每个方面又有着大量的具体管理技术。为了能有效执行许多类型的企业战略，CEO 需要从中选择那些主要针对人员的管理技术。

流程

另一类管理技术同公司内部的流程相关，即企业领导对公司如何开展活动的规范，主要内容包括公司内部的决策程序、组织结构和运转机制、信息的处理和分配，以及当公司运转出现问题时的反馈机制。在公司中，这些问题常常令人感到头疼，但它们构成了一些重要的规则和程序，没有这些规则和程度，公司就不可能有效运行。

资源配置

战略的执行需要资源。由于资源总是稀缺的，因此需要按一定的方案进行分配。分配的方式有很多，肯定存在着一些针对这些战略领域和活动的分配技术，企业可以利用这些技术来实现其目标。

资源配置方面的决策涉及预算机制、财务控制机制和审计机制。如果企业所使用的管理技术缺乏这些机制，那么资源配置的过程将不会很顺畅，结果就是资源配置不当和公司的业绩不佳。

沟通交流

最后，一些管理技术主要涉及沟通和交流方面。如果缺乏对这方面的重视或缺乏这方面的管理技术，下属就会缺乏正确决策所需要的信息，公司就会因此而效率低下。CEO 需要使用这些管理技术在公司内部传达他的信息，他需要选择正确的信息传递媒介、使用恰当的信息传递方式，并在恰当的时间选择正确的对象以恰当的频率进行沟通和交流。沟通技术对于企业业绩的最优化是至关重要的。

商业个性对管理技术的影响

前面谈到的管理技术本身似乎没有什么特别的，甚至还有些老套。任何企业管理教科书都会提到这些内容。在 MBA 和企业主管培训、领导力的课程里都会讲到这些。理论上，每位高管（更不用说 CEO）都十分清楚所有这些理论，也知道什么时候运用它们。那还有什么必要在此重提这些老生常谈的知识呢？

理论归理论，实践却大不一样，实践中 CEO 们并不使用全部的管理技术，他们偏好某些类型的管理技术，而忽视其他一些管理技术，我们称这种现象为**管理技术的过滤原则**（management techniques filtering principle）。这个原则可以表述为："领导人的商业个性以一致和系统的方式过滤掉某些类型的管理技术。"

在教科书中，经营一家公司似乎很简单。在选择了战略之后，领导者要做的就是使用正确的管理技术，企业战略将因此得以执行。

然而，这并没有考虑上述过滤原则的作用。事实上，领导者自身的商业个性会按照某些系统的、可预测的方式过滤掉一些管理技术，而这些管理技术是实现企业绩效目标所需要的。但是，CEO 通常并没意识到这一过程。

这是一个很不寻常的发现，是所有领导人都需要明白的一个道理。它说明大多数 CEO 并没有意识到他们过少地使用甚至忽视了对企业战略的成功至关重要的那些管理技术。管理技术过滤原则的重要意义是：我们可以根据 CEO 的商业个性预测他们的管理模式。这一点我们将在本章的稍后部分专门讨论。

让我们来看一些管理技术过滤原则的实例。近些年来一位著名的企业领导人就是法国通用水务公司［Generale des Eaux，后改名为威望迪环球公司（Vivendi Universal）］的 CEO 让—马瑞·梅西耶（Jean-Marie Messier）。1994 年，当梅西耶接过领导大权时，威望迪还是全球最大的水务公司之一，虽然业务不是太好，但有着稳定的盈利。然而，梅西耶对水务和污水排放业务不感兴趣。他有一个愿景：威望迪有能力成为一家媒体公司[18]。他在欧洲和美国收购了包括 MCA 唱片公司、环球影业公司（Universal Studios）和美国网络公司（USA Networks）等众多媒体公司。

按照我们对商业个性的分类，梅西耶处于风险与回报坐标轴的高位，一门心思追求我们所说的“产品愿景”，同时也处于“认可”坐标轴的高位。这些因素推动他采取收购企业以及在产品方面加大投资的战略，也导致了他那种众所周知的大肆花钱的风格，他这么做是为了赢得别人的认可[19]。

处于“认可”和“产品愿景”高位的 CEO 们注重使用沟通管理技术。这样做是因为他们具有获得他人认可和创造新的、具有前瞻性产品的双重需要，这促使他们采用强有力的沟通式管理风格。这种风格反映在以下方面：他们大力开展公共关系活动、在对外传播企业的信息方面有着持久的冲动，以及通过获得大量的奖项向外部传递有关企业的信息。

梅西耶是这些倾向很有说服力的例证。在担任 CEO 期间，他的名字经常出现在报刊上。他获得了无数个荣誉和奖项，包括最令人垂涎的法国军团荣誉勋章。他是个魅力十足的人，是一位很能打动听众的天才演讲家，在推销他的思想和愿景方面也是个高手。总之，他是一流的沟通能手。

然而，正是在沟通方面的优势导致了梅西耶忽视资源配置和财务方面的管理技术。他的市场沟通部门有整整 80 名员工，而财务部门只有 50 名员工，要知道，这个部门需要负责监管 3000 多个子公司！

尽管完成了大量的企业收购，但梅西耶却很少注意运营和整合。他对流程的忽视导致众多的子公司无法协同工作[20]。因此，梅西耶在过度重视沟通和宣传的同时，却忽视了流程和资源配置的管理技术，这最终导致了威望迪公司的破产和解体。

梅西耶的故事并非特例。渴望获得他人认可的 CEO 们通常重视沟通与宣传，却牺牲了对运营流程的管理。阳光公司（Sunbeam）的艾尔·邓乐普（Al Dunlap）就是这种倾向的另一个很好的例子。

偏好“产品愿景”的 CEO 们往往轻视甚至完全忽视流程和资源配置方面的管理技术。这个规律会带来典型的、可以预测的后果，包括现金流问题、过度支出、缺乏内部控制以及在运营和执行过程中的问题。

具有这些商业个性的 CEO 通常并没有意识到他们太看重一些管理技术而将其他的管理技术排除在外，也没有意识到这么做通常会导致企业业绩不良甚至倒闭。梅西耶是他那个时代最聪明和最有实力的领导者之一。与法国商业精英阶层和拉扎德公司（Lazard Freres，纽约的一家国际投资公司——译者注）精明且经验丰富的投资银行家相比，梅西耶都毫不逊色。但是，就连他也无法认识到其商业个性正在阻碍自己采用能使公司成功的管理技术。如果梅西耶看不到这一点，那么会有多少不太知名的 CEO 能看到呢？

让我们再看一位 CEO 的例子，这次我们看一下基帝恩，他也是我们数据库中的一员。基帝恩是一家创新性技术公司的创始人，他在开发软件产品方面经验丰富。他开发出了一种新的软件，拥有了能够使自己和公司出名的卓越产品。他要做的就是销售，然后就会成名。

与梅西耶一样，基帝恩也处于风险/回报坐标轴的高位，同时也注重产品愿景。但是，推动他的因素是他的技术背景和他从技术视角看待世界的观点，以及他注重实际操作的价值取向。在这一点上，他和梅西耶不同。

因此，基帝恩经营公司所使用的管理技术与梅西耶大不相同。他的管理技术是以流程为导向的。他严格履行业务规则和管理制度，而且倾向于所有的东西都要形成书面文字。他非常注重产品特色。人们总是相信基帝恩的产品会很棒、有特色且性能良好。

另一方面，基帝恩对有些管理技术根本就不予重视，最受忽视的就是人事和沟通交流。基帝恩倾向于重视内向型的管理技术而忽视外向型的。即使他也曾注意到这个问题，也曾进行过短暂的调整，但很快，他的注意力还是回到了自己感觉最得心应手的管理技术上。

结果可想而知，基帝恩从未成功地得到他迫切需要的市场青睐和销售佳绩，尽管他的产品很棒，最终还是因为自己的管理风格而不得不宣告倒闭。

基帝恩的商业个性属于另一种类型。一些 CEO 注重“客户”坐标轴另一端的“技术”因素，他们的商业个性使他们往往忽视人事和沟通传播方面的管理技术。他们失败的模式也是可以预测的，主要包括销售额的低增长或零增长；因为技术方面的投入过多，企业的现金流通常很糟糕。这些是技术导向型 CEO 经常遇到的典型情形。这再次说明商业个性对管理技术运用的影响，以及如何造成 CEO 视野中的盲区。

下面我们将会看到，在实际应用中，每种类型的商业个性都对应一种类型的管理技术，这通常意味着 CEO 们过度使用他们感觉得心应手的管理技术，而很少使用或根本不使用他们不喜爱的、其他类型的管理技术。每一种类型的商业个性都有一些典型的管理技术盲区，这些盲区将导致他们领导的企业在绩效方面表现出典型的特征。不幸的是，这些绩效通常是不佳，或者导致企业倒闭。

哪些因素导致了对管理技术的过滤？

管理技术过滤现象的背后存在着一些重要的原因。CEO 的商业个性通常适应于某种风格，而这种风格是这种商业个性所固有的，很难改变。更重要的是，这种风格导致了 CEO 对一些管理技术感觉得心应手，却用不惯另一些管理技术。结果，他会尽可能地避免使用这些管理技术，即使使用也用得很少，或者用得不太娴熟。

这种模式造成了 CEO 通常无法意识到的系统性偏差。它意味着：在力图取得某种企业绩效的过程中，CEO 可能并没使用能带来这种绩效的管理技术。这种无意识的过滤和偏差就是许多 CEO 失败的原因。它也可以解释另一个常见的事实，即很多 CEO 即使被告知需要重点关注某些方面，但他们仍然不能取得期望的业绩，因为他们的商业个性将那些对取得预期业绩十分必要的管理技术排除在外。

在图 16“管理技术的过滤”中，我们展示了管理技术过滤原则的工作原理。我们以一位销售导向的 CEO 为例。他（或她）对同人打交道方面的管理技术得心应手，但却不会使用其他类型的管理技术，因此，尽管环境要求使用这种技术，但他或她仍然弃之不用。

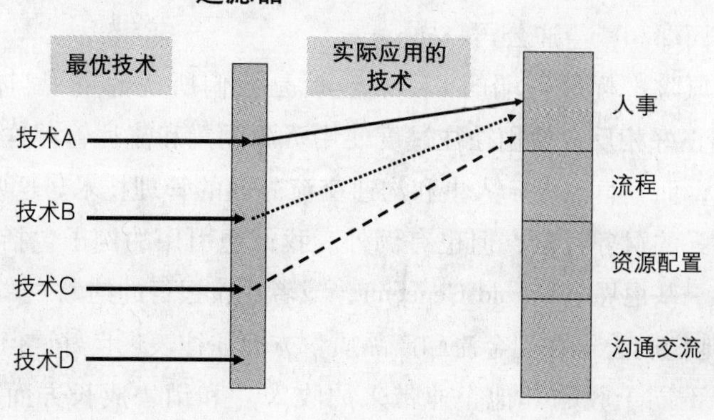

图 16　管理技术的过滤

虽然图16中的情形乍看上去是一种极端的行为，但它的确反映了一种典型的CEO类型。它会带来一种特定的行为模式。这类CEO过度使用人事和沟通方面的管理技术，而较少使用或根本不使用流程和资源配置方面的管理技术。这些做法带来的绩效特征如下：销售成长性良好，尤其是初期，但现金流和运营状况糟糕，经常导致财务和产品质量方面的问题，企业盈利性差或者亏损，甚至有时造成公司破产。

管理技术和使命模式

我们可以很容易地确定具有特定商业个性的领导者所喜爱的管理技术。我们将在下文中看到这一点。在每一种情况中，读者都可以发现具有某种类型商业个性的CEO在使用管理技术时的不同偏好。

处于风险/回报坐标尺高位的CEO会偏好和过度使用沟通交流及人事这两种工具。他们具有可以向下属推广的愿景，他们的商业个性往往驱使他们将这一信息传播出去，因此他们使用而且倾向于过度使用公共关系和营销活动进行信息的传播。让—马瑞·梅西耶就是个典型的例子。我们将在本书中引用其他例子，安德鲁·卡耐基是另一很好的例子，李·艾科卡也是。

然而，这些CEO的盲点在于他们忽视了对流程和资源配置这两类管理技术的使用。他们过度使用一类管理技术而对另一些类型的管理技术则弃之不用，这就导致了我们所看到的一些具有某种特征的企业绩效。这些问题包括现金流和收入问题，以及在执行和产品质量方面的问题。这种模式至少会造成公司的绩效较差，并经常导致公司破产，就像让—马瑞·梅西耶和威望迪公司一样。

处于风险坐标尺低端的CEO，也就是我们所说的重视当前回报的CEO们则正好相反，他们往往过度使用资源配置和流程管理这两方面的管理技术，而其盲点在于人事和沟通交流方面的管理技术。这些CEO常常具有较强的财务背景，但也有例外。我们想引用的例子包括ITT公司的哈罗德·基尼恩（Harold Geneen），或者花旗银行的约翰·瑞德（John Reed），他们的公司在现金流和产品质量方面往往表现良好，但在企业自创收入（不同于收购其他企业带来的收入）和销售成长方面则表现不佳，甚至失败。

个人主义者和利他主义者往往也过度使用沟通交流类管理技术。他们这样做是为了传播信息，要么是关于他们自己的信息，要么是关于利他主义者所热衷的事业（包括慈善活动、宗教活动或自己的信仰）的信息。我们可以从阳光公司的艾尔·邓乐普、梅西耶或艾科卡的行为中看到这一点。他们往往忽视对流程和资源配置方面管理技术的使用，结果是公司的费用往往极高，公司的决策风格反复无常。这些商业个性所带来的公司业绩的特点包括高昂的公共关系和沟通传播方面的费用以及糟糕的产品质量。这种情况导致的结果基本可以预测到，那就是公司业绩低下，甚至破产。

让人觉得奇怪的是，个人主义者和利他主义者所信奉的观念差别如此之大，但他们对公司业绩的影响却十分相似。在极端情况下，他们不同的价值体系导致了他们在管理技术和公司绩效方面的相似结果。我们将在下面说明，这一点会给其他因素带来重要的后果，包括对具有这些商业个性的 CEO 领导下的公司的评估。

管理技术和管理模式

处于关系坐标尺高位的 CEO，也就是那些外向型的 CEO，往往注重和过度使用人事和沟通方面的管理技术。他们在人际关系方面的能力使他们对人事方面的管理技术（薪酬方案、奖励制度等）得心应手。他们对交往的需要也往往使他们关注和过度使用沟通方面的管理技术，这些技术可以帮助他们扩展和加深他们的人际关系，而这正是他们乐此不疲的，对这些技术的过度使用往往导致他们很少使用甚至忽略流程和资源配置方面的管理技术。

由外向型 CEO 经营的公司往往缺乏内部的规则和章程，公司的大事常常没有被记录下来，这就导致了工作的重复性和产品质量问题，流程和资源配置方面缺乏控制机制经常会造成在差旅和招待费用方面的超额支出，因为这些开支在偏重人际关系的 CEO 看来是十分必要的。

著名的外向型领导包括甲骨文公司（Oracle）的拉里·埃里森（Larry Ellison），还有苹果公司的史蒂夫·乔布斯（Steve Jobs），在他们担任 CEO 的初期，这种倾向表现得尤为明显，公司业绩也符合上述特征。若不是埃里森后来成功地控制了这些不良倾向，甲骨文就会面临破产（我们将在本书讲述“伙伴关系”的一章中说明他是如何做到的)。苹果公司也差点破产，他们驱逐了乔布斯，想尝试另一种发展方式。

正如大家期望的那样，我们在由内向型 CEO 管理的公司看到的情况正好相反，他们往往偏重流程和资源配置方面的管理技术，而且经常过度使用它们，这造成了他们对沟通交流和人事方面的管理技术使用得不够。

表现出上述倾向的内向型 CEO 也有很多，比如迈克尔·戴尔（Michael Dell)、比尔·盖茨（Bill Gates）和约翰·瑞德（John Reed)。他们都遇到过这样的情况：公司同员工和客户的沟通方面存在严重的问题，而对盈利的重视往往超过了对产品质量的关注和对客户的维护。

在上述三个例子中，每位 CEO 都通过引进具有相反或者互补特质的伙伴来修正自身的行为。戴尔先后引进了好几位 CEO，比尔·盖茨引进了史蒂夫·鲍尔默（Steve Ballmer)，约翰·瑞德引进了桑迪·威尔(Sandy Weill)，后者成了瑞德最大的仇敌，在旷日持久的董事会内讧后桑迪赶走了瑞德。

请注意，在分析内向型 CEO 时，我们引用了一些著名 CEO 的例子，他们成功地弥补了自己在管理方面的不足和盲点。这些著名 CEO 的例子只占一小部分，更普遍的情况是：许多 CEO 过度使用流程和资源配置方面的管理技术，而且从不修正自己的行为。

在我们的 CEO 数据库中，瑞泰尔斯公司（虚构的公司名）的杰拉德就明显表现出了这种特征。杰拉德是一位内向的 CEO，有很强的产品方面的背景，他的公司开发出了一种性能卓越的软件产品，而且很快就拥有了一批优秀客户。

杰拉德的公司是照章办事的公司，有很严格的规章制度，公司的每个方面都充斥着内部规程，这一点反映出了他的背景和商业个性。他在财务方面的操控能力很强，因此公司的现金流得到了很好的管理。

但是，员工们从不知道公司的大政方针，因为杰拉德不善于沟通交流，而是偏爱产品的研发，却从不告诉员工事情的进展。他的员工，尤其是销售部门的员工，发现很难和他相处。

杰拉德也不喜欢宣传自我，他将营销和市场推广看成是在浪费金钱，结果公司的销售从未出现大幅增长，公司也像一个骨瘦如柴的病人，从未走出业绩不良的阴影。尽管公司没有真的破产，但离破产也不远了。

有着像杰拉德这类 CEO 的公司看上去十分相似。CEO 的商业个性带来了类似的公司绩效。有时候他们同著名的内向型 CEO 一样，能找到修正自己商业个性的方法，但多数时候则不能。

在商业个性的驱动因素中，我们将逻辑坐标尺作为管理模式的一部分。在逻辑坐标尺的高端是分析型的 CEO，他们的决策高度依赖正式的逻辑和数字分析。在坐标尺的另一端则是直觉型的 CEO，他们在很大程度上不信任正式的逻辑，他们的决策更多基于直觉。分析型 CEO 往往关注和过度使用流程和资源配置这两种管理技术。

由分析型 CEO 管理的公司往往建立在规章之上，这类 CEO 的决策是根据正式的资源配置技术制定的，他们往往拥有力量很强的市场分析部门。

正如人们所料，他们在管理方面往往存在着相应的盲区。他们在人事和沟通方面有所欠缺。这些组织往往给人冷漠的感觉，他们的决策风格显得有些无情。这些 CEO 经营的公司往往拥有性能优良的产品，但缺乏创新能力，因为创新是个很难量化的东西。

分析型 CEO 往往不信任创新。由于他们过度使用流程和资源配置方面的管理技术，公司的竞争力也往往落后于同行。这类 CEO 的绝好范例有花旗银行的约翰·瑞德和 ITT 公司的哈罗德·基尼恩，这些 CEO 成功修正了自身的行为，但多数 CEO 则做不到，事情的结果也更加不尽如人意。

直觉型 CEO 同分析型 CEO 相反。像多数分析型 CEO 一样，他们也偏重资源配置的管理技术，但他们这样做是以一种直觉的方式而不是以分析的方式。当他们过度使用资源配置技术（他们多数时候是这样的）时，他们的公司就会表现出过分节俭，这会造成投入不足，进而导致增长率低、产品缺乏创新以及较差的产品质量。

直觉型 CEO 倾向于忽视流程方面管理技术的使用，他们不信任规则和制度的好处，而是偏好凭直觉办事。另外，按照流程管理还附带有一定水平的费用，这是他们不愿意看到的，因此，由直觉型 CEO 管理的公司往往遵循凭感觉办事的风格运营。尽管这是一种有用的风格，但它也常常造成产品质量方面出现严重问题。而且，这还使公司严重依赖 CEO 本人，如果他们离开公司，公司就没有什么流程可以将他们的直觉型风格带来的好处转化为一种制度。

直觉型CEO的一个绝好范例是花旗银行的桑迪·威尔，他依靠非正式方式同他的主管们讨论和解决问题，而不是通过能提供正式分析的备忘录，因为他不喜欢阅读备忘录。他对流程的厌恶通过他对人事部门的态度即可看出。他认为人事部门是一个十分浪费钱的地方[21]。他不需要数字来理解风险，而是凭天生的直觉[22]。他很节俭，甚至要求他的高级主管们共用一间宾馆房间[23]。桑迪·威尔成功地使用了这种风格来管理公司，因此也成为了一个偶像级的人物。对于那些知名度比他低的CEO，对管理技术的过分偏重则会造成企业绩效低下，甚至破产。

管理技术和职业模式

我们找到了职业模式的两个行为驱动因素：第一个是客户驱动因素，坐标尺的一端是技术型CEO，另一端是销售型CEO；第二个驱动因素是执行因素，坐标尺的一端是财务型CEO，另一端是运营型CEO。

技术型CEO注重流程，常常过度使用流程管理技术，这会对公司造成一系列的影响：首先，公司会被繁杂的规则所束缚，这会导致公司的创新水平低下，影响公司的竞争力，造成公司业绩不良，极端情况下还会破产。其次，太注重流程则会使研发工作按部就班，而不能实现技术上的突破。产品的开发会一步步围绕产品性能进行，而不是围绕客户需求进行。这会导致销售增长速度很低或者没有增长，这也是技术型CEO面临的主要问题。技术型CEO往往忽视沟通和人事方面的管理技术，这常常会造成员工的士气低下，如果公司有战略规划的话，员工和客户也会对它缺乏了解。

蓝树控股公司（虚构的公司名）的马文是这类CEO的绝好范例。蓝树公司是一家服务性公司，在网络公司发展迅速的那十年业务增长迅速，他们利用在那个时期筹集到的资金来开发一种新技术产品，很明显，市场上对这个产品有着巨大的潜在需求。

作为在技术方面经验丰富的CEO，马文完全知道该如何打造这个产品，但其技术背景使他更倾向于使用基于流程的技术来开发产品，这意味着要开很多会议，并采用“一步一个脚印”的开发方法，这是由工程人员领导的公司的典型标志。结果就是：产品具有丰富的特色，但并非消费者所需要的。

同时，马文忽视了建立同员工的沟通渠道以及对员工进行激励以帮他们与公司一起成长。员工低落的士气导致了技术方面的效率低下，这又进一步减缓了产品开发速度，降低了产品对客户的吸引力。对流程技术的过度使用以及对沟通和人事技术使用不足使得企业很难实现产品的销售，并导致企业破产。

销售型CEO有着同样的问题，只不过是表现得正好相反。他们偏重使用沟通和人事方面的管理技术。一方面，这将导致大量的公关和市场推广活动，造成这些方面的费用居高不下，也导致公司一旦有哪些方面做得不好，就会有更高的曝光率。另一方面，这种管理风格将造成对高额薪酬结构的过分使用以及激进的销售计划，后者将造成公司的信用问题和顾客的不满意率上升。

由这类CEO领导的公司往往有很高的费用水平和雄心勃勃的销售目标，当然这些目标很少能实现。这将造成公司使用激进的收入确认政策，即推迟计入费用和提前计入销售。最后真相大白，CEO被撤职，公司不是破产，就是业绩大幅下滑。

这类CEO的例子不胜枚举，其中拉里·埃里森就是一个典型的例子，至少在他的职业生涯的早期，他的公司就因为上述原因几乎破产。在过去几年中，会计丑闻屡见不鲜，包括泰科公司（Tyco）的考兹罗斯基（Kozlowski）、南方保健公司（HealthSouth）的理查德·斯克鲁什（Richard Scrushy）、美国在线的史蒂夫·凯思（Steve Case），我们的数据库中收录了大量此类CEO的案例。

销售型CEO往往也表现出对人事和沟通管理技术的依赖，而对流程和资源配置技术则弃之不用。缺乏这些方面的管理技术将使内部控制无从谈起，而内部控制能遏制CEO对他们偏爱的管理技术的过度使用。

上面我们列举了一些销售型CEO中较极端的例子，然而，我们需要认识到，真正的问题不是欺诈，在绝大多数的情况下，销售型CEO不是真的要欺骗股东，他们对人事和沟通管理技术的过度使用、对流程和资源配置管理技术的较少使用或不使用完全是出于一种自然的倾向，这种倾向会造成公司的业绩不良。这些CEO真的没有意识到，由于偏爱一类管理技术而不喜欢其他管理技术，他们的商业个性会毫不留情地给他们带来不良的公司业绩。

职业模式中执行方面的驱动因素给我们提供了两种类型的CEO，即财务型 CEO 和运营型 CEO。财务型 CEO 往往偏重资源配置方面的管理技术，这将导致预算机制的不恰当使用，一个很好的例子是花费大量的时间制定 3 年以上的、直达每个具体开支项目的预算。

对资源配置技术的过度使用会导致公司花费大量时间组建各种委员会，并花费大量时间和精力编制过于细致的预算。由这类 CEO 管理的公司往往过度重视账目上的费用方，而不太重视增加销量和市场份额。他们的成本往往相对较低，但其销售增长率也低于市场平均水平。他们往往只是为了削减成本而削减成本，这就对公司及其产品在市场中的地位造成了损害。

财务型 CEO 则过少地使用或者忽视人事和沟通方面的管理技术，这类 CEO 管理的公司往往缺乏共同的愿景和目标，因为员工感觉公司不是真的关心他们，从而使公司受到不利影响。

ITT 公司的哈罗德·基尼恩即属于财务型 CEO。他是顶级财务规划师，其规划一直深入到最小的细节[24]。他过度使用资源配置技术，通过财务委员会这种形式，按照严格的程序来管理公司，确实对产品带来了不利的影响。

第二次世界大战期间，基尼恩曾任职于一家制造鱼雷的公司，他成功地削减了生产成本以提高效率，但没想到他们制造的鱼雷失灵的比例非常高[25]。他的目标是效率，而不是有效性。许多财务型 CEO 对资源配置技术的过度使用给他们的公司带来了类似的结果。

在基尼恩的领导下，ITT 公司是盈利的。然而，利润来自大量的收购和财务工程，而不是来自创造产品方面的天才。基尼恩对人事和沟通技术的过少使用给公司留下了后遗症。他通过财务工程来增加利润的目标没有给员甚至董事会带来强大的动力[26]。

用基尼恩作为财务型 CEO 的例子或许有误导的嫌疑，因为在其任期的大部分时间里，按公司的底线来衡量，他的经营是成功的。然而，公司在他离开后不久就开始瓦解，他在位时所创立的形式是无法持续的。就自身来说，他成为了一名偶像级的 CEO，因为他在自己的任期做得不错。

然而，对于大多数财务型 CEO 来说，对资源配置技术的过度使用和对人事及沟通技术的过少使用会给公司带来不良后果，轻则业绩不佳，重则破产倒闭，财务型 CEO 擅长通过维护现金流使公司顺利运行。对于他们管理的公司，后果通常不是公司真的经营不下去，而是公司难有大的成就。

运营型 CEO 常常具有运营或工程部门的工作背景，他们喜爱解决企业执行层面的问题。通常，他们的实际操作能力很强，愿意在车间里花费大量的时间。他们清楚优良的产品来自严格的制造过程。由于他们对生产流程理解得非常透彻，而且对流程方面的工作也觉得得心应手，所以他们往往偏重和过多地使用流程方面的管理技术，结果便是公司有着一大堆规则和章程以及相对较高的费用结构，这些流程可能减缓公司的发展，阻碍创新，降低公司的竞争地位。在长期中，这会造成企业的市场份额下降。

事实上，这也正是亨利·福特晚年出现的问题。亨利·福特年轻时是一位很有天分、动手能力很强的机械师，他亲手制造了自己设计的机器和汽车[27]。他在 T 型车的开发过程中发挥的作用是一个传奇。是他一手缔造了大批量生产这种模式[28]。

然而，在职业生涯的后期中，亨利·福特一味地坚持用同一种方式和同一个生产流程来制造汽车，这就使得 A 型车最终只能和自己的竞争对手通用汽车及其他公司打成平手[29]。他对流程技术的过度使用造成了创造和竞争力的下降。

对于像福特这样曾经是市场领导者的公司，这种情况下它还能向前发展，对于实力比福特逊色的公司和 CEO 来说，过度使用流程管理技术的结果常常是轻则企业业绩不良，重则公司破产倒闭。

管理技术和领导模式

领导模式包括两个领导行为维度，即反应时间（reaction time）和授权（delegation）。根据反应时间这一驱动因素，我们将 CEO 分成两大类：行动型 CEO 和计划型 CEO。根据计划这一驱动因素，CEO 又被分成命令型 CEO 和共识型 CEO。现在让我们来探讨一下这些商业个性如何影响 CEO 对管理技术的应用。

行动型 CEO 是行动敏捷的人，他（或她）想在最短的时间内用最快捷的方式完成工作，这些 CEO 通常偏爱和过度使用人事及沟通方面的管理技术来达到以上目标。他们使用有高度吸引力的激励方案、时间很紧凑的工作计划，并向客户和员工传达很有说服力和感染力的信息，以取得他们想要的速度和影响。

在公司层面上，这样做的结果就是工作进展速度快，并且要经常改变公司战略。这种做法达到一定的程度，就会对员工的士气和生产率带来破坏性的影响，也会降低公司在顾客眼中的可信度，使销售额和利润受到损害。

行动型 CEO 倾向于较少使用甚至忽视流程和资源配置技术。他们将这些因素看成是行动的障碍。他们对这些类型的管理技术不感兴趣，比如他们不喜欢仔细倾听员工的意见，不喜欢在许多备选方案之间进行仔细的分析等。

两个著名的行动型 CEO 的例子就是近些年为人们热议的安然公司的杰夫·斯基林（Jeff Skilling）和通用电气的杰克·韦尔奇（Jack Welch）。他们二人都把采取行动看成是最重要的，使用的人事和沟通技术也一样。尽管结果看上去大相径庭，但两家公司之间还是存在着基本的相似性。

斯基林是典型的行动型 CEO。他曾经在 6 个月内对公司进行了 6 次重组[30]。他行动敏捷、多变而且易冲动。韦尔奇也是这样。“韦尔奇容易冲动，倾向于发起快速攻击和闪电战。他在人事、资产和战略方面的决定可能在瞬间做出”[31]。二人都倚重人事和沟通技术，较少使用流程方面的管理技术。斯基林在这方面尤其随意，从他创造出臭名昭著的资产负债表表外项目即可看出这一点。

韦尔奇被他的前任瑞格·琼斯（Reg Jones）选中完全是因为他们两人性格截然相反，琼斯是计划型的 CEO[32]。由于两家公司的 CEO 有着类似的行动风格，因此通用电气和安然一样存在着脱离正常轨道的危险，只不过是韦尔奇性格中的某些特点让他避开了这个危险，尽管他也有一些令人质疑的财务做法，而且他本人也是有名的“追求利益者”[33]。

由行动型 CEO 领导的公司往往在经营绩效方面表现出一定的特点。他们的公司战略改变很快，而且由于频繁的战略和产品的变更，公司往往面临很高的顾客流失率。由于对流程缺乏重视，产品的品质往往也十分低劣。在长期中，这会对公司的竞争力和盈利能力造成损害。

多数由行动型 CEO 领导的公司会和斯基林领导下的安然公司有类似的下场，即使它们不像安然那样存在着欺诈行为。只有一小部分人能够像韦尔奇那样既可以保持行动的敏捷又能避免这种风格最糟糕的副作用。即使是像韦尔奇这样有才华的管理者也无法摆脱行动型 CEO 所具有的重大弱点，例如在收购 Kidder Peabody 公司时遭遇了重大失败。对于绝大多数行动型 CEO 来说，公司面临的结果是基本可以预测到的，而且结果不大可能是正面的。

计划型 CEO 偏爱的管理技术同行动型 CEO 正相反。他们偏重而且常常过度使用流程和资源配置技术。对于许多公司来说，这会导致典型的缓慢甚至拖沓的决策风格，从而推高成本，拖长产品周期，导致产品竞争力下降，市场份额流失。计划型 CEO 往往较少使用甚至完全忽视人事和沟通方面的管理技巧，一般来说，他们不习惯使用这些技术。

杰克·韦尔奇的前任瑞格·琼斯是一位计划型的 CEO。在他的领导下，通用电气深受程序束缚之苦，以至于他本人决定提拔一名执行官——杰克·韦尔奇——来矫正这种倾向。瑞格·琼斯清楚地认识到了自身风格过于极端化的不良影响，便有意识地选拔了一位和他性格截然相反的人以弥补自己的不足[34]。

另一个计划型 CEO 的例子是 ITT 公司的哈罗德·基尼恩。他的委员会系统总是在进行了全面的分析（这些分析有时候要花费数年的时间）后才做出决定。由计划型 CEO 管理的公司的结果往往是可以预测的：总体上，这些公司决策缓慢，甚至非常拖沓，最后变得缺乏竞争力。只有像韦尔奇那样做出积极的改变，或者有意识地加快内部流程，或者引进其他类型的管理技术，公司的绩效才可能发生改观。

最后，我们需要讨论一下领导模式的授权驱动因素。授权注重度坐标尺的一端是命令型 CEO，另一端则是共识型 CEO。奇怪的是，具有这两种商业个性的人都偏重同样的管理技术，即流程和沟通技术。这两种商业个性都同样依赖流程，这样做要么会带来纪律和等级，要么是向下属授权和缺乏等级。他们常常过度使用这些会使公司业绩不良甚至破产的管理技术，出现这种情况的原因是：一方面，命令型 CEO 会导致创造力的缺乏，从而造成竞争力低下；另一方面，太多的授权会导致举棋不定，结果竞争力也会被削弱。

命令型和共识型的商业个性都倾向于较少使用甚至忽视资源配置技

术。更极端的情形是，命令型CEO常常收集各种能显示他们指挥者地位的装备。他们需要军队和等级，尽管他们的公司并不需要。

共识型CEO则往往在授权时忽视支出因素，因为他们相信这些花费是一种文化上的优点，这就会导致过度支出和大量时间的浪费，而时间也是另一种形式的成本。授权的机会成本常常是因产品开发过慢而浪费有利的竞争机会。

让—马瑞·梅西耶是命令型CEO很有代表性的例子。在他的领导下，同命令和等级相关的成本居高不下，下属几乎没有表达不同意见的余地[35]。阳光公司的艾尔·邓乐普是另一位雄心勃勃的CEO的例子，他放任自己的开支高涨，却不能容忍下属或董事会表达不同意见[36]。在上述两个例子中，他们以这种方式对公司进行管理都造成了公司的失败。命令型风格使得他们过度使用流程和沟通方面的技术，这样做的结果是令公司破产。

共识型CEO不需要命令型CEO的那些装备，但他们同样会造成高成本的问题。DEC公司的肯·奥尔森（Ken Olsen）即是一个很好的例子。DEC公司高度的授权造就了一种他们所谓的“矩阵”式的管理风格[37]。对员工的授权水平几乎是史无前例的，但员工之间的沟通花费了大量的金钱，拿公司一名员工的话来说就是“……在这方面花的钱超过了任何一家公司……”[38]

采用高度共识风格的CEO也偏重使用流程和沟通技术，这样做会导致公司失败。DEC公司在有肯·奥尔森时还能侥幸存活，但在他离开后不久，公司就被康柏公司收购。DEC公司错失了转向个人电脑业务的机会，而流程导向的共识型风格是造成这种结果的主要原因，这也直接造成了公司的倒闭。

在其他具有高度共识型风格的公司中，我们也可以看到同样的趋势，例如埃德温·兰德（Edwin Land）领导的宝丽来公司和比尔·诺瑞斯（Bill Norris）领导的控制数据公司（Control Data）。与那些命令型CEO领导的公司（例如阳光公司和威望迪公司）一样，上述公司都偏重流程方面的管理技术，都导致了公司的破产。如果这些富有才华的CEO都会遭遇这种问题，那么我们可以肯定地说，绝大多数具有类似商业个性的CEO们也不会做得更好，很有可能更糟。

本章要点：商业个性如何影响管理技术

CEO 的商业个性不仅影响他（或她）的企业战略，而且也影响他（或她）使用何种类型的管理技术，更重要的是，有可能影响到他不使用或倾向于回避何种类型的管理技术。我们讨论了以下要点：

- 有四种类型的管理技术：人事、流程、资源配置与沟通交流。
- CEO 们往往倾向于过度使用某些类型的技术而较少使用另一些技术。
- 具有特定类型商业个性的 CEO 往往过度使用某种技术而较少使用或不使用另一些技术。
- 对于每一种类型的 CEO 商业个性来说，这些使用管理技术的模式往往会带来特定的企业绩效。
- 多数情况下，企业业绩不会太好，甚至有可能破产。

我们讨论了一些著名 CEO 在这些方面表现出来的模式，结论是：这些原理即使对著名的 CEO 也同样适用，尽管他们独特的个性能够使他们避免遭受商业个性带来的最坏影响。但是，对于大多数 CEO 来说，对著名 CEO 有效的因素对他们可能无效。

更重要的结论是：对管理技术的过滤是所有 CEO 都不曾意识到的问题。他们往往偏爱某些管理技术，但并没有意识到这一事实。他们偏爱使用那些得心应手的管理技术，这样做将导致某种类型的企业绩效，但他们并没有意识到这种内在联系。

因此，许多 CEO 的表现不佳，甚至导致企业倒闭，但他们并不了解其中的原因。对于任何想理解商业个性同企业绩效之间内在联系的 CEO 来说，这个规律有着重要的价值。

第5章　16种领导力类型和领导力导航图

在前面的章节中，我们解析了商业个性的各个组成部分，展示了如何将它们归结为四种模式，这四种模式描述了CEO的总体管理风格。然而，我们还没有将它们细化为不同种类的领导力，本章将完成这一任务。

有哪些类型的领导符合我们所描述的模式？我们如何使用自己发明的工具来描述一位企业领导人？如果以这种方式来定义领导者，他的主导性特征有哪些？我们如何仅仅通过观察就能识别不同类型的领导者？这些领导力类型能给企业带来哪些基本的绩效？

本章将会回答这些问题。我们将首先建立领导力类型的模型，其次说明如何将这个模型应用于企业创始人和职业CEO。最后，我们还会讨论如何将这个模型应用于“魅力型CEO”和“谦逊型CEO”，这是一个人们越来越感兴趣的话题。

商业个性的多副面孔

描述商业个性是一件困难的事情，因为它涵盖了许多复杂的个性特征。有时候这些特征表现得很明显，有时候则不太明显，有时候甚至没有丝毫表现。在某些情况下，它们会显现出来，而在其他情况下则不会。在长期中，它们可能会改变自己的表现方式，甚至故意隐藏起来。在开发和应用这一模型时，我们必须应对所有这些因素。

商业个性模型有四种模式，因此CEO事实上有四副“面孔”，每一副面孔在不同的时间会以不同的方式展示出来。但是，只有通过展示这四副“面孔”，我们才能全面地描述一位CEO。然后，我们就拥有了一种能够全面展示其行为的工具。

然而，即使这样也会有误导之嫌。CEO 的某一副面孔可能比其他面孔更突出。实际上，情况确实常常如此。因此，要讨论的内容除了四副面孔外还应包括那副主导性的面孔，这才合乎情理。通过一种更容易的方法将领导者归类，我们就既能够简化分析工作，又不会牺牲从深层次来揭示一位 CEO 的商业个性所需要的分析深度。

如何识别商业个性主导性的一面？这个问题有时候难以回答，但基本原则是：一个观察者应该审视所有可得到的证据，通过感觉来识别他认为占主导地位的一个方面。当然，这么做也是会出现差异的，不同的观察者或许会看到不同的方面，这就需要我们进行认真分析。

我们将看到，领导力类型总共有 16 种。要描述任何一位领导者，我们需要识别其商业个性的四个方面。然而，用这个模型来分析一个现实中的 CEO 时，我们将尽可能地简化，只是考察其商业个性中占主导地位的一面。我们将在随后的章节中用这个模型来分析一些著名的 CEO。在本章的开头部分，我们将说明这个模型同其他作者提出的模型之间的联系，并将这一模型用于分析某一具体类型的 CEO。

使命模式类型

在前面的章节中，我们找出了两种类型的行为驱动因素——风险/回报容忍度驱动因素和认可驱动因素。每一种类型的因素都描述了 CEO 的一种使命。一种使命与 CEO 追求的回报有多大以及为此他准备接受多大的风险相关。另一种使命涉及他在完成第一个使命的时候希望获得多大程度的认可。这两个使命描述了 CEO 最根本的人生使命。这些使命可能会改变，但总的来说在长期内它们通常是稳定的。这些就是使命模式。要识别 CEO 的商业个性，我们就必须首先解答这些基本问题。

我们在前面分析了领导者的使命，并解释了它的每个组成部分对领导业绩和公司绩效的含义。现在我们要进一步从使命的角度更加仔细地分析领导力的类型。在图 17“使命模式类型”中我们从使命的角度展示了不同类型的领导力。

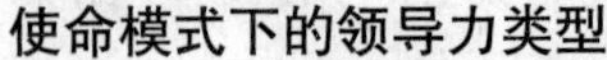

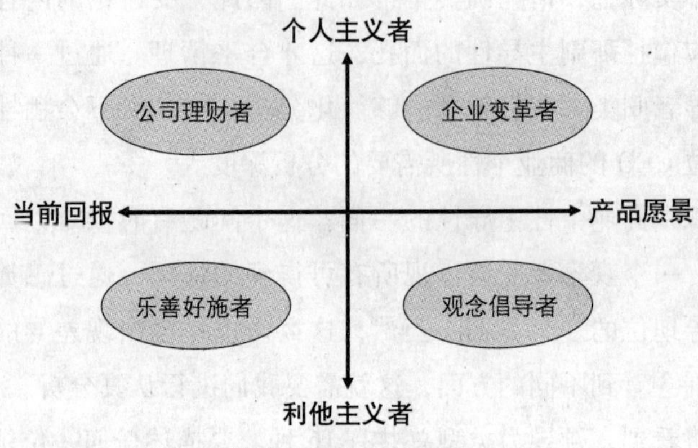

Copyright Perth Ventures, LLC.2003

图 17　使命模式类型

公司理财者

"公司理财者"（corporate banker）是一种在管理企业方面相对谨慎的领导，他注重短期回报而不是长期利润。这类领导者不追求宏伟的愿景，而是将工作重点坚定地放在维持公司的正常运转上。他追求现金流，却是以牺牲长远的丰厚回报为代价。尽管他在经营企业方面谨小慎微，但在极端情况下，他会不惜损害公司的目标来追求自己的目标。

企业变革者

"企业变革者"（corporate renewer）是公司变革的推动者。他对公司和产品总是有着宏伟的愿景。他想在市场中一鸣惊人，创造出巨大的效益。他谋划着对公司进行重大变革，很可能是激进的变革。他甚至将改变世界作为自己的目标。在更加极端的情况下，自我认可是这类 CEO 追求的主要目标，甚至会凌驾于公司目标之上。

乐善好施者

"乐善好施者"（good smaritan）往往将自己的心思坚定地根植于现在。他们讲究实际而且关心他人。在通常情况下，他们更注重确保公司运行良好，即使牺牲自己的利益也在所不惜。在更加极端的情况下，他们随时准备将自己的所得贡献于社会和其他公益事业，但会以低调、谨慎和可持续的方式进行。他们往往不让自己在公益方面的使命过多干扰公司的使命，尽管有时候的确会发生这种情况。这类领导通常是令人尊敬的社区人物，有时候会有意识地为社区和社会的福利放弃公司的目标。

观念倡导者

“观念倡导者”（missionary）型的领导也关心他人，但有着更高的风险/回报容忍度，更偏向于产品愿景。他们非常倾向于关注两个目标：第一个目标是他们力图实现的产品愿景；第二个目标即社会愿景，这个社会愿景可能和公司目标不相关，也可能和公司目标相重合，比如在帮助员工提升自我方面。

相应地，观念倡导者在社会和公司可持续发展方面不如在社会和产品革新方面投入的力量多。极端情况下，这常常会导致公司目标和社会目标之间的冲突。这类领导者努力坚持利他主义，同时也坚持产品愿景。结果，这种商业个性常常在实现当前利润和现金目标方面遇到严重问题。他们倾向于依赖外部资本，由于他的爱心和富有激情的性格，他常常能够吸引到外部资本。

管理模式类型

在前面的章节中，我们给出了 CEO 管理模式的含义。这一模式的第一个含义是 CEO 在建立和维护关系方面的能力。第二个含义是他惯用的思考和决策方法说明了他是特别注重正规的逻辑分析，还是更倾向于凭直觉做出判断。在识别 CEO 制定决策时所使用的管理方法方面，这些管理模式起着根本性的作用。在图 18“管理模式类型”中，我们展示了这些类型。

理智判断者

“理智判断者”（clinician）是一类内向的领导者，他们非常注重良好的内部管理程序和量化指标的使用，倾向于讲究方法性和逻辑性，重视良好的利润和现金流。通常这类领导者不是风险偏好者，但事情也不绝对。理智判断者往往冷静、客观、讲求实际且缺乏激情，这同魅力型领导正好相反，虽然他们也可能非常善于鼓舞人心。

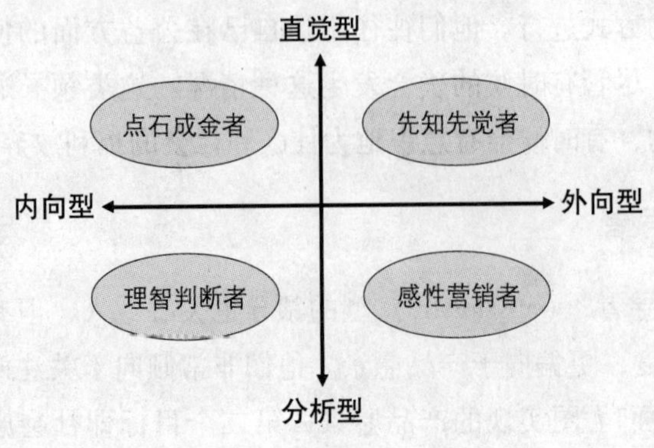

图 18　管理模式类型

感性营销者

“感性营销者”（marketeer）是外向型性格，他们往往注重与他人和其他组织的关系。感性营销者的一个明显标志便是他拥有一套强大的开发目标客户、与他们达成交易的内部系统，这套系统将营销和销售周期的每个阶段和每个方面都集成在一个统一的链条上。实际上，这体现了现在所说的客户关系管理系统。

感性营销者往往高度重视以战略联盟的形式同其他组织建立关系，这种关系可以是短期的，也可以是长期的。这类 CEO 本人通常也是能力很强的销售员，但他对产品和产品质量的重视程度不高，这会造成产品质量方面的问题，会随着产品变得陈旧而影响企业的竞争力。对营销方面的过分重视也会造成较低的毛利率。客户忠诚度也会因为产品质量不高而下降，公司的利润和应收账款会受到损害。

点石成金者

“点石成金者”（alchemist）往往是技术出身的创始人或者业内专家，但他的知识建立在直觉和经验之上，而不是建立在正规的分析和逻辑之上。这类领导者经常从他们的直觉和日积月累的经验中得出一些私人的经营诀窍或秘密。

这类领导者会不断将其经营秘诀发扬光大，但往往是秘密地或在一个可信任的小圈子里。这类领导不是那种公开偏重营销和销售的领导，他们很少花时间和客户交流，或了解市场，然而他对市场需求有着第六感。因此，尽管销量不是特别好，但也经常能够保持在相对稳定的状态。

这类领导者常常通过规避各种费用来赚取稳定的利润。

先知先觉者

“先知先觉者”（diviner）型的领导者常常是具有销售背景的创始人，也拥有某行业或某领域的专长，但更多的是来自顾客而不产品。这类领导者对客户的需要有着第六感，会同客户密切合作，以确保企业开发出合适的产品并交付给他们。他不喜欢进行正规的营销和销售分析。同点石成金者一样，他总体上不是一个大手大脚花钱的管理者，但由于性格非常外向，爱出头露面，因此也会变成一个大肆花钱者。

职业模式类型

在前面的章节中，我们分析了职业和教育背景影响 CEO 商业个性的方式，其中的一项驱动因素是他对客户和产品的注重程度，另一个因素则是他对分析和执行的注重程度。我们可以用这些因素来识别 CEO 进行决策的惯用方法。在图 19“职业模式类型”中，我们可以看到这些不同的类型。

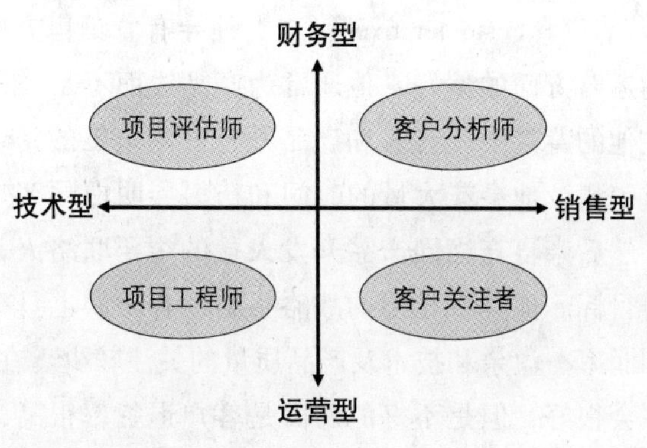

图 19　职业模式类型

项目工程师

“项目工程师”（project engineer）型的领导通常具有工程方面的背景，他们大多来自生产车间或者其他生产部门，而不是设计或系统开发部门，尽管也可能两种情况都有。这类领导者的特点表现在对细节的重视上，在产品和经营方面讲求高度实用的方法，以及对降低成本的强烈关注。

这类领导非常注重逻辑性。尽管他的背景便于他了解客户的需要，但他对客户的看法不太重视。他通常不喜欢和客户打交道，不喜欢营销工作。一般情况下，这类领导管理的企业销售增长率较低，毛利率尚好但不很突出。这类领导者不是充满愿景或善于创新的人。他更多地通过对细节的重视而不是创新和开发新产品来打造一家优秀的企业，产品质量是这类领导者关注的首要因素。

项目评估师

“项目评估师”（project estimator）型的领导经常具有采购、后勤或者评估人员的背景。他们的特点同样也是对细节高度重视，但更多地表现在财务方面。他们密切关注盈余、利润率、成本核算和现金方面，却不重视销售和营销，也不重视新产品或创新方面。尽管他们也关注产品，但更多的是从成本的角度而非从质量的角度。同“项目工程师”类型的领导不同，他们为了达到成本目标愿意降低产品质量，而这是前者不愿意做的。

客户关注者

“客户关注者”（customer fixer）这类领导有着销售方面的背景，但也有着很强的运营方面的偏好。他通常为产品线而不是公司的某个部门工作，这样在他的背景中便有着和产品开发部门员工的密切关系。这类领导非常偏重销售，他会花大量的时间和精力弄明白顾客是如何使用产品或服务的，然后亲自充当同产品开发人员的主要联络人，与客户共同努力实现这个目标。他具有相当的战略头脑，有时候也具有企业发展的愿景，但对利润率、盈余和技术及产品质量的关注较少。在这种情况下，产品销量往往会很好，但是不好的一面是客户退货率很高，盈余和利润率也一直面临较大压力。

客户分析师

“客户分析师”（customer analyst）类型的领导偏重客户和销售，但比客户关注者更精明，更讲求实际，他倾向用财务的方法对待销售，因此利润率更高一些，顾客退货率也较低，应收账款的质量也比较好。但是，销售情况不太好，至少在短期内如此。这类领导者对产品有一定程度的重视，但多是从产品性能的角度而非从产品质量的角度。他很愿意牺牲产品质量来换取更多的产品性能。这类领导往往更偏重产品的性能，因此他们缺乏创新能力。

领导模式类型

领导模式与独特的行为驱动因素相关。一个驱动因素是 CEO 在多大程度上对下属进行授权，另一个驱动因素是反应时间的长短。这两种驱动因素都会带来四种领导业绩类型。我们将它们表示在图 20 “领导模式类型” 中。

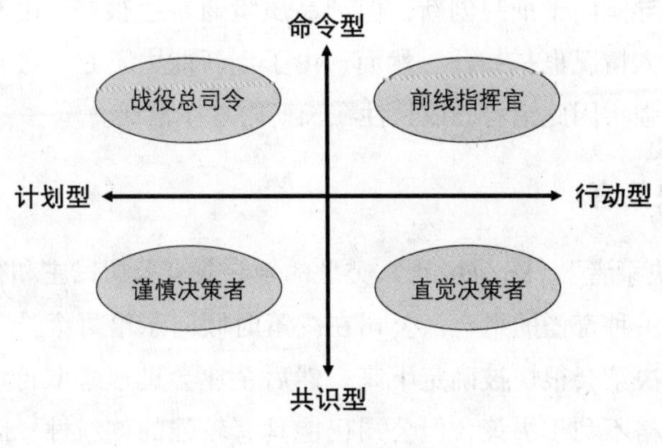

图 20　领导模式类型

前线指挥官

“前线指挥官”（battalion commander）类型的领导者有着命令型的领导风格，但偏向于快速反应。这类领导者可以快速而果断地对市场形势做出反应，但可能由于速度太快而判断失误，如果不对自己的判断失误做出快速补救，那么带来的伤害可能是致命的。这就使得公司的战略经常变动，有时还会赶时髦。

公司往往快速地改变方向，反应迅速代表了公司的主要风格，产品和营销也会相应地受到这一风格的影响。公司的销售情况会经常变动，这是因为销售量偶尔会有重大增长，但许多情况下会因为公司快速的风格而毫无收获。公司的盈利情况也起伏不定，毛利润率往往低于平均水平。公司往往没有可持续的重点产品，公司将注意力放在每笔交易上，而不是产品上，这是因为公司无法对产品保持长期的重视。

战役总司令

“战役总司令”（general）类型的领导有着命令型的领导风格，只不过这种风格的特点是反映缓慢、过于深思熟虑，或者讲究有条理的计划和按规则行事，而规则往往相对僵化、严格，对下属几乎没有什么授权。

对于一些行业，这种风格或许很有效，销量在严明的销售纪律和规则的刺激下会很好。然而，产品或服务的复杂程度越高，销售和管理过程中对创造性的要求越高，则公司成功的可能性就越小。

这类领导倾向于抵制创新，但产品质量通常会很好。毛利率不高但很稳定，收入情况也是如此。然而，由于创新能力不足，公司在市场中的竞争力不强，因此销售的成长性在长期内总体糟糕。

直觉决策者

“直觉决策者”（kibbutznik）类型的领导兼有公司民主和行动快速的风格，这是一种奇怪的组合。公司在决策时倾向于给每个员工发表意见的机会，但决策会很快被确定下来，然后企业会迅速采取行动。尽管民主的管理风格不利于决策，但公司仍能具有较强的创新性，因为每位员工对产品的生产和流通拥有责任心，所以产品质量良好。

谨慎决策者

“谨慎决策者”（communalist）类型的领导者讲求全体员工达成共识，公司会将大多数决策抛给各种委员会来制定，而很少集中决策，因此公司决策和行动速度都很缓慢。产品决策只能在痛苦的抉择中达成，新产品开发和上市的速度会受到不利影响，从而导致企业竞争力受损，毛利率下降，销售业绩不良，费用高企，这都是因为公司的决策需要所有人的高度参与，决策和执行会耗费大量的金钱和时间。

领导力导航图

我们已经向读者介绍了全套 16 种领导力类型，你们会发现，这些类型旨在将领导业绩的主要情形都涵盖进去。16 种领导业绩类型被归结为四类模式，每一位 CEO 或领导在每类模式中都有对应的位置，因此，他会有 4 种领导业绩的类型。然而，这些类型中的某一种会是他的主导性类型（实际上，偶尔也会有两个主导类型，当然这是另一种情况）。

现在，我们就拥有了一种全面描述领导者的方式，我们可以用他们在每类模式中的领导业绩类型来描述他们，并且说明哪一种是主导性的类型。我们可以将 CEO 的商业个性形象地总结在图 21 “领导力导航图”中。

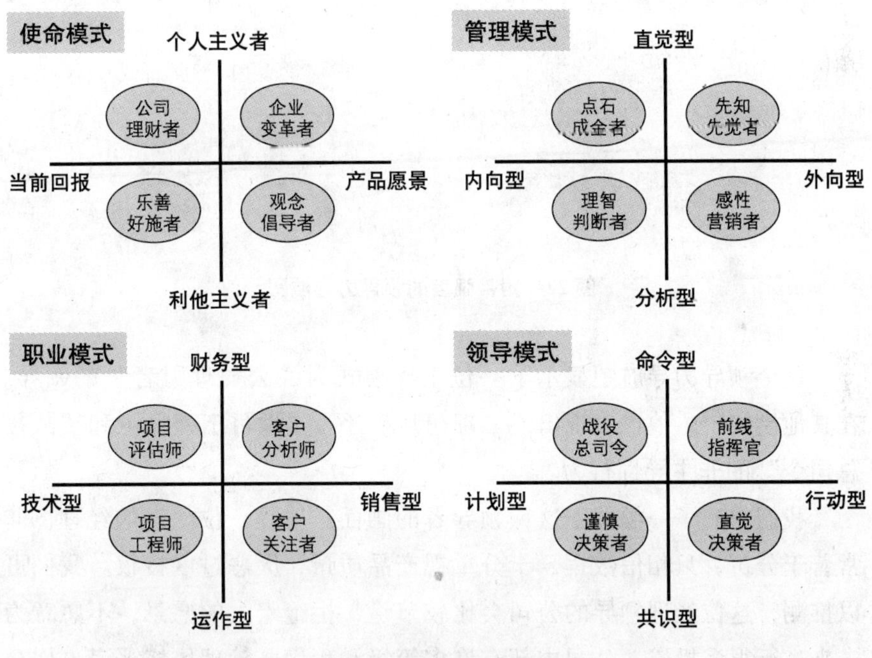

图 21 领导力导航图

你会发现，用图 21 来归纳 CEO 或者组织中任何层次的领导的商业个性都十分方便。我们可以用画在一个图形中的四类模式来描述 CEO 的商业个性。

我们也可以显示出一名 CEO 在每种模式中的具体位置，更加深入地观察他的商业个性。这个位置能提供丰富的信息，包括有关行为驱动因素的程度，以及该因素在多大程度上会成为 CEO 的弱点。我们在图 22 “附带强度的领导力导航图” 中显示了一个领导力导航图的例子，在每类模式中标出了该领导所处的位置。

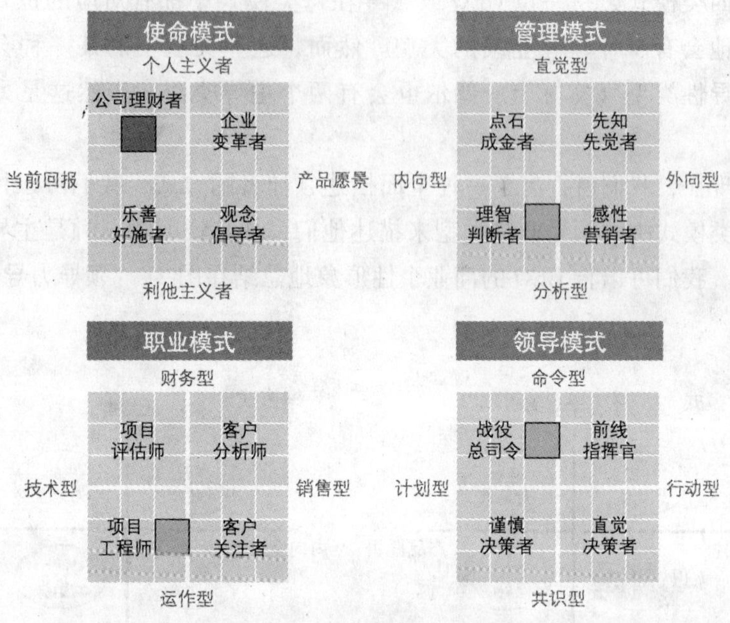

图 22　附带强度的领导力导航图

这个领导力导航图显示了一位主导模式为“公司理财者”的领导。在其他模式中，他也表现出了“理智判断者”、“项目工程师”和“战役总司令”的非主导性行为。

我们得到了一幅关于这位领导者的画面：他是一位保守的经理，非常善于分析，只相信数据，十分重视产品质量，厌恶过度授权。我们可以推测，这位经理领导的公司会比较节俭，拒绝宏大的愿景，不愿意为未来进行很多投资，公司内部有许多等级和程序，管理风格严谨。你会发现，我们已经得到了一幅图画，其中不单有这位领导的商业个性，而且还有他所领导的公司的特征。

然而，这位领导往往会有不同的情绪，有时候，他会受到其他模式而不是“公司理财者”这一模式的主导，尽管这些模式占主导的时间比“公司理财者”模式占主导的时间要短得多。我们可以从其他模式来推测这位领导的情绪是什么样子，但我们不能预测它们什么时间发生，只知道它们会在某个时候发生，而且占主导的时间比“公司理财者”行为模式要短许多。

正像你所看到的，领导力导航图能给我们提供关于一位领导者的详细描述，以及他的商业个性所导致的公司业绩类型。我们可以预测他的主导性行为特征以及其他商业行为，这些行为尽管出现的次数比较少，但有时候确实会出现。

我们还可以看到这些行为彼此之间的相对强度。我们可以将这些行为同其他领导者的行为进行比较。我们不仅可以比较主导模式与其他模式，而且还可以比较其行为驱动因素的强度。总之，领导力导航图给我们观察一位领导者提供了全面而深刻的视角，并由此预测这些商业个性对公司带来的影响，这种预测不仅可以是定性的，也可以是定量的。

在附录中，我们为读者提供了一些模板，你可以用它们为其他人和你自己开发出一幅领导力导航图。你可以仅凭自己的判断来完成这件事，也可以使用其他人的评价，可以像我们曾经讨论过的那样，使用全方位的评价方法。

这些领导力类型同其他领导力评估方法的比较

研究领导力类型的方法很多，其中许多方法和上述方法十分相似。我们对领导力类型的分类同其他方法相比如何呢？总的来看，这些方法建立在某一个维度基础之上，而我们则是将所有方法整合到一个模型中。

以经典的交易型/转变型领导力标尺为例，它同我们的“当前回报/产品愿景”标尺（风险/回报标尺）相对应，如图 23“交易型与转变型 CEO”所示。

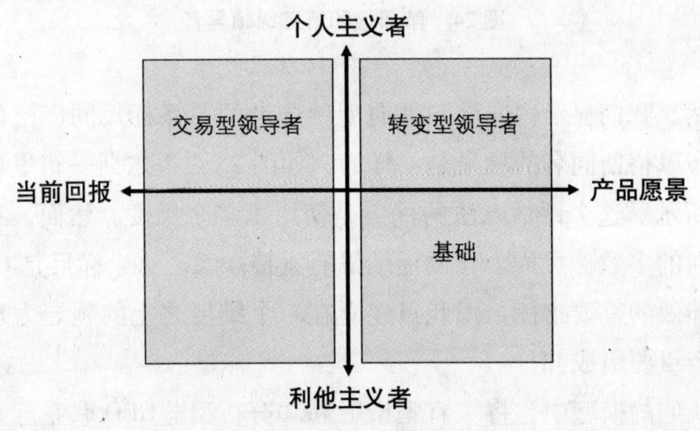

图 23 交易型与转变型 CEO

然而，我们相信这只是 CEO 的一个方面（这个方面很重要），还有许多其他方面需要考虑。关于 CEO 的使命，还要考虑另一个因素，即“个人主义者/利他主义者”标尺（关于他人的认可），如图 24“第四级和第五级领导者”所示。这一分类同吉姆·科林斯在其著作《从优秀到卓越》一书中所做的分类相对应。他的第五级领导者处于我们的认可坐标尺的“利他主义”区域，他们非常谦逊。但他们也并非是彻底的利他主义者，因为那样的话他们就会过于利他，从而与公司的目标相冲突。我们将在本书的后面详细讨论这一问题。

第五级领导者能创造持久存在的组织，而科林斯的第四级领导者则不能。第四级领导者对应于我们的“个人主义者”，他们需要高度的认可，而且通常富有个人魅力。科林斯的分类对我们理解卓越的 CEO 提供了宝贵的帮助。然而，如前所述，它只反映了 CEO 商业个性的一个方面，即我们在认可标尺上显示的那个方面。

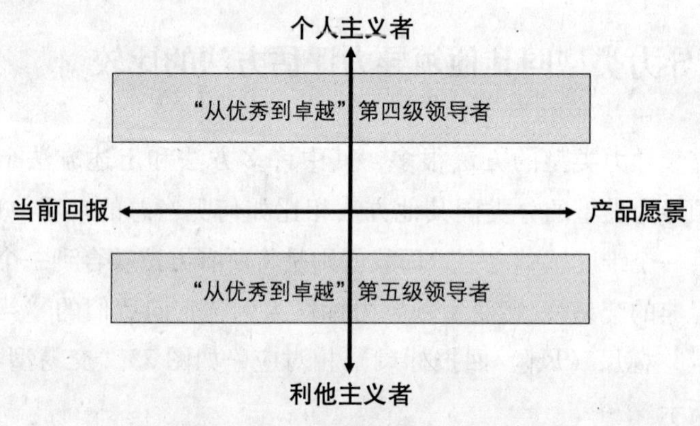

图 24　第四级和第五级领导者

显然，我们显示内向型和外向型领导者的关系标尺同广泛使用的迈尔斯—布里格斯同名的标尺是一样的，如图 25“迈尔斯—布里格斯个性类型”所示。这个评估方法的优点是使用了多个尺度。然而，迈尔斯—布里格斯的多数标尺同公司的业绩没有直接联系。这个标尺是 CEO 战略和公司绩效的重要指标，因此只建立在一个维度之上的领导力理论都缺少了一个重要组成部分。

在我们的模型中，将“直觉型”和“分析型”CEO 联系起来的逻辑标尺同左右脑的差别有着一定程度的相似性，如图 26“CEO 的创造力”

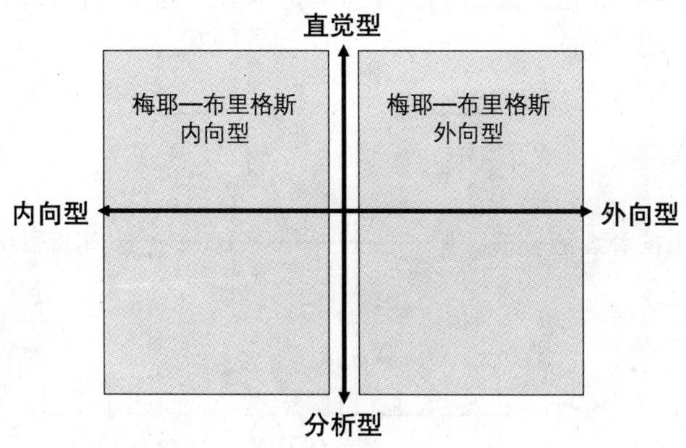

图 25　迈尔斯—布里格斯个性类型

所示。这种方法被鼓励横向思维（lateral thinking）的方法所采用，它是分析创造力的基本工具。然而，多数对创造力的分析并不特别针对财务方面的创造力（这是直觉型管理者所具有的特征）。我们认为，这个因素在预测 CEO 的行为和公司绩效方面至关重要，在本书稍后部分我们将展示支持这一观点的数据。没有包含这一因素的管理方法都因此忽视了一个关键的领导力维度。

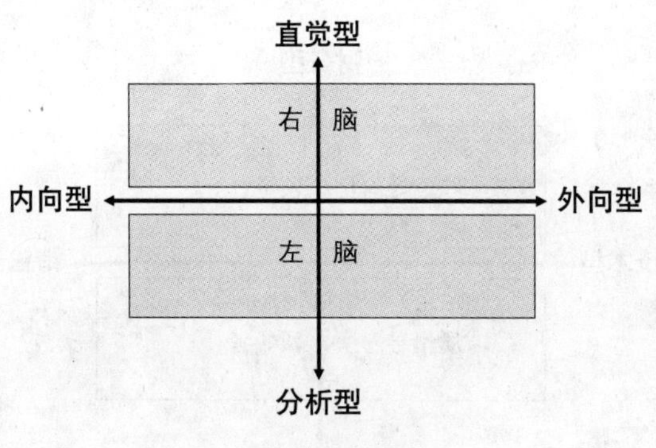

图 26　CEO 的创造力

在企业管理方面，较新的一种分类是将 CEO 分为供给导向和需求导向的 CEO，这种分类反映了 ERP（企业资源计划）系统和 CRM（客户关系管理）系统的出现。这同我们对技术型 CEO 和销售型 CEO 的区分相对应，如图 27 “供给导向和需求导向 CEO” 所示。这种分类很久以来已经为人们所认可，它是对企业绩效有着重要影响的 CEO 商业个性的另一个方面，任何缺少这一方面的领导力理论都会遗漏这些方面的许多内容。

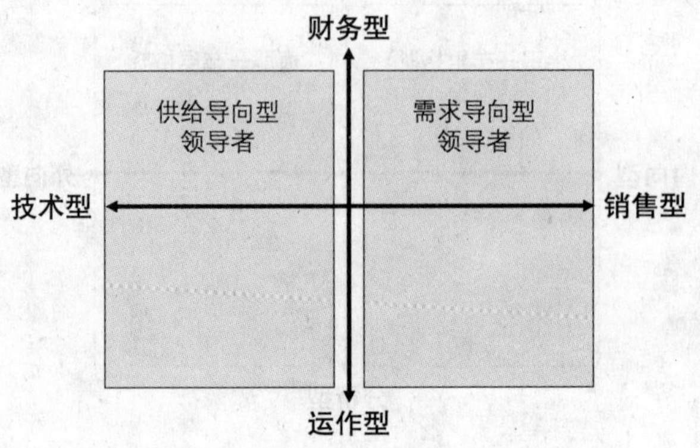

图 27　供给导向和需求导向 CEO

我们的“执行坐标尺”将财务导向的 CEO 和质量导向的 CEO 联系起来，也就是将偏好兼并与收购的 CEO 同注重执行和质量问题的 CEO 联系起来，如图 28“质量导向型 CEO 与资源导向型 CEO”所示。这一标尺将常常被分开讨论的多个维度结合在一起[39]。尽管它们将这些维度联系了起来[40]，但仍然局限于少量维度。尽管有所改善，但这仍然无法带来与我们的模型同样强大的解释力。

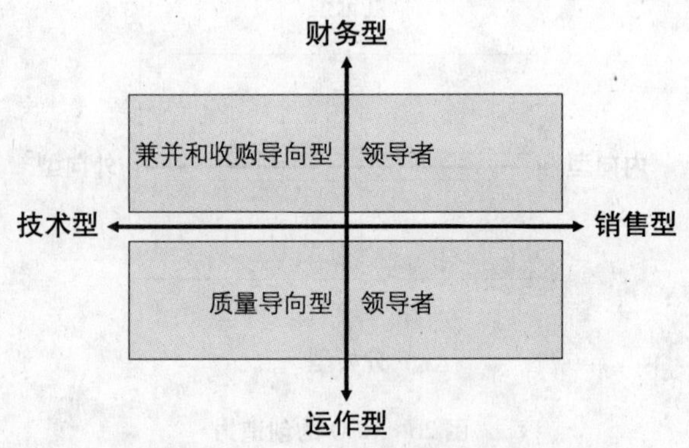

图 28　质量导向型 CEO 与资源导向型 CEO

在过去的几年里，学习型组织[41]和学习型 CEO 的概念受到广泛讨论。学习型组织将所有成员凝聚在一个自我组织的学习网络中，该网络由于对下属的授权而充满活力。学习型组织同我们的“授权标尺”相对应，它将命令型和共识型领导联系起来，如图 29“第五级领导者”所示。

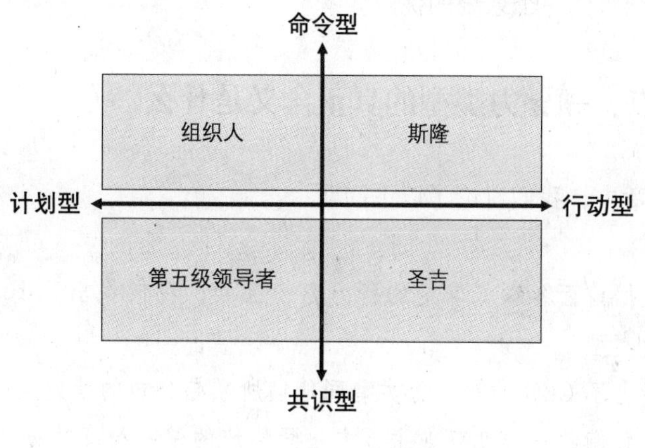

图 29　第五级领导者

最后，企业家精神如今已成为全世界商学院热议的中心话题，如图 30 "企业家型领导者与计划型领导者" 所示，CEO 可以分为两类，即企业家型 CEO 和计划型 CEO。这种分类法在 CEO 的分类学中是个重要的标准，任何分类方法要想实现高度的综合性，都应该将它包含进去。

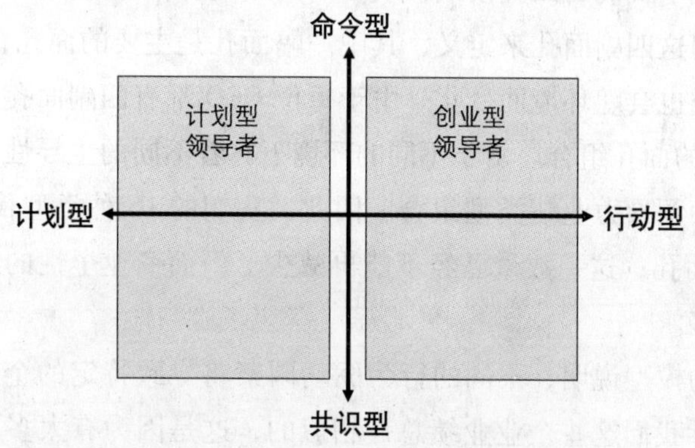

图 30　企业家型领导者与计划型领导者

我们知道，领导力包括许多维度，它们之间有着复杂的内在联系。总体来说，我们在本书中简单介绍的传统领导力分类方法都是围绕单一的维度进行的。尽管它们所选用的具体维度非常重要，但仅选择一个维度是不够的。

尽管"交易型/转变型领导力"标尺非常有用，但并不是唯一的因素，忽视其他因素是很危险的。我们的领导力绩效类型就具备了将所有主要因素纳入同一个系统的优点。

本章要点：领导力类型的真正含义是什么

在本章中，我们讨论了以下问题：

- 根据前面各章所确定的行为驱动因素，我们找出了 16 种领导绩效类型。
- 指出了 CEO 的领导力类型同他们所领导公司的绩效之间的联系。
- 将我们的多维度商业个性方法同传统的单一维度的方法进行了比较。
- 展示了单一维度的领导力研究方法存在的问题，而我们的模型解决了这些问题。

我们需要明确这些领导力类型意味着什么以及不意味着什么。这 16 种类型构成了我们的四类模式，或者叫四副面孔。每一位 CEO 的商业个性都可以用这四副面孔来定义，其中一幅面孔是主要的面孔，但 CEO 的面孔有时候也会随环境而变化。由于每位 CEO 都有四副面孔，那么就有超过 16 种的面孔组合。由于不同的环境下有着不同的主导性面孔，因此会有更多种领导力业绩类型组合。因此，我们的 16 种类型代表了 16 种 CEO 主要面孔，这一数量已经不能再减少了，而商业个性的实际组合数量要多得多。

我们的模型说明，不同的行为驱动因素将导致特定的企业业绩，但它不能告诉我们这些企业业绩总是相似的，这是因为有太多的因素会影响企业业绩，这些因素既有内部的，也有外部的。我们将在接下来的章节里看到，根据 CEO 的能力以及外部环境的不同，某种领导力类型会带来不同的企业业绩。

我们的每种领导力业绩类型同一系列的行为规律相联系，包括失败的规律。能力很强的 CEO 能够打破这一规律，而能力较弱的 CEO 则不能。我们的模型没办法预测具体会出现哪种结果，只能说两类结果都可能出现。但我们能够相当肯定地说出一般规律性的特点是什么。我们能够指出这些行为特点可能会导致什么样的结果，除非有一种力量和战略迫使 CEO 修正自身的行为，或者能力很强的 CEO 能进行自我调整。

现在，我们已经讨论了领导力理论中技术性较强的部分，下面的章节将展示如何将这些理论应用于实践。在下一章中，我们将考察一些著名的 CEO，这样做将揭示出领导力类型在现实中的情形。下面的分析将显示著名 CEO 商业个性的主导性面孔，同时也将说明有着同样主导性面孔的领导因次要面孔的不同而可能表现出不同的特点。通过展示这一理论在现实中的应用，我们就可以将话题转向一些更有趣的现实问题。

第6章　著名CEO的商业个性

到目前为止，我们已经讲述了我们的领导力理论的主要部分，其余的部分将涉及管理战略和技术背后的机制。现在我们将注意力转向领导力理论的应用方面，为此我们要研究一些著名的CEO。他们有着什么样的领导力类型？这些类型和我们刚刚完成的理论分析及分类相一致吗？

生活比艺术要复杂，我们所选择的领导者都是个性复杂、卓尔不群的人，也许我们永远无法对他们做出绝对公正的评价，也永远不能全面概括他们的独特个性。然而，我们可以展示他们商业个性的相似之处，这样就能向普通的领导者提供借鉴。

我们不仅仅将这些领导者作为历史人物呈现给大家，也要将他们看成典型，即每种领导力类型的纯正范例。通过关注和分析一个我们已经有所了解的著名领导者，我们便可以比较快捷而形象地表现出一种领导力类型的含义。这些分析或许和我们已经了解的东西不太一致，也可以展示出我们还不太理解的一些事实，但其中的规律可以启发我们去理解与我们在时空上更接近的其他领导者。

有些文字来自媒体报道。这是因为一些领导者比其他人更吸引人们的关注。这可能出于几个方面的原因。他们可能更富有魅力，或许在金钱方面更富有。另一方面，其他一些领导者没有得到应有的关注，那些低调的领导，尽管非常成功，但他们得到的关注往往比那些更善于推销自己的领导者少。有着较低风险与回报容忍度的领导者比那些更喜欢冒险的领导者得到的关注少。那些独断型的领导往往比他们喜欢授权的同行更吸引注意力。

除此之外，还有另一种现象：在企业创始人和职业经理之间有着显著的领导力差异。前者创办了自己的公司，他们成功时或者更多的时候是失败时都被看成是英雄，这些企业家通常表现为富有个人魅力并善于推销自己，对媒体有较大的影响力。而许多职业经理型CEO来自另一个对媒体较迟钝的群体，即使他们和创始人同样具有很强的领导力，但也常常不像创始人那样得到应有的尊重。要找到职业型 CEO 的传记和报道更加困难。这就对我们的领导力类型的理论产生了影响，会使我们的样本偏离某种重要的领导力类型。

媒体的关注不一定等于很强的领导力，但我们肯定会更多地看到受媒体热捧的 CEO，这或许会使我们的论述出现偏差。要找到吉姆·科林斯所说的第五级领导者（他们中的多数是职业型 CEO）的传记就比第四级领导者（魅力型）更难。在组织 16 种领导力类型的范例时要记住，我们可能会存在着样本的偏差，我们的论述可能偏向那些更加著名的 CEO 而非更能干的 CEO。尽管如此，我们仍可以用这些著名 CEO 的例子来推断那些不受公众注意的 CEO 的领导力类型。

乐善好施者——科曼·莫科勒（吉列公司）

前面我们已经提到乐善好施者注重当前回报，讲究实用，但也富有爱心。他们偏向于确保公司表现良好，即使牺牲自身的利益也在所不惜。他们随时愿意将他们的所得用于社会和其他公益事业，但通常为人低调、谨慎、追求可持续性。他们往往不让自己对公益事业的关心过分干扰到公司的发展。我们有理由发问；这样的人在现实中存在吗？作为一名 CEO 是否有可能做到为人低调、关心社会公益事业同时保持企业业绩良好？科曼·莫科勒（Colman Mockler）就是这类领导者的一个例子。

乐善好施者的标志是注重短期盈利能力、利他，通常拥有内敛的特质。莫科勒本质上是一位利他主义者，他在哈佛大学时成了一名福音派基督徒[42]。他在吉列公司的任期内一直恪守商业道德，这绝对不是做姿态给别人看。尽管吉列公司的 Sensor 刀片就是在莫科勒的关注下开发出来的，但他也注重当前回报，追求“均衡的增长”[43]。和所有乐善好施者一样，莫科勒是成功公司的守护者。他“……被他的前任当成强有力的帮手”[44]。莫科勒是一个第五级领导者的例子，这类领导者的主要特点就是内敛的性格[45]，同那些爱炫耀的人正相反[46]。

在管理模式中，莫科勒属于理智判断者，他有着高度分析型的风格[47]。他更多的是个知识分子，而不是一个凭直觉行事的人[48]。他性格内向，喜欢安静，有些害羞[49]，这同那种张扬的、外向的、充满个人魅力的领导风格正相反。

莫科勒是财务人员出身，他在财务管理部门工作了 17 年之久，他的主要成就在于对国际会计制度的改革[50]。他毕业于哈佛商学院[51]，从未做过销售和营销工作，事实上他的工作几乎同销售员和鼓动者的工作相反[52]。在我们的领导力体系里，他属于“项目评估师”。

至于他的领导风格，他属于寻求共识型的领导[53]。同许多领导者不同，他的决策风格表现为讲究方法性和谋定而后动[54]。他是我们所说的“谨慎决策者”，但不像 DEC 公司的奥尔森那样过度谨慎，也不像基尼恩那样过于痴迷于规划。他就是大家所理解的那种典型的财务人员：谨慎、有点保守、有条不紊以及非常细致。

莫科勒的领导风格已经成为一种时尚，在吉姆·科林斯的宣传下变得广为人知。所有科林斯所说的第五层级的领导者要么是“乐善好施者”，要么是稍逊一些的“观念倡导者”。他们具有我们通常在富有个人魅力的领导者身上看不到的利他主义。乐善好施者通常是守业者而不是创业者。他们做事小心谨慎、审时度势，往往低调内敛，而非侃侃而谈。他们排斥管理文献中常见的那种自我推销型 CEO 所信奉的强势推动的理念。通常，他们会投身社区事务而非只是关注企业业务。他们是广受社会关注的 CEO，是企业领导者阶层的脊梁。

公司理财者——郭士纳（IBM）

这类领导者在从事商务活动时相对谨慎，主要关注短期回报而非长期利润，也不追求宏伟的远景。他坚定地关注公司的可持续发展，宁可牺牲长远的巨额回报也要追求现金流。虽然从商务的角度看他是谨慎的，但在极端情况下他也会为了自我的目标牺牲公司的目标。

郭士纳（Lou Gestner）是这些 CEO 的绝好例证。需要说明的是，郭士纳的兄弟迪克·郭士纳（Dick Gertner）曾经是我所管理的一家公司的董事会成员[55]。他也曾任 IBM 公司的高级经理。我希望能够通过他多了解一些关于他兄弟的事情，但不幸的是我做不到。迪克对他的哥哥所谈甚少，但他显然很高兴他哥哥对他的股票期权带来了有利的影响。

用郭士纳作为“公司理财者”的例子似乎有些奇怪，毕竟他是最著名的高科技公司的总裁，在这样的公司就一定不会有这样的领导者吗？

别忘了，这是郭士纳的第三个领导职位，他曾经担任过美国运通公司的总裁（虽然不是CEO），也曾经担任过RJR纳贝斯克公司（Nabisco）公司的CEO。这两家公司中，一家从事信用卡业务——从本质上说是一家银行，另一家经营的是以饼干为主的消费品。两家公司都不是高科技公司。像其他领导者一样，我们需要将郭士纳放在他的全部职业生涯中去研究。

郭士纳是一位才华出众的领导者。但从本质上说，他是一位扭转不利经营局面的高手。这类领导者不会给世界带来革命性的变化，甚至不会对公司产品进行大的革新，而且肯定不会在技术方面进行创新。“……他不喜欢说计算机专业术语，也永远不会去学习它……”[56]在纳贝斯克公司，他是一位“……最保守的CEO……”[57]他最为人们所津津乐道的一句话是：“IBM当前最不需要的东西就是远景。”[58]

对郭士纳来说，进行长期投资是难以接受的。要进行投资，必须有很高的概率在短期内盈利[59]。虽然他曾在扭转不利的经营局面方面非常成功，但在他的任期内IBM失去了个人电脑的市场[60]。他想将业务重点放在大型计算机上，因为这能为公司带来现金。他另一句为人们所津津乐道的话是：“恐龙又回来了。”[61]之所以对Lotus公司进行收购，是因为他相信IBM成长的唯一方式便是收购[62]。他在IBM的做法如同他在纳贝斯克公司的做法一样，对短期内现金的注重是以牺牲长期投资为代价的[63]。他在1997年对IBM公司股票进行的250亿美元的回购说明，他对短期股票收益的追逐超过了对IBM长远发展的关注[64]。

但是，这就是处于认可坐标尺高位的公司理财者的特点，“……他对自我有一种皇家尊贵的感觉……”[65]他总是想方设法美化自己的公众形象[66]。他脸皮很薄，一旦遭受批评，他总是将自身形象置于公司利益之上[67]。

郭士纳为什么会这样？他毕业于工程科学专业，但他知道自己真正感兴趣的是经商[68]。他后来从哈佛毕业，并获得了工商管理硕士学位[69]。他的背景和兴趣促使他凡事都要进行分析，他的个性是“……缺乏热情，一点儿也不幽默，总是很客观”[70]。市场营销和品牌管理是他的强项，这一点与做包装商品和美国运通公司的经历倒很符合[71]。他非常关注客户[72]，属于“客户分析师”，但他关注更多的是短期利润而非长期投资[73]。

从本质上说，郭士纳是一名技术官僚[74]。几乎可以肯定地说他是内向型性格：“……腼腆、做事鲁莽，有时缺乏社交能力……”[75]他不喜欢办公室同事的聚会[76]，即使在一对一会谈时，他也保持着简单、冷漠的风格[77]。在人际关系方面，他也缺乏热情[78]。作为分析型的领导者，他属于“理智判断者”：冷静、客观、实用、不为人际关系和情绪所左右。

郭士纳拒绝了 IBM 分散化决策的发展方向，开始塑造一个集中决策的组织结构[79]，但他不属于“前线指挥官”这种领导风格。尽管他有时也会快速做出决策（这些决策也很明智）[80]，但在投入大笔资金之前他倾向于对一些想法进行充分分析[81]。对于像他这样的一个守业型的领导者，我们不能期望他对任何事情不进行负责任的规划。

但是，对于一位“公司理财者”型的领导者来说，有责任心经常意味着做事迟缓。IBM 公司失去个人电脑市场就表明他不能像行业领袖那样行动迅速。只有通过收购才能使 IBM 成长，在技术上和财务上跟上行业的发展，这使郭士纳成为了“战役总司令”型的领导者：用市场的标准来衡量可谓行动迟缓，集权控制。这种做法对具备发展势头的老企业来说是好的，但对于新进入一个行业的企业来说则是致命的。虽然郭士纳在扭转不利局面方面表现优秀，但是像戴尔、微软和甲骨文这些竞争对手的发展却超越了 IBM。

企业变革者——安德鲁·卡耐基（卡耐基公司）和保罗·艾伦（微软公司）

这类领导者是变革的催化剂。在前面的章节中我们说这类领导者对公司和产品有着宏伟的愿景，力图给市场带来重大影响，创造出巨大的价值，给公司、行业或者世界带来重大变革（可能是以激进的方式）。在更极端的情况下，这类领导者的主要目标是获取自我认可，甚至有时候这个目标超过了公司的利益。

“企业变革者”这类领导者是企业家精神的集中体现。另一类体现企业家精神的领导者是“观念倡导者”。这两类领导都有着很高的风险容忍度，同时对高回报有强烈的欲望。这两类领导者中，一类拥有社会目标，而另一类则没有。在任何创业型领导身上我们都可以看到这两种情形之一。要成为主导性类型，某种商业个性类型就必须超过其他所有的商业个性的模式。主导性的“企业理财者”是企业家中的企业家，安德鲁·卡耐基正是这类领导者之一，保罗·艾伦也是如此。但我们将看到，企业变革者会受其商业个性的影响，给公司带来迥然不同的经营效果。

成为一名“企业变革者”意味着在生活的所有方面你都要表现出强大的企业家精神，这一点正是卡耐基的绝佳写照。到21岁时，卡耐基已经进行了一些重大的投资并取得了成功[82]。到31岁时，他已经成为了一个非常富有的人[83]。然而，卡耐基在他人生的早期就决定不想只做一名金融家，他想投身于生产有形产品的制造业[84]，那就是钢铁业。尽管他不特别热衷于技术[85]，但他有一个愿景，即“……钢铁注定要改变文明的物质基础……”[86]虽然卡耐基拥有与奥尔森等领导者不一样的社会目标，但他确实同样有远见。

作为“企业变革者”之一，卡耐基脚踏实地。他的一句名言是“开拓者得不偿失”[87]。他是一位优秀的直觉型领导者，但却拥有令人难以置信的外向型性格：“……与卡耐基一样，诺曼·文森特·皮尔（Norman Vincent Peale）是一位悲观主义者……”[88]超强的销售能力，加上出众的财务智慧，使卡耐基成为了一位“先知先觉者”类型的领导。他具有察觉人们需求的第六感，并能提供产品来满足这些需求。他是一位“客户分析师”类型的领导，他早已发现，要想成功，就必须以难以置信的低成本提供新型钢材，“……关注成本，利润就会自动形成……”[89]同另一位著名的“客户分析师”型领导者山姆·沃顿（Sam Walton）一样，他也意识到了这个道理。关注对顾客的投资回报，你就会成功。

卡耐基在领导风格方面属于“战役总司令”类型。至少对于一个现代企业家来说，卡耐基是个组织能力很强的人，这一点有些不同寻常[90]。他的企业有着巨大的运营规模[91]，这就要求领导者对大规模的生产做出规划。虽然他经常努力以工人的朋友的形象出现，但本质上他是反对授权的，“……对于工人们来说，他是个伪君子……”[92]

保罗·艾伦和卡耐基形成了鲜明对比。他和所有的“企业变革者”一样，有着高风险容忍度。他的大多数投资风险都很高，但这些投资有可能改变整个行业甚至改变全世界[93]。他头脑里充满了丰富的投资创意。但和卡耐基不同，或者和他最初的合作伙伴比尔·盖茨不同，他的投资想法很少有赚钱的[94]。尽管他取得过意外的成功，比如一些年以前对美国在线的投资，但他在将想法转变成金钱方面表现得很糟糕。

为什么艾伦的投资本领如此糟糕？艾伦并不是直觉型领导者，“……他不了解商业规律……”[95]他深信取得投资回报不是首要的事情[96]。作为极度内向的人[97]，他是“理智判断者”。作为成功的企业家，卡耐基和盖茨有着商业的直觉，这同“理智判断者”注重分析能力正相反。艾伦常常用一些不着边际的商业点子来拯救公司，这使他落下了不太光彩的名声。他会把大量的资金投入这些不着边际的项目，结果只能是打了水漂，公司也以失败而告终[98]。他的分析能力并没有扩展到财务方面。

从根本上讲，艾伦一直就是一位“项目工程师”类型的领导，他“……总是被技术的力量所推动……”[99]只要是不能够为他带来新的技术灵感的事情，他都不会去做[100]。他的许多投资总是从技术的角度而非从财务的角度制定决策。艾伦从未能够超越技术这个驱动因素，在这方面，他与他最初的合作伙伴比尔·盖茨截然不同。

艾伦的领导和管理风格加剧了他本已糟糕的投资记录。他是“前线指挥官”类型的领导者，因此总是回避计划。即使投入了大量资金，也缺乏相应的监控机制[101]。关于公司的发展方向，他总是做出快速的、让人难以预知的变动，这使他的团队成员常常摸不着头脑[102]。因此，他的管理风格同盈利也是背道而驰的。

卡耐基和艾伦是“企业变革者”这枚硬币的两面。两人都是风险偏好者，都会为了未来更大的回报放弃目前确定的回报。两人都拥有愿景，但卡耐基在这种风格下能赚钱，而艾伦却不能，区别在于直觉方面。卡耐基具备这种直觉，比尔·盖茨也具备，而艾伦却不具备。通常，“企业变革者”缺乏商业方面良好的直觉，是由于他们作为“项目工程师”所具备的能力，正是这些能力成了他们取得财务成功的障碍。只有很少的“企业理财者”具备良好的商业直觉，他们的成功完全是因为他们没让技术和产品愿景遮住自己良好的商业判断力，因此在区分不同的“企业变革者”类型的领导时，我们需要认真考察他们的其他领导模式。

观念倡导者——埃德温·兰德（宝丽来公司）和本·科恩（本杰瑞公司）

“观念倡导者”这一类型的领导是充满爱心的领导者，但也有着较高的风险/回报容忍度，更倾向于以社会利益定义的产品愿景。当代最伟大且最著名的两位 CEO——宝丽来公司（Polaroid）的埃德温·兰德（Edwin Land）和本杰瑞冰淇淋公司（Ben and Jerry's）的本·科恩（Ben Cohen）都是"观念倡导者"类型的领导者。他们所处的行业差异极大，一个是高科技，另一个是冰淇淋，但二人都表现出了相同的领导特征。

作为"观念倡导者"，埃德温·兰德的特点表现为高风险容忍度和强烈的社会愿景的典型结合。他对风险的极高容忍度表现在对第一部一次成像相机 SX-70 的研发上，这一项目差点让公司倒闭[103]。他的使命总是从社会的角度出发，他将自己和公司的使命描述为一项"长期的、富有想象力的任务，去发现还未被满足的人类需求，并通过科学的方法使之得以满足"[104]。在兰德看来，真正的发明应该使社会变得与以前"有些不同"[105]。

直到生命的最后阶段，兰德一直都是一位社会和科学方面的理想主义者。离开宝丽来公司后，他通过大力支持美国艺术研究院建造新的大楼以及建造自己的实验室来继续他的愿景[106]。他曾经在回答一名记者时说摄影是他终生的事业，但他真正的兴趣是色彩视觉（color vision）[107]。

兰德是个外向的、善于表演的人[108]，是一位操纵媒体的大师[109]。他与直觉型领导者不同。他曾经说过："……事业永无止境，企业真正要做的事情是打造产品。"[110]他是一位优秀的"感性营销者"，没有比在媒体上展示更令他开心的事了，而这些媒体展示都非常成功。他对财务缺乏兴趣和知识则是出了名的，一次，当数字设备公司（Digital Equipment Corporation）的创始人肯·奥尔森向他讲授复式记账法时，兰德竟没有听懂[111]。但他是最伟大的"项目工程师"，他对自己产品每个细节的了解超过了其他任何人。

在领导风格方面，他有着强烈的向下属授权的愿望，他将下属看成和自己处在同一个层次上[112]。他制定决策的速度很快，常常带有冲动性。他相信"系统性的规划会葬送一个有创造力的公司"[113]。他的管理风格通常很混乱，正如一位传记作者在谈到兰德筹备股东大会时所说的："兰德式的风格是：事情不到最后一分钟是不会就绪的。"[114]因此，他的管理风格属于"直觉决策型"——迅速拍板，对员工充分授权。

本·科恩也属于"观念倡导者"。他的特点不是简单的高风险容忍度，而是对风险的蔑视[115]。他有着强烈的社会使命感，公司的一项政策规定最能说明其社会使命感了，这一规定是：公司7.5%的利润将转到本杰瑞慈善信托基金。本总觉得这个比例太低，应该被提高到10%，但苦于董事会的限制无法做到[116]。

本总是外出，并且成为了公司外部的管理者和销售员[117]，但他天生抵触财务和会计事务[118]，正因为如此，公司才从外部聘请拉吉尔（Lager）做CEO。本是一位“感性营销者”，在财务方面他尽力而为。对他来说，企业只是另一种济世的方式。

本十分重视公司的运作。在公司中，一直是他负责生产和产品质量[119]。尽管他喜欢主持对外的销售工作，但他对公司运营也很投入：“他对生产运营一丝不苟。”他关注冰淇淋的质量，因为他知道如果分量不够，或者浓度不够，顾客购买量就会减少[120]。他是“客户关注者”类型的领导者，他知道顾客的需要，而且对满足顾客需求过程中的每个细节都给予高度关注。如果他感觉到公司冰淇淋的口感和质量有丝毫对顾客的欺骗，他是绝不会放任不管的。

但是，本对社会责任的关注未能反映在他的领导风格中。他是个独断专行的人，很难与人共事[121]。他在制定决策时容易冲动而且多变：“本做出决定后，过不了多长时间就要改变。”[122]他认为公司应该能够做出灵活改变[123]。他是顶级的“前线指挥官”型的领导者，采用命令式的领导风格，对市场的反应时间非常短，尽管这样，他的多数决策还是可行的。他使我们想到了另外两位伟大的“前线指挥官”型的领导：杰克·韦尔奇和鲁伯特·默多克。

在这个资本雄心勃勃四处扩张的时代，“观念倡导者”类型的领导者比我们想像的要更常见。全球连锁企业美体小铺（The Body Shop）的阿妮塔·罗迪克（Anita Roddick）就是一位这样的领导者[124]，20世纪80年代控制数据公司（Control Data Corporation）的威廉·诺瑞斯（William Norris）是另一个例子[125]。

然而，即使同属于“观念倡导者”类型的领导者之间也是有差异的。埃德温·兰德和本·科恩就向我们展示了在影响公司绩效的关键因素方面他们是不同的。他们的最大差异在于领导风格，兰德属于“直觉决策者”，本属于“前线指挥官”。本的命令式风格最终导致他和同事出现严重摩擦，以至于他觉得为了公司的健康发展，他需要离开公司。埃德温·兰德则具有在更大程度上向员工授权的风格，他在公司工作了43

年之久。

兰德和科恩两人都同样表现出了对利润的轻视，二人本质上都属于社会活动家而非商人。这些领导风格对二人的公司带来了某种特定的影响，在本书的稍后部分，我们将展示它们对其他方面的影响。

先知先觉者——罗伯特·麦克斯维尔（麦克斯维尔通信公司）

在罗伯特·麦克斯维尔去世后（很可能系自杀），人们发现他犯下了一桩重大的金融罪行。他盗用了公司员工的养老金。如此一来，我们将他放在伟大CEO的名单中似乎有些奇怪。

然而，麦克斯维尔的帝国从第二次世界大战刚结束到1991年11月他去世时一直持续了46年之久，在这期间他看上去和许多其他的商界巨头没有什么区别。事实上，他的死对头鲁伯特·默多克在20世纪90年代早期也差点破产[126]，要不是他的公司太大而不能倒闭，他或许早就和麦克斯维尔遭遇同样的下场了。我们也许记得，诸如高盛公司这样赫赫有名的机构都是麦克斯维尔的支持者。假设环境稍微改变一些，死掉的可能是默多克而存活的可能是麦克斯维尔。

麦克斯维尔的主要领导力类型是“先知先觉者”。这类领导者对包括客户、潜在顾客、合作伙伴及员工在内的人们的需要有着第六感，同时也知道如何使用这种直觉来达到更高的财务目标。在说服对方将公司出售给他这件事上，麦克斯维尔获得了难以置信的成功[127]。

他在说服富有经验和精明的投资银行家支持其收购方面也很成功。他吸引了一些社会名流进入董事会[128]。顶级的投资银行例如Credit Lyonnais、Samuel Montagu、巴克雷（Barclays）和Credit Agricole都支持他竞标[129]。他曾在一周内承担30亿美元的债务[130]。他从邓白氏（Dun and Bradstreet）手中收购了诸如官方航空指南（Official Airlines Guide）和托马斯库克旅行社（Thomas Cook Travel）等[131]。他最大的杰作是对英国镜报集团的收购[132]。

显然，麦克斯维尔有着杰出的才能。他身边没有专业分析师。他本人有着强大的商业直觉和本能，包括讨价还价和交易的才能，这些在他的职业生涯早期即表现出来[133]。这些才能再加上他外向的性格、善于表现的天赋，都是他所需要的[134]。他是迄今为止最杰出的“先知先觉者”类型的领导者。

麦克斯维尔在很多方面和他既仰慕又痛恨的鲁伯特·默多克很相像。他是一位“企业变革者”类型的领导，有着高风险容忍度，这在他进行的野心勃勃的交易中表露无遗。他在财务和交易方面的天赋以及他的销售能力使他成为“客户分析师”类型的领导，就像默多克一样。他也是一名“前线指挥官”型的领导，事实上，他的传记作者使用军事术语来描述他。人们在描述他在《镜报》的管理风格时说：“……我们都是战士。上级向我们下达命令，我们就得执行命令。”[135]麦克斯维尔总这样说：“我将我的编辑们看成是战地将领。”[136]

麦克斯维尔制造了一场巨大的骗局[137]，但也有许多没有犯如此大错的领导者是凭借“先知先觉者”的领导风格才走向成功的。许多最近发生的公司欺诈案或许也是由“先知先觉者”类型的领导导演的，例如南方保健（HealthSouth）公司的理查德·斯克鲁什（Richard Scrushy）。“先知先觉者”能满足人们情感需要的能力使它成为迄今最有影响力的领导风格之一。

点石成金者——比尔·盖茨（微软公司）

“点石成金者”（Alchemist）是很有创造能力的发明家，他的价值在于他所发明的产品或服务，他会确保除了他之外的其他任何人不能创造出那样的价值。他内向的本性往往使他显得惜字如金。比尔·盖茨是典型的“点石成金者”，他在和竞争对手及联邦政府进行法律斗争的过程中，就一直表现出“点石成金者”的特性。

“点石成金者”是两种风格——内向型风格和直觉型风格——融合的产物。盖茨显然属于内向性格[138]，但不是那种极端的疏离社会的类型。他的直觉型风格很突出。盖茨还在上学的时候就成立了自己的公司，上大学期间（直到退学前）一直经营着这家公司[139]。在学校时，他就在经商方面“……显示出了超过同龄人的睿智”[140]。到 21 岁时，他已经在和经验丰富的商人们谈生意了[141]。他“点石成金者”的姿态在他 21 岁发起第一次反盗版运动时已初现端倪[142]。这是一位尚未到达法定饮酒年龄便会为保护自己的发明而斗争的领导者。

比尔·盖茨是一位“企业变革者”类型的领导，这一点几乎不言自明。他有着高风险容忍度[143]。和许多这种类型的领导者一样，他喜欢下赌注[144]，但他是个深谋远虑的博弈者。如果能以一种风险更小的方式购买到产品，他就不会去发明，就像当初他购买后来成为 DOS 操作系统的使用权那样[145]。

盖茨是一位才华横溢的编程高手，是一个计算机神奇小子，许多年来他一直写邮件评论他的编程人员所编写的程序[146]。但从他的经历可以清楚地看到，他从没有只顾技术而不管商业效益，他总是将二者很好地结合起来，因此他不是只懂产品开发技术的“项目工程师”型的领导，而是总能将二者结合起来的“项目评估师”类型的领导，是一位“……罕见的能将技术天才和管理智慧完美结合起来的人”[147]。

另外，像许多成功的创始人一样，他属于“前线指挥官”类型的领导，决策迅速而且经常改变方向，他具有“……机动灵活的能力”[148]。他的“随意风格”导致他常常实行“危机管理”（management by crisis）[149]，尽管如此，像杰克·韦尔奇和鲁伯特·默多克一样，比尔·盖茨做出的好决策比坏决策要多很多，这使他在总体上取得了成功。

许多偏重技术且内向的领导也具有“点石成金者”的某些特点。如果他们能够像盖茨或者柯达公司的乔治·伊斯特曼那样，就会非常成功。然而事实却是，这类领导者常常失败，尤其是那些非直觉的领导者，失败的原因是他们过于保护自己的技术，以至于连产品的市场需求也一并扼杀掉了。

史蒂夫·乔布斯（Steve Jobs）就是那种守口如瓶的内向者，同时他兼具商业直觉。人们经常提起的一件事是：正是他拒绝授权他人使用苹果的操作系统，才导致苹果公司未能成为个人电脑行业的领导者，尽管如今苹果公司确实是全球性的领先者。如今，苹果公司也在冒着被一个开放式的操作系统打败的风险，那就是安卓（Android）。如果真的被安卓打败，那么这就是在多年以后完全不同的商业环境下同样的商业个性带来同样的企业结局的最终证明。

理智判断者——约翰·瑞德（花旗银行）和沃伦·巴菲特（伯克希尔·哈撒韦公司）

我们已经在前面指出，“理智判断者”是一类内向的领导者，他们注重良好的内部管理程序和量化管理。他们注重方法、讲求逻辑性和高度客观性。他们往往具有高度实用主义的决策风格，经常被描述为乏味、保守的人。他们重视良好的盈利和现金流。另外，理智判断者注重市场营销而不是销售。我们将分析两位“理智判断者”，他们分别是曾在花旗银行的任期内闻名遐迩的约翰·瑞德（John Reed）和伯克希尔·哈撒韦公司（Berkshire Hathaway）的沃伦·巴菲特，他们二人都有着典型的“理智判断者”的特征。稍后我们将看到，这两个人之间也存在着一些重大的差异。

在本章中，我们将列举一些“理智判断者”型领导人的例子，但这并不是他们的主导性商业个性类型。哈罗德·基尼恩和郭士纳都有理智判断者的领导模式，但那不是他们的主导性模式。花旗银行的约翰·瑞德（后来任职于纽约证券交易所）是理智判断者风格占主导地位的绝佳例子。几乎每个见过瑞德的人都会说他性格内向。人们经常把他描述为一个孤僻的、不爱社交的、不折不扣的内向者[150]。

花旗银行同桑迪·威尔领导的旅行者保险公司的合并导致了这两家公司的 CEO 经常被放在一起进行比较。桑迪·威尔性格外向且精明，瑞德则矜持并注重逻辑分析[151]，这两个人的领导风格堪称绝好的对比。威尔是一位先知先觉者，而瑞德是一位理智判断者。在两家公司商谈合并的时候，当瑞德必须给桑迪·威尔答复时，他总是以书信的形式而不是像多数 CEO 那样使用口头的形式。他喜欢将思想诉诸笔端，拿他自己的话说就是“……写下来可以检验思想的逻辑性……”[152] 上面提到的所有理智判断者都依赖正式的逻辑推理。那是瑞德，威尔则和他正好相反。

按理说他们之间的互补性可以使两家公司的联姻非常美满，然而，二位都想掌权的欲望使合并最终失败。瑞德被聘为纽约证券交易所的临时 CEO，这也是典型的 CEO 任期交接的案例。他的前任格拉索（Grasso）是一位先知先觉者，和理智判断者正好相反。瑞德拥有理智判断者的全部特征：注重分析、奉行实用主义、极度客观。

作为理智判断者，瑞德也有特别之处，他是个有愿景的人，这使他进入了“企业变革者”的行列。尽管他不像创造了一个行业的卡耐基或埃里森那样具有创业者的愿景，但他对风险还是有较高容忍度的，这一点通过他极力追求全球化银行业务即可看出，即使这样做短期内对银行的利润有不利影响[153]。

瑞德作为“理智判断者”还有另外一个不寻常的特点。他十分注重企业的运营。他是从信息技术部门被一步步提拔起来的，所以本质上他是一个幕后支持型的人[154]。他同通常情况下商业和财务背景出身的CEO（如郭士纳）形成了鲜明的对比。在职业模式（professional modes）方面，他属于“项目工程师”（project engineer），十分重视亲自动手，这和他的工作背景非常一致。

这与你通常知道的财务出身的CEO大不一样，后者几乎没有时间关注技术方面的细节。作为一位优秀的“项目工程师”，瑞德则极力倡导质量管理中的六西格玛理论[155]。威尔作为一个外向型的领导对此却没有丝毫兴趣，拿他的话说就是：“……六西格玛能提升股价吗?”[156]事实上，也正是这种运营方面的背景使瑞德具备了全球视角，使他能够建立起一个全球银行网络，打造一个全球性的品牌。

但另一方面，瑞德是非常典型的理智判断者。与奥尔森或兰德一样不同，他不是讲求上下协调一致的领导者。他依赖流程和计划来管理企业[157]。按照我们的说法，他是一位“战役总司令”型的领导者。花旗银行的企业文化有着官僚主义的特点，这同旅行者保险公司行动迅速的企业文化形成鲜明对比[158]。按照桑迪·威尔的说法，旅行者保险公司倾向于“决策导向”，而花旗银行则更加“学究气”[159]。事实上，瑞德觉得两家公司的合并将会撼动花旗银行的官僚文化。他承认自己没能做到这一点，因此他想通过合并来引进一些做事高效的人，以融化花旗银行文化中长期形成的坚冰[160]。瑞德和基尼恩有许多相似之处，后者也是一位战役总司令式的CEO。

沃伦·巴菲特是另一位内向型的领导者。但和往常一样，我们需要谨慎对待内向型这一词的含义。巴菲特对他人非常友好，也愿意参加聚会。但他也符合典型的内向性格的特征。他性格开朗，但不健谈[161]。

他将自己描述为在家里内向、在外面外向的人[162]。但我们经常看到别人用下面同样的话来描述他：他是个“……喜欢安静的人……”“对人有些冷淡”[163]。他同自己的孩子保持较远的距离，虽然很明显他对孩子也很关心[164]。他的妻子正好相反。她外向、热情、喜欢同人交往[165]。她曾经这样描述自己的丈夫：“……只要有一本书和一只60瓦的灯泡，沃伦就会很开心……”[166]他们最终分开了，但没有离婚。他们还保持着和睦的关系，也经常像夫妻那样出入成双。造成他们分开的原因是他的冷淡[167]。

极具逻辑性是巴菲特的另一个性格特征，他偏爱“……抽象的数字胜过企业本身……”[168]他经营企业的方法和打扑克一样，“……都是数字游戏……”[169]即使年轻的时候，他的所有探索活动，包括赛马的规则、股票的玩法，都是基于数字，“……他信任数字胜过一切……”这种数学和逻辑的方法使他放弃了家族的信仰[170]。

他的投资方法建立在本·格雷厄姆的理论体系之上，格雷厄姆的理论则是以基本价值为基础的，而价值则只能以数字的形式来确定。巴菲特感觉即使他本人也应该被别人不带感情地、按照中性的算术尺度来衡量[171]。他注重理性分析的性格使他大量投资于保险业，因为保险业终究是一种数字游戏[172]。他的风格是把自己关在办公室里阅读财务报告，只有它们才讲真话，情绪和直觉则不可信。一个人要忠实于自己的思想体系，这里所说的当然是本·格雷厄姆的理论体系。这就是巴菲特作为“理智判断者”的性格。

巴菲特看重投资的安全性，而不是处于风险与回报坐标轴的高位。他受本·格雷厄姆启发而总结的投资方法是：购买廉价的股票和企业并长期持有。当然他也因为不投资高科技企业而备受诟病，但那些企业对他来说风险太大了。

他往往不会重复投资于同一家企业。最初在伯克希尔·哈撒韦公司的投资经历使他避免投资于资本密集型企业，因为这类公司很少能带来令他满意的回报率。他所投资的企业都实现了超常的资本回报，但它们的增长速度却不高[173]。有巴菲特在董事会任职，《华盛顿邮报》（*Washington Post*）成为了“……新创立企业的鲜明对照……”[174]另一方面，虽然《华盛顿邮报》的增长速度并不惊人，但股东的投资回报在巴菲特的管理下翻了1倍[175]。

众所周知，巴菲特是个谦虚的人。他有着强烈的社会良知，对社会十分有爱心，尽管他捐献给慈善事业的并不多[176]。他总是把股东的利益放在自己的利益之上。在他的合伙企业里，他从不领取管理费，他的薪水也是低得令人难以置信。只有在股东赚钱的情况下，他才会考虑为自己赚钱。他与那些他所鄙视的“强盗式”的CEO和公司掠夺者（corporate raider）正相反。他属于“乐善好施者”类型的人，讲求低风险和利他主义。他无疑是一位吉姆·科林斯所说的第五级领导者。

巴菲特是真正以产品为导向的管理者。这里所说的产品是指投资评估系统，他先是借助于本·格雷厄姆的系统，然后创造了自己的评估系统。这就是他花全部时间来完成的事情。客户是上门找他的，而不是相反。虽然他也处心积虑地为客户考虑，但他的多数心思花在了“产品”上。而且我们将会看到，他不喜欢参与具体的企业运营。“……他不把主要心思花在企业的细枝末节上……”[177] 从这一方面说，他的商业个性属于“项目评估师”。他主要关注产品和财务，而非客户或企业运营。

尽管巴菲特回避企业运营的细节，但他的成功仍根植于其管理风格。他擅长向下属授权。他的经理们“……享有任何其他公司都无法想象的自由度……”[178] 他允许他们自行决定如何开展业务，“……几乎没有约束……”[179] 而且，巴菲特是个行动比较快速的人，“……他不喜欢旷日持久的决策过程……” 他的谈判风格是要么做要么放弃，从不没完没了地讨价还价。“……一旦决定，他从不反悔……”[180] 因此他属于“直觉决策者”，是一位行动迅速同时愿意向下属授权的领导者。

瑞德和巴菲特的相似之处在于他们都是“项目评估师”。尽管都被称为“理智判断者”，但瑞德和巴菲特还是有很大差别。最大的差异在于他们对风险与回报的态度。相对来说，瑞德处于这个坐标轴的高位，而巴菲特处于低位。瑞德是“企业变革者”，巴菲特是“乐善好施者”。瑞德是一位“战役总司令”，而巴菲特则是一位“直觉决策者”。在这些方面，他们恰恰相反。

在比较领导者商业个性的主要模式时，我们也必须注意次要模式。这些次要模式的比较将使我们看到，尽管主要模式相同，但领导者的商业个性也会显示出截然不同的特征，正是这些次要模式决定了公司未来的表现。

许多内向型领导人都是理智判断者，这种内向的风格使他们可以更多地关注事物和流程而非关系。这是一种与魅力不同的独特的风格，它会给组织带来特别的影响，这些影响包括：他们更重视客户而非产品，更重视关系而非计划。

这种领导风格经常被忽视是因为它看上去不那么令人激动。当威尔和瑞德在一起时，人们更关注威尔而忽视瑞德[181]。我们经常因为这类领导人性格不太吸引人而忽视他们。如果我们的性格也是内向型的，我们就会明白：看上去不太令人激动的性格并不意味着低能，情况常常恰好相反。

感性营销者——老托马斯·沃森（IBM 公司）和约翰·钱伯斯（思科公司）

两位最著名的“感性营销者”是 IBM 公司的老托马斯·沃森（Thomas Watson）和思科公司（Cisco）的现任 CEO 约翰·钱伯斯（John Chambers）。他们的商业个性非常相像。两家公司也有非常类似的发展轨迹，只不过思科公司的规模稍小罢了。

托马斯·沃森是典型的销售员。尽管是一名极其成功的 CEO，但他不是公司的创始者。他的能力在于：凭借其产品，他能使得企业在不断扩张的市场中极大地扩大规模。他的贡献在于能够实施并扩展一个正规的销售和营销体系，这是他在 NCR 公司著名的创始人和 CEO 约翰·亨利·帕特森（John Henry Patterson）那里学来的。这一体系已经融进了 IBM 公司的各个角落，主导着公司的运转和文化。IBM 的销售方式已经成了全世界流行的模式。沃森的销售模式为 IBM 在市场中的成功铺平了道路。作为一个外向和讲究逻辑分析的领导者，沃森是一名“感性营销者”。

沃森也是一位“企业变革者”，但在风险/回报坐标尺上的位置不是特别高。他接管的现存公司能够很快开发出新产品[182]并打开新的市场。然而，他不是技术革新者[183]，更像是一位“客户关注者”，非常关注客户的问题。如何将客户变成合作伙伴是 IBM 销售体系最关心的事情。

IBM 称不上是个创新的公司，相反，它往往是其他创新公司的跟随者。当大型计算机产品开始衰退时，就带来了“感性营销者”风格遇到的一些典型问题。IBM 失去个人电脑市场就是“感性营销者”在关注产品发展方向上的典型失败案例。

在领导模式方面，沃森是典型的“战役总司令”。他会花费一段时间（有时是相当长的时间）仔细规划战略。IBM 的运作是在强烈的“命令式”风格之下进行的，而沃森则因这种风格而出名[184]。

老托马斯·沃森和约翰·钱伯斯之间存在着惊人的相似性。从某种程度上说，这并不让人感到奇怪。钱伯斯是从 IBM 公司的销售员做起的，因此他在职业生涯的早期就接受了 IBM 销售和营销体系的熏陶。作为思科公司的 CEO，他与沃森非常相似，性格内向，偏好分析。显然，他是另一位“感性营销者”。

像沃森一样，钱伯斯也是接管了一家现成的公司，并在现有的基础上扩大规模[185]。与沃森一样，他是“企业变革者”，但在坐标尺上也不处于特别高的位置。像杰克·韦尔奇一样，他实现企业变革的途径是自身成长和收购企业并重。与韦尔奇相同但不同于沃森的是，钱伯斯是一位“客户分析师”型的领导，这反映了他的商业教育背景和专长[186]。但与众多不具有创始人职业背景的 CEO 一样，他是一名“战役总司令”，他不会像默多克和韦尔奇那样采取闪电式的决策方式。

尽管钱伯斯在思科公司取得了巨大的成功，但他仍深受这种领导风格所固有的一些典型问题的困扰。过去几年，思科公司在产品质量和竞争方向上遇到了严重问题。客户流失到竞争对手那里，他们抱怨思科缺乏战略举措[187]。在写作本书时，看上去思科似乎能及时改正，但也很难保证一定成功。

无论如何，思科公司同处于大型计算机时代末期的 IBM 公司十分相似。像 IBM 一样，处于风险/回报坐标尺上“企业变革者”一侧的相对低位使得思科公司的市场主导地位受到挑战。“感性营销者”的影响力掩盖了“企业变革者”的影响力。

无论是过去、现在还是将来，“感性营销者”的风格都会在很多领导者身上存在。甲骨文公司的拉里·埃里森（Larry Ellison）是另一位著名的“感性营销者”。对能力稍差一些的领导者来说，这种风格会使企业丧失产品领先地位从而带来失败。对于有天赋的“感性营销者”，这种风格则会使他们利用自身对市场的了解，发现市场需要的产品。要做到这一点，一种方法是通过授权进行模仿，就像 IBM 公司那样，另一种方法则是像思科公司那样收购其他企业。如果领导者追求他人的认可，那么“感性营销者”的风格也会导致失败，就像艾科卡领导下的克莱斯勒公司或者像沃森领导下的 IBM 公司那样[188]。

项目工程师——亨利·福特（福特公司）

我们前面提到“项目工程师”类型的领导常常具有车间的工作背景。这类领导者的特点是关注细节，对产品和企业采用高度实用的方法，非常注重降低成本。他往往不喜欢营销工作，不喜欢和顾客打交道。产品质量是这类领导者关心的首要问题。亨利·福特完全属于这种类型！

“项目工程师”关注产品，对企业运营和产品质量十分重视。虽然对书籍不感兴趣，而且据有的传记作者所述，亨利·福特只接受过很少的教育[189]，但他很早就开始寻找开发发动机的文献资料[190]。至于质量，“……福特的汽车是世界上最好的，这是众所周知的”[191]。这就是福特早期成功的关键。

福特一直亲自参与产品的设计和制造，直到职业生涯晚期A型车的上市，这是他的最后一件机械杰作[192]。他很容易使人想起后来曾担任福特公司和克莱斯勒公司总裁的李·艾科卡。艾科卡虽然处在企业总裁的高位，但还是亲自参与新车的工程决策。

显然，亨利·福特非常符合我们所说的“企业变革者”这类领导。他领导福特公司生产出了供大众使用的T型车[193]。这是一种革命性的理念，反映了福特对风险的高容忍度[194]。但这不是他唯一的愿景。为大众生产汽车要求大规模生产，但这种生产技术在当时还没有被发明出来。要实现这个愿景，福特就必须发明这种能够以相对较低的成本生产高品质汽车的技术。他成功地做到了这一点。这种生产技术要求巨大的投资和承受极高的风险[195]。大规模生产注定要成为一种“……改变世界的新力量”[196]，而发明它的正是福特。

和许多领导者一样，福特也不是财务导向的，虽然在长期中他在这方面的经验也在不断增加。作为一名商人，在发现T型车的构想并成立其第三家公司之前，他有过两次失败的经历[197]。公司的总裁詹姆斯·库森斯（James Couzens）是“整个公司的商业智囊”[198]。因此说，福特有着分析型而非直觉型的风格。同许多技术导向型的领导者一样，福特是内向性格，很难与别人相处，特别是随着年龄的变大，这种情况就更加明显[199]。偏爱分析的风格，再加上缺乏处理人际关系的能力，使他符合我们领导力类型中的“理智判断者”。他不是一名商人，而是一位工程师，是一个具有“工匠心态”的人[200]。

他的领导风格如何？这个问题的答案很明确。福特是个独断专行的人，在公司中采取极端的命令式风格。福特的决策风格似乎不是冲动型的，但他做事非常灵活，也很迅速，尤其是在年轻时期[201]。这些特点使他合乎“前线指挥官”这种类型，但不像许多其他领导者那样处于坐标尺的顶端。尽管福特的声誉不太好，但他的领导风格还是比较均衡的，适当的计划、理性的分析、合适的反应速度这些因素共同形成了他的领导风格。

许多技术导向型的创业者都是“项目工程师”类型的领导者。分析型的风格和一定程度的内向性格会给公司带来某种特定的结果——对产品质量和工程非常重视，在某种程度上缺乏财务知识，对传统销售方式有些反感。当然，如果运气好，市场也会原谅你的缺点。这就是福特遇到的情况。许多其他“项目工程师”类型的领导者尽管和福特有着同样的商业个性，但他们面临的情况不像福特那样理想，因而失败了。

项目评估师——迈克尔·戴尔（戴尔电脑）

在前面的章节中，我们说“项目评估师”非常关注采购、物流或评估问题。他们尤其偏重财务，密切关注盈利、利润率、成本核算和现金情况。然而，他们不太关注创新。“项目评估师”类型的领导者和我们常见的许多领导者不同，但他们的这些能力也可以带来巨大的成功。我们将以迈克尔·戴尔（Michael Dell）为例来说明这一点。

“项目评估师”的突出特点为：非常注重财务工作，对技术和产品高度重视。迈克尔·戴尔对个人电脑的热情是众所周知的。与史蒂夫·乔布斯和比尔·盖茨一样，他在中学时就迷上了电脑[202]，但他更注重商业方面，而不太注重技术创新，这一点通过他从自己的第一台电脑——苹果Ⅱ电脑转向IBM个人电脑就可看出来[203]。

在财务方面，戴尔对产品的成本和回报等细节非常重视。在公司考虑生产打印机时，他说：“我们不能只凭运气……”[204]戴尔全程参与产品的研发和生产，直到产品上市[205]。戴尔的“高效制造和大规模定制”[206]模式就是“项目评估师”的模式。为了将成本降到最低，“项目评估师”关注产品的流通。在16岁时，戴尔的邮票生意就已经让他看到了“……取消中间人的回报”[207]。在这一点上，他同另一位“项目评估师”山姆·沃顿极其相似，沃尔玛也是通过取消中间人并建立同厂商间的直接通道而将成本降到最低的。

戴尔是一位直觉型的领导者。还在上学的时候，他就成功地创立了自己的生意。但是，他没有受过这方面的正规教育，也没有经过正式的分析。他天生就具有商业才能，9岁的时候就有了支票账户[208]。但他不是销售员或促销员那样的人，事实上，他非常内向[209]。这个特点使他符合“点石成金者”类型的领导者，即不太关心人际关系，而更关心产品。“点石成金者”经常都一些“秘密的流程”，他们对这些流程严格保密。这样来描述戴尔公司的供应链非常恰当，因为直到今天，其竞争对手都没能完全掌握他的这些技术。

戴尔不关注产品创新，他是典型的重视当前回报的领导者。用戴尔公司总裁罗林斯的话来说就是：

> “在一些公司，如果有人发明了一件新产品，他就会被看成是英雄……在戴尔公司，能节省成本的人才是英雄。”[210]

节俭的作风使得戴尔公司不大可能进行产品创新[211]。戴尔认为，任何一种产品在诞生的时候就应该赚钱[212]。然而，戴尔不是一位真正的“公司理财者”，而更多的是一位“乐善好施者”，他比较谦虚，总是将公司放在个人之前：“这种忘我的行为充斥着整个公司。”[213]

“项目评估师”通常也是重视计划的人。戴尔花费一年时间来设计进入打印机市场的战略[214]。他对数字的重视虽然不想基尼恩那样苛刻，但两人还是有很多相似性[215]。戴尔不是一个善于和人打交道的人[216]，他对公司的管理决策不是基于全体员工的共识做出的，他是“战役总司令”类型的领导，尽管他很可能和基尼恩不在同一档次上。

“项目评估师”类型的领导往往是内向和腼腆的，他们倾向于关注财务细节和当前回报。他们不像“感性营销者”和“先知先觉者”类型的领导者那样善于自我表现。他们所管理公司的风格全然不同，我们将在后面的章节中进一步讨论这一问题。

客户关注者——李·艾科卡（克莱斯勒公司）

根据我们在前面章节的描述，“客户关注者”（customer fixer）这类领导通常有着销售方面的工作背景，但也非常注重企业的运营。他通常是为产品线工作，而不是为公司总部某个部门工作，这样他的背景中便有着和产品开发部门的密切关系。这类领导者非常关注销售，他会花大量时间和精力弄明白顾客是如何使用产品或服务的。李·艾科卡就是这类领导的绝好例子。然而，下面我们将会看到，他在某些方面的表现令人诧异。

客户关注者通常具有销售方面的工作背景。这些领导者通常拥有外向型性格，但也有少数人并非如此。如下文所述，艾科卡非常注重个人声誉。人们可能认为艾科卡性格外向，喜欢社交，但事实并非如此。在上学时，他非常害羞[217]。一位传记作者称他“并不外向”[218]。他选择从事销售工作是基于他的信念——销售是通往公司高层的一条道路[219]，而不是基于他的本性。

事实上，艾科卡有着深厚的工程背景[220]，这更符合他内向的性格。他对工程方面的偏好反映在他对数字的关注上。他更像是一位“敏锐的诊断者”[221]。他属于分析型的风格，这和典型的爱好交际、销售导向的“感性营销者”（如托马斯·沃森或者约翰·钱伯斯）完全相反。他的营销风格不是源于他的性格，而是源于他对事实的冷静分析。他是“理智判断者”，审慎、冷静而且非常讲求实用。

因此，与大多数“客户关注者”不同，他的性格中没有喜欢社交的成分。实际上，艾科卡非常关注运营。他为汽车而生[222]。他最令人难以忘记的成功就是“野马牌”汽车，那是他亲自发起和推动的项目[223]。是他创立了“野马车友会”[224]。他非常热衷客户调查[225]。他的企业运营方面的背景总是反映在他对开发汽车的态度上。尽管他很看重促销工作，但也不会放松产品质量，是他本人发起和推动了克莱斯勒公司的质量运动。这是为了实现一个工程师的目标，即制造“坚固耐用的汽车”[226]。

艾科卡已经成为追求他人认可型领导者的代名词[227]。他参与了许多政治事件，而这些事件只有泰德·肯尼迪（Ted Kennedy）、沃尔特·蒙代尔（Walter Mondale）或鲍勃·多尔（Bob Dole）等政客才应该参与，而不是来自汽车行业的管理者应该参与的[228]。他凭自己的能力成了一位名流。他对工程的偏好和风格使他成为“……罕见的、像卡尔·本茨（Karl Benz）或恩佐·法拉利（Enzo Ferrari）一样领先于时代的有远见的创新者”[229]。

我们可以把艾科卡归为“企业变革者”，这类人对认可和赞赏具有很高的需求。在吉姆·科林斯的体系中，他属于第四级领导者。他做事高效且富有个人魅力。但是，第四级领导者不能给后人留下一个生命力持久的组织。克莱斯勒得以生存，但成了德国戴姆勒—奔驰公司的子公司，而现在则是意大利菲亚特公司的子公司。他那命令式的甚至专横的领导风格[230]对公司造成了损害。他那种“战役总司令”式的领导风格，再加上他对他人认可的高度需求，使他能够清除竞争对手，就像当初他在福特公司时亨利·福特对待他那样。从这个意义上讲，艾科卡同许多其他重视他人认可的领导非常相似。

客户分析师——山姆·沃顿（沃尔玛公司）

在很多方面，“客户分析师”就是一类充满矛盾的领导者。这类领导者非常注重销售，善于与人打交道，但他们对公司的财务方面也非常重视。对许多领导者来说，注重销售意味着相对较高的销售费用和对企业运营面的重视。“客户分析师”类型的领导者恰好相反，通常有着较低的费用支出，但同时却要求有较高的客户关注度。山姆·沃顿就是“客户分析师”领导类型的体现。

沃顿是一位非凡的销售人员[231]。他在服务客户方面的真知灼见[232]是：无论你在何处节省了成本，只要你将节省的成本让渡给客户，你就帮助了客户[233]。至于节省的成本是在物流方面、装饰方面还是其他什么方面，则不重要。最低的成本结构意味着能以最低的成本满足客户的需求，因而就能赢得竞争。

这就是沃顿经营方式的试金石和沃尔玛帝国建立的基石。沃顿将其卓越的销售方式建立在对低成本的高度重视基础之上。这种思想在整个公司中无孔不入，这是因为沃顿坚持认为其经理和员工们应该同样节俭，即使在他们的私人生活中也应该如此：

> “但是，如果你们（员工）过度地陷入安逸的生活中，那么现在很可能是走出来的时候了，原因很简单，那就是你已经淡忘了自己应该全力以赴去做的事情：服务客户。”[234]

沃顿的商业个性是非常有条理。通过他的自我克制和谦逊[235]，我们可以看出他是一位“乐善好施者”类型的领导。这类领导者通常具有强烈的利他主义倾向，这也是他的领导风格和人生使命的一个重要组成部分。这类领导看重当前回报，而不太注重产品创新[236]。他是一位激励者，坚信向员工授权的作用[237]。但是，他也是一名直觉型的领导者，依靠第六感而非财务分析的方法来赚钱[238]。

高超的财务能力再加上很强的人际关系能力，使他成为了一名“先知先觉者”。这类领导者对客户的需求有第六感，而且同客户紧密合作，以确保产品的开发并保证它们能够满足客户的需求。按照我们的术语，他是一位“直觉决策者”，处于授权标尺的高位，而且行动相当迅速（但和杰克·韦尔奇或鲁伯特·默多克并不一样）。

“客户分析师”是一类相对稀少的领导者，但就像沃顿一样，一旦对财务的精通和对客户的高度关注结合在一起，那就将无往不胜。

前线指挥官——杰克·韦尔奇（通用电气）和鲁伯特·默多克（新闻集团）

近年来，我们看到了两位杰出的“前线指挥官”类型的领导者，一位是通用电气的杰克·韦尔奇，另一位是新闻集团的鲁伯特·默多克。对于鲁伯特·默多克，我敢说我比一般作者了解得更多一些。他曾经是我的老板，我同他见过几次面，也曾经和他的几位重要助理共事多年。这些经历为我提供了关于默多克的宝贵信息[239]。

杰克·韦尔奇的突出风格是“前线指挥官”。他爱冲动，做事具有“闪电战”的风格[240]。通用电气的一位前主管把他比喻为“巴顿将军”类型的领导者[241]。韦尔奇总是迅速做出决策，有时候会犯严重错误。但他的聪明才智使他能够在多数时候做出正确的决定，这一点无人能及。和许多“前线指挥官”不同，他有着多数时候正确并能很快认识到自己所犯错误的天赋。

韦尔奇的商业个性在其他方面也很强悍。他是一位“企业变革者”类型的领导，具有较高的风险/回报容忍度，“一定要打出全垒打”[242]。他是个“先知先觉者”，注重人际关系，但更多依赖直觉而非正式的逻辑分析。他常常依靠直觉做出十分重大的决策。

有趣的是，他是我们所说的“中途改行者”，虽然他的专业背景是科学与工程（他有化学工程专业博士学位），他对这一领域不感兴趣[243]。他是“客户分析师”类型的领导者，主要兴趣在于财务和交易方面[244]，这同他活跃的风格相适合[245]，也导致了在他的任期内通用电气狂热且硕果累累的收购潮。

鲁伯特·默多克的突出风格也是“前线指挥官”。和他的多数收购活动一样，他对哈珀和罗公司（Harper and Row）的收购也是“最后一分钟才做出的决策”[246]。在福克斯开始新一期节目时，主持人莫瑞·波维奇（Maury Povich）大吃一惊：“从来没有人提到过曾经举办焦点小组、向专家咨询或者进行过市场调研。”[247]这就是典型的默多克。他的决策风格同韦尔奇几乎相同。

在其他方面，二人也很相似。默多克是“企业变革者”，是和韦尔奇完全相同的“赌徒”，很可能有过之而无不及，我们可以在他做出的许多高风险的收购决策中看出这一点。默多克也是一位“先知先觉者”，他注重销售，但更偏重直觉而非正式的逻辑分析。

然而，两人在一个方面有着重大的区别。虽然两人本质上都持有客户至上的观念，但默多克是“客户关注者”，而非“客户分析师”，他十分重视企业运营，似乎很怀念他在新闻编辑部工作的日子。韦尔奇却相反，尽管他有着制造业的背景，但作为一名“中途改行者”，他对制造和运营却有某种程度的厌烦，它们不符合他的财务风格和对达成交易的注重[248]。尽管默多克飘忽不定，但他却总是坚持从事自己最熟悉的行业，即出版业及其延伸行业——媒体业和广播行业。

“前线指挥官”类型的领导者在许多创始人和职业CEO中很多见。属于这一类型但才华不太出众的领导者会遭遇快速而致命的失败。对于才华出众的领导者，结果则相反。通过对不太敏捷的公司和管理团队发起快速攻击，他们就能够取得胜利。

战役总司令——哈罗德·基尼恩（ITT公司）

“战役总司令”指的是通过计划和数量指标来密切控制整个组织运营的高级领导。整个组织权利高度集中。客户并不重要，他们没有什么话语权。哈罗德·基尼恩（Harold Geneen）就是这一风格的终极实践者。

ITT公司的精髓在于其著名的计划体系。对于基尼恩来说，一切都要归结为事实[249]。他的职业生涯就开始于审计和会计工作[250]。ITT 公司是基于计划而运行的，而计划则是基于事实的。“……有一大批人提供预测、数字和其他信息，这又需要总部的另一大批人来审查和解读这些数字……”[251]整个公司中到处都是他的耳目，帮助他驾驭所有人员[252]。这就像一个高度独裁的统治者维护其政治统治一样。

基尼恩不相信授权：“……他直接领导的高级经理数目多得让人吃惊……”大多数 CEO 直接管辖五六位高级经理，而基尼恩则直接管理着 30 多名经理[253]。基尼恩是终极“战役总司令”，他和自己的下属通过数字控制一切。

正如人们对“战役总司令”所期望的那样，他们不喜欢风险。他们是“公司理财者”，有着较低的风险容忍度。“……钱不是赚来的，而是省出来的……”[254]这是一类“每股分红以分计”的 CEO[255]。ITT 公司同创新型公司正相反，它的长处是将他人的技术拿过来，并使它变得成本更低[256]。ITT 这类公司的目标是赚取利润，而不是改变世界。

说到财务方面的能力，基尼恩是一位分析型的领导者，而不是直觉型领导者。他不是一位不求助于分析就可凭借直觉做出决策和战略规划的领导。相反，他了解现实的方法就是对数字进行详尽的分析[257]。

基尼恩是一位性格内向的人。“……他发誓不再像童年时那样孤独，但他的一生中还是透着孤独假期的味道……”[258]对于基尼恩来说，数字和计划是他开展关系的目标。作为一个分析者和内向的人，基尼恩是“理智判断者”，情绪和色彩不会影响他的决策，只有数字和发展趋势才能，也只有当它们代表事实根据而非个人意见时才能。“……基尼恩从来没有找到事情的根本原因，也找不到问题的核心，这真是他的可悲之处。”[259]

基尼恩对产品及质量问题不感兴趣，这与他所具有的上述特征是相符的。在第二次世界大战期间，他一味重视生产效率，使得公司生产的鱼雷失灵[260]。基尼恩是与客户对立的 CEO，即使在电话交换设备这一核心领域，决策也是根据公司的要求而不是市场的需求做出的[261]。

基尼恩要求员工按时完成生产任务，这与其“战役总司令”的风格相符。但是，产品有时候会失灵[262]。就像一名员工后来所说的，基尼恩会告诉工人如何调试他的钻床，以使其运转得更好，但稍后他会说：“……顺便问一下，钻床是什么东西……”[263]因此，基尼恩是一位终极

"项目评估师"，他能"评估"任何东西，但什么也不会操作。

基尼恩是许多具有财务或法律背景 CEO 的典型代表，当今许多优秀 MBA 毕业生类型的 CEO 也属于这一类别。有时候，那些从事企业收购、打造巨型企业的 CEO 也可以归入此类中。他们同"企业变革者"和"观念倡导者"类型的领导恰好相反。我们稍后将看到，他们领导下的公司的发展轨迹也与众不同。

谨慎决策者——肯·奥尔森（数字设备公司）和乔治·伊斯特曼（柯达公司）

在伟大的 CEO 中我们看不到太多的"谨慎决策者"。"谨慎决策者"们通过取得员工的共识来领导公司，企业战略的执行由拥趸者们带头进行。"谨慎决策者"常常十分重视计划，这同具有快速决策风格的"前线指挥官"正好相反。一家拥有计划、可能有些官僚作风的公司如何会成功？特别是什么事情都必须首先得到员工的赞同才行，这听起来似乎不可行。但是，的确有许多著名的例子，其中的两位分别是数字设备公司（DEC 公司）的肯·奥尔森（Ken Olsen）和伊士曼柯达公司（Eastman Kodak）的乔治·伊斯特曼（George Eastman）。

"谨慎决策者"的领导风格在奥尔森的故事中得到了充分体现，DEC 公司的管理风格被人们普遍称为"矩阵式"模式[264]。

> "他的伟大天才就是放手让其他人来管理公司……我们在沟通方面花费的金钱超过了任何一家公司，因为这对管理一家复杂的组织至关重要……产品线经理被授予很大的权利，以至于他们可以使一台死掉的机器复活，甚至是奥尔森已经放弃的机器……"[265]

DEC 公司错过了进入个人电脑市场的最好时机[266]。这和公司追求内部达成共识有很大关系。"……肯试图在一个不可能达成共识的世界里寻求共识……"[267]他让各种委员会去制定决策[268]。如果这种方法奏效的话，它就会为公司带来和谐和团结；但如果无效，就会造成诸如不能及时进入个人电脑市场这样的失误。这种领导风格必定会带来"控制下的混乱”（controlled chaos）[269]。“谨慎决策者”带来的一个重要影响是决策迟缓、人员效率低下造成的高支出、大量的会议，以及因无法及时制定决策而造成的机会成本。

与伊斯特曼一样，奥尔森也是一位“观念倡导者”。他是利他主义者，是一名基督徒[270]，本质上是一个简单且谦逊的人[271]。然而，他做得并不太过分。虽然他将自己股份的 2% 捐给了基督教会[272]，但他限制董事会过度投身于社会公益事业[273]。尽管有公益之心，但他服务社会的目标不像本·科恩或者埃德温·兰德那样强烈。他是一位有着社会良知和产品远景的领导者。作为“观念倡导者”，他的情况类似于《从优秀到卓越》一书中讲述的第五级领导者。他是一位谦恭的、将公司利益置于个人利益之上的领导者，对个人声誉没有过高的追求。

奥尔森是作为一名工程师开始他的职业生涯的（在麻省理工学院）[274]，在他的整个职业生涯中，他都是进行实际操作的工程师。他既具有技术想象力，又是一名工匠，这使我们想起了亨利·福特：“……我们只不过是生产金属制品的铁匠……”奥尔森如是说[275]。他的职业方向属于“项目工程师”。他对工程的偏好反映在他的个性中。

从本质上说，奥尔森是一个内向的人，即使在职业生涯的后期，他在“人际沟通方面也显得很笨拙……”[276]，“他不喜欢成为公众的焦点，而是喜欢躲在阴影中……”[277]与销售人员相比，他更喜欢技术人员，这一点通过 DEC 公司不向销售人员支付佣金这一做法中便可以看出[278]。

奥尔森在个人生活和工作中都非常节俭。在刚起步的日子里，公司甚至连门都不安装[279]。但是，他不是一位直觉型领导者，在早期的经营中，尽管公司的风险投资人提出了要求，但公司根本就没有详细的预算或资金管理方案。“……如果奥尔森不满意得到的评分，他就会毫不犹豫地换掉评分员……”[280]奥尔森更喜欢使用分析方法，因此他属于我们的“理智判断者”类型。

作为一名“理智判断者”，奥尔森和乔治·伊斯特曼形成了鲜明的对比，后者有着很强的财务背景，而且更关心企业的财务表现。伊斯特曼是一位“点石成金者”类型的领导，具有财务创造力，性格内向。

在计划方面，领导者呈现出不同的风格，从行动迅速到做事谨慎、花费大量时间进行规划。尽管伊斯特曼在 1878 年就对开始兴起的摄影业产生了兴趣[281]，但直到 1881 年他才辞掉工作成立了自己的新公司[282]。

他花费了3年的时间完成了大量的计划和对新想法的完善。他绝不是那种一有灵感就马上行动的人。柯达公司的Brownie产品直到9年以后即1900年才出现[283]。或许是对达成共识的偏好耽误了他。

尤其在他生命的后期，伊斯特曼更以其善于激励和向员工授权而闻名。一位传记作者曾谈到，伊斯特曼有创造我们现在所说的“学习型组织”的动力[284]。他既重视计划又喜欢授权的作风使他符合“谨慎决策者”这种类型。

他的领导风格的其他方面也很突出。他也是一位“观念倡导者”，集强烈的利他主义和高度的产品愿景于一身。据报道，他经商并非仅仅为了赚钱[285]，他的利他主义思想通过他对员工的态度就可以看出来[286]。这也并不是因为他很富有才这么做：“……伊斯特曼并非在变得富有以后才为人大方的。”[287]

他是一位“点石成金者”，这类领导者常常拥有专利方法或商业秘诀，这些专利方法或商业秘诀来源于他们的灵感和经验，是他们不愿意公开的秘密。伊斯特曼就花费了大量的时间来开发自己的商业秘密和专利[288]。“点石成金者”有着内向型性格，而且具有商业直觉。伊斯特曼就非常内向。“我在40岁之前就从没微笑过。”这是他说过的、为大家所熟知的一句话[289]。他在职业生涯开始之初就显示出了自己的“直觉型”风格。在成立自己的公司前，他曾经做过保险、会计和财务方面的工作[290]。甚至在13岁的时候，他就开始记录自己挣到和花出的每一分钱[291]。

然而，在其整个职业生涯中，伊斯特曼也表现出了“项目评估师”的领导风格。他是一位有着很强的实际操作能力的领导，曾经历经艰难开发出了最初的胶片[292]。另外，他高度关注成本，这才使低成本的Brownie相机得以诞生，而这个产品对于开发大众市场至关重要[293]。“项目评估师”兼有强调实际操作和降低成本的特点。伊斯特曼和另一位“项目评估者”迈克尔·戴尔非常相似，二人都是利用上述技能开发出了低成本的产品，进而创造出了大众市场，只不过戴尔创造出的是低成本的、定制的个人电脑。

“谨慎决策者”类型的领导很少见，现实中很难找到既有企业家精神又能静待时机成熟的领导者，而要找到同时愿意向下属授权的领导者则更加困难。偏好计划的领导者更多的时候表现为“命令型”风格、官僚作风或者专断独裁者的风格。我们稍后将会看到，“直觉决策者”的特点是具有企业家精神，行动迅速，而且更加愿意向员工授权。奥尔森和伊斯特曼二人都有着“谨慎决策者”的领导风格，同时他们也都取得了巨大的商业成功。

直觉决策者——罗伯特·诺伊斯（英特尔公司）

如前所述，“直觉决策者”类型的领导既注重公司民主，又是行动导向的人，同时具有极大的号召力。这是一件颇难做到的事情，它要求你要倾听下属的意见、向他们授权，同时还要快速灵活地采取行动。这也是一件很难坚持下去的事情。作为英特尔公司的三位创始人之一，罗伯特·诺伊斯（Robert Noyce）就是一名“直觉决策者”，事实证明，“直觉决策者”的素质对英特尔公司的建立和成功至关重要。

要成为一名的“直觉决策者”，领导者就需要行动迅速，并且向员工授权。诺伊斯就具有行动迅速的风格：“……他没时间做一些没用的事情。”[294] 他强调率先进入市场[295]。尽管他算不上爱冲动，但他不得不经常“……在灾难的边缘”上工作[296]。他总是匆匆忙忙，仍然保留着反应迅速型领导者多变的特点。根据著名的风险投资家阿瑟·洛克（Arthur Rock）的说法：“……他不能在任何一件事坚持下去。”[297] 这样的领导者是不会花费太多时间制定计划的：“……我们从不写商业计划书，也从不起草招股说明书……”[298]

对“直觉决策者”来说很重要的是他们向下属授权的本性，对诺伊斯来说，“……每个人都是平等的……”[299] 诺伊斯“……无需命令链，无需权力等级……”[300] 他从培养人才中得到了很大的满足[301]。他把“充满活力和激情的自由理念”传达给员工[302]。他是一位能激励下属的领导，只要有可能，他就站在人们的后面，让员工来领导，然后享受其中的乐趣。诺伊斯是一位伟大的“直觉决策者”。

与许多“直觉决策者”一样，诺伊斯是一位“观念倡导者”。他有着利他主义的生活方式。他和同事在刚刚创立飞兆半导体公司（Fairchild Semiconductor）时“……对金钱考虑得不太多……”[303] 他们对工作的关注超过了对金钱回报的考虑[304]。他“喜欢风险”[305]。他的态度是“……一个人得点燃想象力，尝试一些新东西……”[306] 他们正在创造一个新的世界，这意味着要“创造未来”[307]。

诺伊斯终生都对音乐和戏剧很感兴趣，他不仅仅是一名观众，而且也参与其中[308]。尽管（或许是因为）如此，其领导风格中的一个重要方面表现为“项目工程师”。

他更倾向于实际应用而非理论探讨。与其说他是一名自然科学家，不如说他是个工程师[309]。实际上，他是一名务实的工程师。除了睡眠之外，他的大部分时间都被用在寻找解决方案上。他最喜欢的地方是实验室、工作台或者和工程师同事们一起开会，但肯定不是需要正襟危坐的董事会会议[310]。他的技术目标是“小型、精悍而高效……”[311]但我们也许觉得这些也是他的管理目标甚至生活目标。对诺伊斯来说，生活和管理是紧随技术和艺术发展潮流的。

在理解诺伊斯让人称道的技术专长时，我们很容易忽视他在沟通方面的能力。尽管在工作中他富有灵感，但他不仅仅是一位“技术专家”。他成功地说服了阿瑟·洛克支持他的团队，并得到谢尔曼·菲尔柴尔德（Sherman Fairchild）的金融支持[312]。为新成立的英特尔公司筹集资金不是什么难题。“……鲍勃刚刚给我打电话……”洛克说[313]。

> “……在15分钟的会议期间，他没有刻意地做什么特别的事情，似乎就能够描绘出一种让人愉悦的可能性，这种强烈的、神奇的感觉是我在研究其他企业领导者的时候从未遇到过的。”[314]

诺伊斯是一位“感性营销者”，但不是沃森或钱伯斯那种标准的“感性营销者”。他也不是一位在营销和销售技术方面具有专长的、经验丰富的推销员，而是有着一种难以言表的特质。

“直觉决策者”是一种不同寻常的领导类型，他们常常富有个人魅力，但不是艾科卡那种。他们鼓舞员工，并向员工授权。传统的富有魅力的领导者虽然也鼓舞员工，但倾向于采用命令式的领导方式，这同向员工授权正相反。“直觉决策者”将个人魅力和利他主义以一种不同寻常的、让人耳目一新的、超凡脱俗的方式结合起来。这是一种近乎宗教或救世主般的领导风格，与更加传统但富有魅力的领导者那种超商业的风格迥然不同。

本章要点：著名 CEO 的商业个性

在本章中，我们展示了 16 种领导力类型的范例，也展示了每位领导的四个领导业绩模式，并且指出了每位领导者风格的主要方面。正如你看到的，这些类型和模式说明领导者的风格差别很大。没错，他们都是很复杂的个体，但也都表现出可以识别的特征，我们可以将他们归入不同的类别。在领导风格的主要方面相同时，我们就可以用四种模式中的一个或多个模式将他们区别开来。

使用这套分析方法，我们便可以从已经熟识的企业领导身上看到同著名 CEO 一样的特点，我们甚至可以将不熟悉的领导者归入我们根据著名 CEO 划分出的类别中。或许，我们还可以推测其公司的发展趋势。我们的目的是要用一个简单的体系对几乎所有的领导者进行分类，这个目的我们已经达到了。

现在我们已经为你展示了如何应用这套方法，你肯定想亲自试一试。怎样才能揭示出你所认识的 CEO 的商业个性？你应该使用哪些渠道的信息？应该寻找哪些有用的信息？在分析的过程中应该小心回避哪些陷阱？为什么要分析企业领导者的商业个性？我们将在下一章讨论这些问题。

第 7 章　CEO 的合作伙伴关系和团队

为什么要研究合作伙伴关系?

有合作伙伴关系的 CEO 所占比例高得让人吃惊。在规模较小和更具创业精神的公司，我们能看到有合作伙伴关系的 CEO，因为他们在其中更引人注目。中小型公司占所有企业的绝大多数，因此有合作伙伴关系的 CEO 数量巨大。正如我们将在本章中展示的那样，即使在大公司，合作伙伴关系也比我们想象得要更常见。

然而，作为一种领导形式，合作伙伴关系很少成为人们研究的主题，管理学文献往往只关注企业中的“孤胆英雄”。我们听到两个合作伙伴一起组建和经营一家公司的例子要少得多，三个人成为合作伙伴的例子则更少。尽管如此，很多公司得以创建并取得成功，恰恰是因为他们一开始就形成了合作伙伴关系。

许多最著名的公司就是由合作伙伴组建的，宝洁公司、普华永道会计师事务所、惠普公司和许多其他公司就是这样的例子，从这些公司的名字中我们就可以看出他们最初的合伙创始人。但是，大多数人都不知道还有许多其他公司也是建立在合作伙伴关系之上的。

例如，有谁知道，在伯克希尔·哈撒韦公司的早期阶段，沃伦·巴菲特就有个合作伙伴，即查尔斯·芒格？有谁知道甲骨文公司是由三个合作伙伴——拉利·埃里森（Larry Ellison）、鲍勃·曼纳（Bob Miner）和爱德华·欧茨（Edward Oates）合伙建立的？还有谁知道数字设备公司著名的肯·奥尔森和另一位合作伙伴哈兰·安德森（Harlan Anderson）共同创建了公司？又有谁知道伊士曼柯达公司的乔治·伊斯特曼在一生的大部分时间有一个合作伙伴叫亨利·斯特朗（Henry Strong）？

有无数的公司是由合作伙伴共同创立的，但最后只有一个伙伴幸存下来。尽管如此，公司的组成通常非常依赖两位合作伙伴（偶尔也包括三位合作伙伴）的优势互补。合作伙伴关系是一种重要的制度，我们值得花些时间去理解它。这么说并非因为他们是合作伙伴关系，而是出于许多其他同样重要的原因，我们将在下面说明。

长期以来，我对合作伙伴关系一直保持着浓厚的兴趣：是什么驱使一个人选择另一个人来成立一家公司？由合作伙伴经营的公司同只有一位 CEO 管理的公司相比如何？前者是否比后者更成功？它们运营的方式相同吗？为此，我们的 CEO 数据库保存了合作伙伴关系的具体数据，以区别于一位 CEO 独自管理一家公司的情形。

选择合作伙伴关系作为单独研究的主题还有一个特别的原因。在前面的章节中，我们已经分析了领导者的商业个性。这将我们引向了领导力业绩方面的差距，如果这些差距得不到修正，就会造成领导力失败的结果。合作伙伴的商业个性之间有着什么样的关系？这种关系和公司业绩之间又有什么联系？是否存在着不同的领导力类型，当这些类型的领导者成为伙伴时业绩会更加出色？

这些不仅仅是有趣的问题。我们将在后面看到，它们也是一些重要的问题。我们可以通过研究具体的案例，达到窥一斑而知全豹的效果。它们也可以为我们认识具体 CEO 的表现提供一个新的视角。

研究合作伙伴关系还有一个更深层的原因。看待伙伴关系的另一种方式是将它看成是团队，而团队拥有正式的组织基础和结构，它通常意味着成员之间要按照一定的方式分担一定数量的投入资本。

但是，许多伙伴关系没有这样的法律或组织基础。或许他们以差不多相同的方式运作，但没有法律上的合伙关系。例如，一对夫妇共同建立了一家公司，但他们没有注册为合伙制企业。在这种情况下，利用商业个性来分析企业的运营和分析正式的合伙制企业一样重要。此时，我们是在分析一个团队，只不过没有考虑法律和组织细节。合作伙伴分析使我们能够探索团队领导力的基础。

团队的类型很多。团队可能是由夫妻组成的，可能是由一名 CEO 和一位关键的员工组成的，可能是由 CEO 之外的几位企业高管组成的，也有可能是由 CEO 和董事会组成的。

这些团队的共同点是：人们组成团队是为了开展一个项目，或者运营组织的一个部门。每个团队成员都有着独特的商业个性，都可以被归为某种领导力类型，因此我们对于正式的伙伴关系所进行的那些分析同样适用于团队。从伙伴关系入手来研究领导力的方法可以使我们从一个全新的角度认识团队及其运行规律。适用于伙伴关系的规则同样也适用于团队。从伙伴关系入手进行研究的方法是分析领导及其团队的另一种方式。

在本章中，我们将深入研究促使 CEO 组成伙伴关系的原因。我们将再次应用商业个性的理论来分析著名公司和 CEO 的案例。我们也将使用我们 CEO 数据库中的例子来说明这些情形。这样，我们就可以清晰地显示公司业绩同伙伴关系类型之间的联系。我们将按照商业个性将伙伴关系分为不同的类型。但愿这些分析能为你提供另一种认识领导和 CEO 的方法。

伙伴关系的三种类型

我们可以根据我们的商业个性理论，按照逻辑关系找出伙伴关系的三种类型：

1. 相像型伙伴关系（Like relationships）。
2. 相反型伙伴关系（Opposite relationships）。
3. 互邻型伙伴关系（Neighbor relationships）。

请注意，它们不是合伙形式的类型——我们将在下面讨论这些类型。它们显示了四个象限之间不同类型的联系。相像型伙伴关系如图 31 所示，该图显示出了一种搭配关系——两位 CEO 处于同一象限内。这种关系意味着两位 CEO 在某种模式内具有相同的领导力类型。他们极其相似。

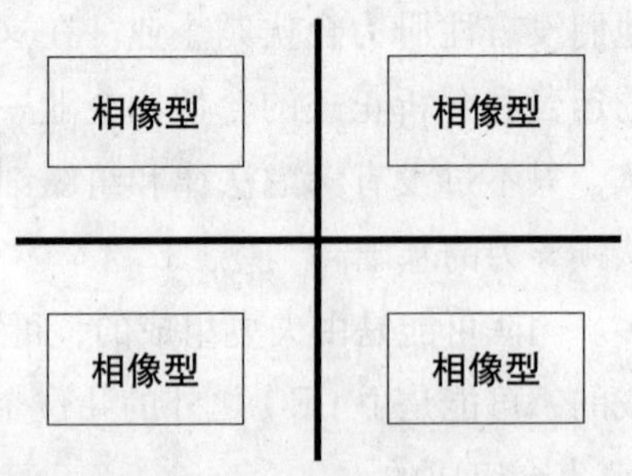

图 31　相像型伙伴关系

下一种关系类型是互邻型伙伴关系。这种关系描述了两位 CEO 处于水平方向或垂直方向相邻的两个象限中，如图 32 所示。显然，这同前面的相像型伙伴关系不同。处于相邻象限内的两位 CEO 在一些方面相似，但在其他一些方面则截然不同。

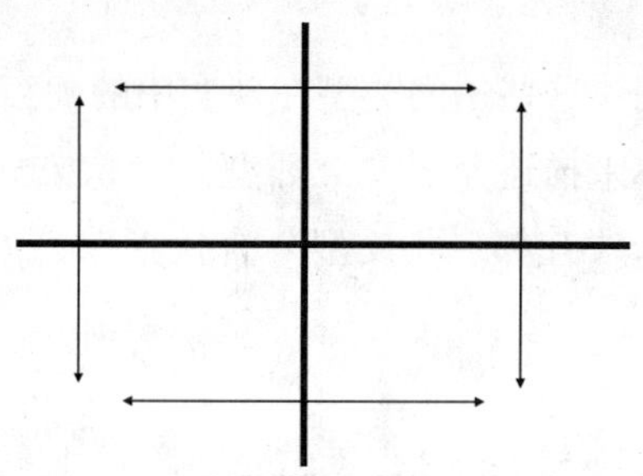

图 32　互邻型伙伴关系

最后我们看一看相反型伙伴关系，如图 33 所示。这种伙伴关系显示的领导力类型处于相对的象限内，处于相对象限内的 CEO 领导力类型正好相反。

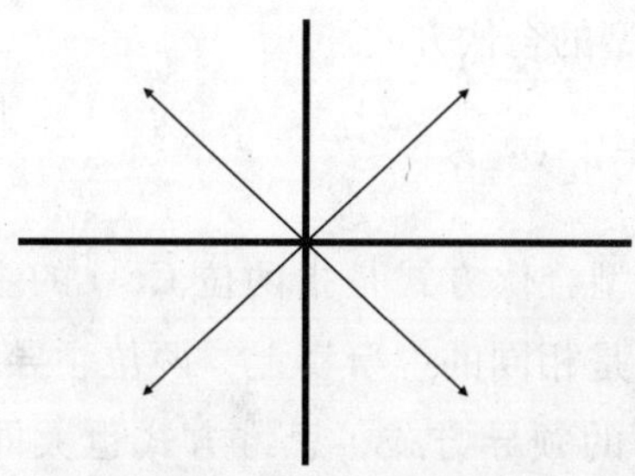

图 33　相反型的伙伴关系

合伙方式的五种类型

尽管乍看上去不很明显，但三种类型的伙伴关系带来了五种类型的合伙方式，这是因为两个伙伴会以不同的方式开展合作。两个伙伴可以有四种类型的关系，每个模式一种关系。

两个伙伴之间的关系可能全部是相像型关系，也可能全部是相反型关系，或者可能是介于这两类之间的关系，如两种相像型关系和两种相反型关系（我们将看到，这种情况不常见）。又比如，两位 CEO 在两个模式下可能有着相像的领导力类型，而在另外两个模式下是互邻的领导力类型。我们将其称为“互邻—相像型”。因此，我们就需要增加两种伙伴关系类型。

你将在下面看到，这些中间类型在现实中的确存在。为了便于说明，我们创造了一个名称来描述介于“互邻型”合伙方式和“相反型”合伙方式之间的方式，即“互邻—相反型”合伙形式，因此这五种合伙方式分别是：

1. 相像型合伙方式（Like partnership）。
2. 互邻—相像型合伙方式（Look-alike partnership）。
3. 互邻型合伙方式（Neighbor partnership）。
4. 互邻—相反型合伙方式（Nopposite partnership）。
5. 相反型合伙方式（Opposite partnership）。

我们可以使用我们的 CEO 数据库以及上市公司 CEO 数据库中的例子来描述所有这些类型的合伙方式。

相像型合伙方式

顾名思义，相像型合伙方式是指两位 CEO 的主要领导力类型以及多数次要领导类型力是相同的。事实上，两位领导就像彼此的“替身”一样，他们有着相同的领导方式，思维方式也大同小异，会做出同样类型的决策。在局外人看来，无论哪位伙伴做出决策，公司看上去都一样。

我们不禁会问：为什么这两位 CEO 会联起手来一起经营公司？合伙的目的不就是充分利用双方的不同能力吗？尽管如此，现实中还是存在着这种合伙方式。

一个例子就是数字设备公司的肯·奥尔森和哈兰·安德森。他们在很多方面非常相似。两个人都有计算机工程方面的背景，都是工程师[315]。实际上，两个人都没有商务经验或商业头脑[316]。他们对财务都不感兴趣[317]。他们在四个模式中的三个方面有着相同的领导力类型，都是“观念倡导者”、“理智判断者”和“项目工程师”，他们只在领导模式方面存在着差异——奥尔森是“谨慎决策者”，而安德森很可能是“直觉决策者”。

许多年后，安德森被奥尔森挤出了 DEC 公司。显然，安德森不能提供奥尔森不具备的技能，这种关系就没有继续下去的价值了。事实上，这二人之间的合伙是历史上形成的，而不是别的原因，相像型合伙形式经常是这种情况。

让我们从我们的 CEO 数据库中提取另外一个例子。这个例子涉及罗伊和迈克尔的，二人是一家营销公司的共同创建者。罗伊和迈克尔在为一家大型公司工作时相识，二人都从事营销工作，都是外向型性格，都偏爱营销，都是快速决策型。两人的主要领导力类型相同，都是“企业变革者”。除了一种模式之外，他们在其他模式下都有着相同的领导力类型，即使在领导力类型不同的那个模式中，他们也是“互邻型”的。

共同的领导力类型使他们看问题的方式完全一致。因为都很年轻，他们还没有意识到他们有着几乎相同的能力和技术，也有着相同的弱点。这也是由于历史原因形成的合伙，双方都未能提供对方不具备的东西。

罗伊和迈克尔是相像型合伙方式的典型代表。最初合伙人商业个性的相似性使他们相互吸引。我们稍后将再次讨论这种合伙方式在现实中会带来什么结果。

相像型合伙方式并不太常见。在我们的 CEO 数据库中，112 家公司（共 120 名 CEO）中有 14 个合伙案例，其中只有一家是相像型的合伙方式——只占全部合伙关系的 7%。在我们的上市公司 CEO 数据库中，共有 29 家公司、36 名 CEO，其中有 8 个合伙案例，而只有一家是相像型合伙方式，这大概占所有合伙案例的 12%。这并不是说现实中不存在其他的例子。然而有证据表明，相像型合伙方式不能长久存在，我们将在本章稍后部分解释其中的原因。

互邻—相像型合伙方式

正如你所预期的那样，“互邻—相像型”合伙方式同“相像型”合伙方式十分相似。通常他们有两个领导力类型是相同的，另两个领导类型是互邻的。两位 CEO 很相像，只不过相像的程度要低一些罢了。在我们的上市公司 CEO 数据库中有四个此类例子。一个例子是雅虎公司的创始人杨致远（Jerry Yang）和大卫·菲洛（David Filo）。第二个例子是伯克希尔·哈撒韦公司的沃伦·巴菲特和查尔斯·芒格。第三个例子是微软公司的比尔·盖茨和保罗·艾伦。第四个例子是 eBay 公司的皮埃尔·奥米迪亚（Pierre Omidyar）和杰夫·斯考尔（Jeff Skoll）。

从表面上看，杨致远和菲洛的差异多于他们的共同点，一般的看法是菲洛矜持，而杨致远外向[318]。然而，如果对他们的了解更深入，你就会发现他们相像的地方大于他们的差异。他们两个人都是“直觉决策者”——行动迅速，而且喜欢同员工达成共识[319]。两个人都是“观念倡导者”[320]。即使在他们并不那么相像的模式方面，他们也是“互邻型”的，杨致远是一位“感性营销者”，而菲洛是一位“理智判断者”。换句话说，他们二人都属于“分析型”而非“直觉型”[321]。两个人都擅长执行，而不擅长财务。事实上，这就是他们聘请蒂姆·酷格尔（Tim Koogle）担任雅虎 CEO 的原因[322]。

巴菲特和芒格是另一对“互邻—相像型”伙伴。人们一直认为他们十分相像。著名投资大师本·格雷厄姆认识他们二人，并曾经对二人的相似性进行过评论[323]。他们在使命和领导模式方面是相同的。芒格和巴菲特同样是“乐善好施者”。尽管与巴菲特相比，芒格更偏好风险[324]，但他仍注重当前回报[325]。像巴菲特一样，芒格天生乐于授权[326]。“……我们将运营企业的权利分散到了就差彻底放手的程度了……”[327]像巴菲特一样，他也喜欢迅速做出决策[328]。因此，他们二人都是“直觉决策者”——行动迅速、愿意向下属授权、偏好达成共识。

但是，巴菲特和芒格在管理模式和职业模式方面是“互邻型”伙伴。巴菲特性格内向，芒格则偏外向[329]，但二人都属于高度分析型[330]。因此，巴菲特是“理智判断者”，而芒格则是“感性营销者”。在职业模式方面，巴菲特是“职业评估师”，而芒格是“客户分析师”。尽管他们看上去似乎很相像，但也存在着一些差异。在他们的主要模式方面，巴菲特是一位“理智判断者”，而芒格是一位“感性营销者”。所以说，尽管两人是“互邻—相像型”伙伴，但他们的主要模式是不同的。

再以微软的比尔·盖茨和保罗·艾伦为例，二人都是“企业变革者”。艾伦尤其习惯于冒较大的风险，他将对未来的赌注下在一系列投资上，其中一些成功了，但更多的则以失败告终[331]。因此说，尽管他们都是风险偏好者，但艾伦尤甚。两个人都是“前线指挥官”类型的领导者，有着快速决策的风格，而艾伦则比较极端，常常被说成“反复无常”[332]。

在另外两个模式方面，盖茨和艾伦是“互邻型”伙伴。盖茨是直觉精明型的商人，艾伦则相反。他将创意本身放在第一位，将商业效益放在最后[333]。因此，盖茨属于“点石成金者”，而艾伦则是“理智判断者”。尽管二人都具有深厚的技术背景，但他们在这方面也是有差异的。艾伦总是动手操作的执行者，而盖茨则更注重以数字为导向。盖茨是“项目评估师”，艾伦则是“项目工程师”。因此，尽管二人具有共同的技术专长，也都属于性格内向者，但他们还是有着某种程度的差异。他们是“互邻—相像型”伙伴。

eBay公司的奥米迪亚和斯考尔之间的伙伴关系很有意思。二人都是“观念倡导者”，奥米迪亚以坚决拥护公司民主而闻名，事实上，正是他对社区抱有的理想主义才使eBay公司同竞争对手区分开来[334]。二人都是“前线指挥官”，因此eBay才常常由于缺乏流程管理和规划而出现暂停营业的情况[335]。

然而，二人不同的才能对公司的成功至关重要。奥米迪亚是“点石成金者”，是一位性格内向、谦虚的产品创新者[336]。斯考尔是一位“理智判断者”，十分偏好分析。斯考尔和奥米迪亚正好阴阳互补[337]。在职业模式方面，奥米迪亚是“客户分析师”，非常重视eBay公司的社区公众，一直在寻求新的方式发动和培育社区公众、扩大社区公众的数量[338]。

因此，奥米迪亚和斯考尔在两个模式上是“相像型”的伙伴，在其他两个模式上是“互邻型”的伙伴。但是，他们的主要模式是“互邻型”的——奥米迪亚是“点石成金者”，斯考尔是“理智判断者”。他们二人的价值观非常相近，都是利他主义者，看问题的角度完全一致。但二人能力不同，一个是依靠直觉，另一个则依靠分析。

我们再从CEO数据库中选取一个案例。这是一家软件公司的例子，有三个合伙人，分别是鲍勃、杰瑞和乔，其中两人在创建自己的公司前曾经在同一家公司共事，第三个人曾是那家公司的顾问。三个人都有软件工程师的背景。

他们每个人都是“项目工程师”，这也是他们的主要模式。他们都是“理智判断者”，在其他两个模式方面，三个人是“互邻型”伙伴关系。三个人都是内向型性格，而且都不太注重同客户的关系。在使命模式方面，三个人中有两个人处在风险/回报坐标尺较高的一端。在领导模式方面，三个人中的两个人是“战役总司令”。尽管不相同，但很相似，这就是“互邻—相像型”合伙方式。

从我们的数据库来看，“互邻—相像型”合伙方式也不太常见。我们的 CEO 数据库中只有 1 个这样的例子，上市公司数据库中有 3 个。当然，我们可以将“相像型”和“互邻—相像型”合伙方式合二为一，以便更好地分析合作伙伴相同或非常相似的合伙方式。但即便如此，他们在总体中所占比重仍然很小。我们将在后面解释其中的原因。

互邻型合伙方式

当两位 CEO 在一些方面相同，而在另一些方面处在相邻象限内时，就会出现我们所说的“互邻型”合伙方式。在有些情况下，你会认为他们属于同一领导力类型。在另一些情况下，他们看上去完全相反。如果根据我们的领导力类型对他们进行归类，我们很快就会明白，这一点是完全可以解释的。

一个饶有趣味的“互邻型”合伙形式的例子是约翰·瑞德（John Reed）和桑迪·威尔（Sandy Weill），那时他们还是花旗银行的共同CEO。当然，这个伙伴关系最终消亡了，桑迪·威尔是最后的幸存者。

人们对于两位 CEO 的差异有许多论述。一位理性十足（指瑞德），另一位则朴实无华；一位远离人群（指瑞德），另一位则喜欢交际。然而，这种共识过度简化了事情的真相。两个人都是“企业变革者”类型的领导，对未来都有着宏伟的愿景。瑞德的愿景易于概括，那就是建立全球性银行体系，因此它也更容易被记者所接受。威尔的愿景同样宏伟，但威尔以行动为导向的风格使其愿景没有得到系统的阐述。威尔的愿景是创建一个金融超市。

但是，在其他所有的模式中，威尔和瑞德是“互邻型”伙伴。瑞德是“理智判断者”，威尔是“点石成金者”。瑞德是“项目工程师”，威尔是“项目评估者”。瑞德是“战役总司令”，威尔是“前线指挥官”。所以说，尽管大家对他们有着普遍的看法，但这两个人并非“相反型”伙伴。在很多方面他们是相同的，在其他方面，他们则是“互邻型”的伙伴，根本不属于“相反型”的伙伴，因为他们没有处在相对的象限内。

瑞德和威尔的伙伴关系揭示出了一个更宽泛的真理——看上去似乎包含了相反领导力类型的伙伴关系事实上常常是“互邻型”合伙方式，这种伙伴关系中的相同之处比乍看上去要多很多。

我们的 CEO 数据库中有一个此类关系的例子，这对伙伴叫罗伊和马克，他们经营的也是一家小型软件公司。他们中的一位显然有商业头脑，另一位则是技术和产品方面的行家。但如果更仔细地研究，你会发现更加复杂的东西。他们根本不属于“相反型”的领导力类型，因此他们之间也不会存在截然相反的行为。这是我们下面将要解释的另一个现象。

“互邻型”合伙方式相当常见。在我们所有的合作伙伴案例中，有 3 个“互邻型”的案例，占总体的 21% 多。在我们的上市公司 CEO 数据库中，7 个合作伙伴案例中有 4 个是“互邻型”合伙方式，超过 50%。可以肯定地说，“互邻型”合伙方式要比“相像型”和“互邻—相像型”多很多。这是另一个我们将在后面进行讨论的事实。

互邻—相反型合伙方式

“互邻—相反型”合伙方式和“互邻—相像型”合伙方式相对应，只不过它代表的是“非相像”的合伙方式。这些合伙者的风格并非完全相反，只不过比“互邻型”相像度更低罢了。如果我们不考虑这些合伙方式，那么我们的分析就会容易得多。但是，与“互邻—相像型”一样，这种合伙方式在现实中确实存在，因此我们不得不面对它们，即使我们的分析显得不那么精确。

一个“互邻—相反型”合伙方式的例子是伊士曼柯达公司的乔治·伊斯特曼（George Eastman）和亨利·斯特朗（Henry Strong），这个伙伴关系一直持续到 1919 年斯特朗去世[339]。

人们通常将这两个人看成是对比鲜明的一对合作伙伴[340]。在这一点上，传统智慧非常接近真相。在全部四类领导力类型中，它们在两类上为“相反型”，在另两类上为“互邻型”。在“互邻型”方面，伊斯特曼是“点石成金者”类型的领导，而斯特朗是“感性营销者”。伊斯特曼是“项目评估者”，斯特朗是“客户关注者”。在“相反型”方面，伊斯特曼是“谨慎决策者”，斯特朗很可能是“战役总司令”。伊斯特曼是

"观念倡导者"，斯特朗是"企业变革者"。在主要模式方面，伊斯特曼是"谨慎决策者"，斯特朗是"感性营销者"。伊斯特曼和斯特朗的差异非常大。尽管如此，他们还不是完全相反，因为他们在其中的一个象限内是"互邻型"，而非"相反型"。

我们的 CEO 数据库中有一个"互邻—相反型"合伙方式的案例表现出了同样的特点，在这个案例中，合作伙伴是莎拉和乔治。令问题变得更复杂的是：他们生活在一起。

莎拉和乔治的情况反映出一种标准的情形：两种模式为"互邻型"，另两种模式为"相反型"。对于"相反型"的两个模式来说，他们分别是"乐善好施者"和"企业变革者"、"前线指挥官"和"谨慎决策者"。对于"互邻型"的两种模式来说，他们分别是"理智判断者"和"感性营销者"、"项目工程师"和"客户关注者"。他们具有不同的主要领导力类型。因此不管怎么说，他们看上去是"相反型"的合伙方式。对于大多数观察者来说，他们确实是这样。但实际情况是：他们在两个方面是"互邻型"的伙伴，这一事实冲淡了他们看上去大不一样这个表象。

"互邻—相反型"看上去不像"相像型"或者"互邻—相像型"那样少见，但实际上它们也并不像"互邻型"那样常见。在我们的 CEO 数据库中，14 个有合伙关系的公司中有 3 个"互邻—相反型"合伙形式的案例，约占 20%。在我们的上市公司数据库中，11 个有合伙关系的公司中只有 2 个"互邻—相反型"合伙形式的案例，约占 18%。但是，如果我们能将它们和"相反型"合伙形式结合起来，这些数字才更有意义。

相反型合伙形式

"相反型"合伙形式至少在三个模式方面是相反的，另一个模式或许是"互邻型"的。这些伙伴关系中的合作伙伴存在着最大限度的差异。有意思的是，我们的上市公司数据库中没有这样的案例，但在我们的 CEO 数据库中则有若干这样的案例。

一个"相反型"合伙形式的例子是在皮埃尔和约瑟之间。这是一家营销公司，这两位合作伙伴看上去差别确实很大，这使我们想起了对威尔和瑞德的伙伴关系的描述，只不过这个案例的描述更加详细。

皮埃尔和约瑟可以分别被描述为性情孤独和喜欢社交、重视产品和重视客户、理性和感性。从领导力类型的视角来看，他们有三个"相反型”的模式和一个“互邻型”的模式。他们的主要模式不相同。按照我们的理论，只有当四个模式都是“相反型”时才可以说伙伴之间的风格更加“相反”，他们两个人差不多满足了这个条件。“相反型”合伙形式在统计学上更可能表现为三个模式相反而非四个，因此他们之间还是有一些相似之处。在这个案例中，他们二人都看重当前回报，除此之外，他们就没有相似之处了。

在我们 CEO 数据库中，有 6 个“相反型”合伙形式的例子，在 14 个具有伙伴关系的公司中占将近一半。因此，它们像“互邻型”一样相当常见。如果我们将二者结合在一起，以囊括那些合作伙伴风格相当不同的合伙方式，那么就会出现一边倒的情况。

在我们的数据库中，“互邻型”、“互邻—相反型”和“相反型”合伙方式共有 12 个，在全部 14 个具有伙伴关系的公司中，这是一个很大的数字。尽管我们的样本数量较少，但这也传达出了一些重要信息。为什么会在合伙人风格非常相似的合伙关系和合伙人风格相当不同的合伙关系之间存在着如此大的差异？这对公司自身、合作伙伴和他们之间互动的方式意味着什么？我们将在后面分析这些问题。

一个值得注意的问题是：在我们的上市公司数据库中，没有“相反型”合伙方式的例子。这可能是由于我们的样本数量太小，30 家公司中只有 11 家存在伙伴关系。

或许有另一个更深层的原因：是不是因为“相反型”伙伴之间的差异太大而导致这种伙伴关系易于解体呢？在我们的 CEO 数据库中，我们没有看到这一现象。然而，这些合作伙伴关系建立的时间都比较短，还没有到解体的时间。

著名 CEO 的伙伴关系持续的时间往往更长，因此他们要经过较长的时间才会分手。我们的上市公司 CEO 数据库中缺乏“相反型”合伙方式的例子，这似乎是在告诉我们：与那些关系更密切的合伙方式相比，“相反型”合伙方式不大经得起时间的考验。换言之，我们的上市公司数据库中没有“相反型”合伙方式的例子，正是因为它们最终无法在现实中扮演有用的角色。

伙伴关系和公司业绩

对于伙伴关系，我们能提出的最重要的问题是：伙伴关系的类型对公司业绩是否有影响？显然，这是一个非常复杂的问题。什么是业绩？哪个时期的业绩？我们是关注业绩的定量方面还是定性方面，抑或是两者的结合？

或许看待业绩的最佳方法是评估一段时期之后（比如说10年后）公司的价值。但这也会产生一些重大问题。多数公司都是私有企业，它们中的绝大多数都没有涉及兼并和收购的情况，因此我们无法直接度量其价值，而只能利用具有可比性的公司来推断其价值，但这种方法也会造成一系列问题。

有一个比较简单的方法，至少原则上是这样的。我们只需要问：在对公司进行观察的时候，它是否盈利。这会产生另一个问题：公司的盈利程度如何？这又带来了另一个问题：究竟何为盈利？在会计欺诈花样繁多的今天，这些问题并非无关紧要。但是，这种方法也会产生误导，因为公司在早期通常会有若干年的亏损期，过了这个阶段后，它们可能会获得丰厚的利润。

还有另一种评估业绩的方法：确定公司是否可持续。坦率地讲，这是一种很笨的度量方法，它并不能告诉我们公司在多大程度上可持续或者是否可持续。另外，我们还必须界定“可持续”的具体含义以及如何对其进行度量。

我们将一个公司的可持续性定义为公司的生存能力。这和审计人员出具的公司“持续经营”的意见是相似的。“持续经营”的意见并不集中于公司是否盈利。一家公司可能是盈利的，但未来仍可能会倒闭。例如，有的企业被看成是不需要任何投资的“现金牛”，因此它最终会因为产品缺乏可持续性而消亡。

在我们的CEO数据库中有几个不可持续发展的公司实例，在我们同它们打交道时，它们还是盈利的。其中一家是由CEO乔治经营的打印机墨盒公司（虚构的公司名）。

打印机墨盒公司是一家上市公司，他的营业额超过10亿美元，但近年来因新竞争对手的出现而失去了大量市场份额。为了盈利，公司持续减少在产品方面的投资。

为了使公司能够生存下去，乔治被任命为公司的CEO。在最初增加了产品方面的投资之后，他又回到了“现金牛”的策略上，这样做是因为他的投资方法为公司造成了无法弥补的亏损。公司的营业额继续下滑，几年后，公司进入破产程序。我们早在公司破产前就将它评为“不可持续公司”。显然，虽然公司当时还在盈利，但在原来的发展方式下公司不可能存活很长时间。

这是一种可能性。另一种可能是：公司虽然不盈利，但它是可持续的。一名审计人员（同公司管理人员职责不同）或许对公司能通过追加投资或贷款以弥补其亏损充满信心。

我们有很多此类公司的例子，虽然它们在接受评估时是亏损的，但被评定为“可持续的公司”。其中一个例子是海德兰系统公司（虚构的公司名），这是一家位于美国中西部的软件公司，由 CEO 莫瑞斯经营。

海德兰是一家上市公司。它已经历了一系列盈利和亏损交替的阶段，在我同它有业务关系时，它没有盈利。但是，它有好的产品、优秀的客户基础，以及经验丰富的管理团队。

于是，公司拥有几个选择：它可以从公开市场中融资，也可以作为一个较大的生意伙伴兼并一家较小的私人公司，也可以缩减规模，因此我将它评定为“可持续的公司”。过了一段时间后，它兼并了一家规模较小但资本充足的上市公司。这家公司存活了下来，它的股东们因而也收获了一些成果。

因此，“可持续”的概念对我们是有用的，它同审计人员出具的“持续经营”意见相似。出具“持续经营”的意见要考虑几个因素，包括市场对企业领导的信心、公司的战略和管理层。当然，我们还需要考虑其他一些更加微妙的因素。

“持续经营意见”在评估公司的可持续性方面还是一个受到重视的、可接受的方法，在本书中我们将采纳这种方法，因为我们面对的是许多处在早期阶段的公司（尽管并非全部如此）。

这一概念的应用很简单。结果只有两个，要么公司可持续，要么不可持续。这种方法不能对已建立深厚根基的公司做出区分，但它可以针对那些还没有盈利的、处于发展早期阶段的公司，也可以针对陷入困境中、处于发展晚期阶段的公司——这种情况也很常见。

还有一个重要的问题。我们对公司进行评估是基于它们被研究时的情况。我们的方法是基于时间点的，而不是跨时期的。如果公司被评定为“不具有可持续性”，但后来情况改善了，那么这不是我们的方法所能解决的，反之亦然。尽管如此，基于我们掌握的数据，这一方法可能是我们能找到的最好的方法了。

我们见过许多伙伴关系。在我们的经验中，多数伙伴关系都包括两个或多或少有差异的伙伴，也就是说他们要么是“相反型”，要么是“互邻—相反型”，要么是“互邻型”合伙方式，我们所见到的包含两个相像的合作伙伴的情形非常少。

看起似乎存在这一现象，风格相似的合作伙伴从合伙关系中得不到什么优势，相反，风格相异的合作伙伴则由于容易分享到他们自身不具备的能力而获得很大优势，这样的合作伙伴能弥补对方欠缺的个人能力。

通常，能证明规律的是例外情况。我们在前面提到过沃伦·巴菲特和查尔斯·芒格之间的伙伴关系，我们将他们认定为“互邻—相像型”伙伴。事实上，外人看他们非常相像，但他们的主要模式明显不同，巴菲特是“理智判断者”，芒格是“感性营销者”。他们中的一个是内向性格，另一个则是外向性格。一个唱“红脸”，另一个唱“白脸”[341]。虽然他们在技术上很相像，但他们的主要模式不同，两个人之间足够大的差异给整个伙伴关系增添了一些有益的东西。

与之相反，DEC公司的哈兰·安德森和肯·奥尔森则过于相似，他们在所有模式方面都发生了重叠。哈兰·安德森无法贡献任何肯·奥尔森不具备的个人能力，他也就不能显示出自身的重要性，因此奥尔森再和他合作下去就没有什么好处了。虽然在当时这对安德森似乎太残酷了，毕竟在DEC刚成立时他就为公司工作，但公司确实不需要他了。

让我们再看一对“互邻—相像型”伙伴——盖茨和艾伦的例子。艾伦离开的原因表面上是由于重病，其实在此之前，他和盖茨的伙伴关系已经非常脆弱[342]。他们之间存在着足够大的差异，每个人都能为这个组合带来不同的东西。盖茨能带来商业智慧，艾伦则能够带来点子。

但是，盖茨确实不需要艾伦，他自己在技术方面也很有天赋，也是一个行动迅速者，因此我们不应该奇怪他们之间的伙伴关系只持续了8年。它没有持续更久的充足理由。要想使伙伴关系持久，每个人就必须具有更多不同的东西。

合作伙伴就像生物学和野生世界里的组合一样，要为彼此增添价值，以共同获得进化优势。“相像型”伙伴似乎不能和对方共同获得生存所需的充足的进化优势。最初，或许由于历史原因，比如资源互补、情感上的互相支持或者共同的愿景，双方进行了合作，但很快就失去了动力。

这就是盖茨和艾伦、奥尔森同安德森散伙的原因。

这就解释了为什么我们会看到如此多的“相反型”伙伴关系。在这类合伙关系中，合作伙伴能贡献对方不具备的能力，这会增强总体的实力，提高这对组合的潜在业绩。这类伙伴关系居支配地位的原因就在于每一方都已经认识到了合伙的原因，因而有强烈的放弃独立个性的动机，对失去独立个性的补偿则是公司有更多的机会生存下去，并且业绩会更好，“相反型”和“互邻—相反型”的伙伴能为双方共同管理的公司带来明显的进化优势。

那么“互邻型”伙伴如何呢？这种关系有哪些优势？在现实中不常见吗？在这类合伙关系中，伙伴之间重叠的能力和不同的能力一样多，这是否并不意味这样的伙伴关系就应该相对较少，并且对双方并没有很大的用处？

在很多伙伴关系中，保持一定的相似性是很重要的。如果合作伙伴差异过大，他们可能会缺少将伙伴关系粘合在一起的情感和思想的凝聚力。在许多情况下，两位合作伙伴似乎需要有足够的共同利益，才不会常常出现不和。伙伴关系中需要有一个平衡点。一方面，他们需要有足够大的差异，这样双方就能够贡献足够多的对方不具备的价值；另一方面，他们需要有足够的相似性，以确保不会陷入无休止的、根本上的争执。

巴菲特和芒格之间的伙伴关系是说明伙伴关系需要某些重合性的绝佳例子。如果在风险/回报容忍度方面有太大的差异，他们也不会在诸多投资决策上取得一致，因此他们需要有相似的投资理念。他们都是“公司理财者”类型的领导，而且，一旦收购了一家公司，他们就需要有一套相似的管理方法，以避免日常的不和。

他们都是“直觉决策者”，但他们之间也存在着足够的差异，能够为伙伴关系带来不同的技能。巴菲特是十足的“理性判断者”，芒格则更多的是以客户为中心的“感性营销者”。尽管存在着不同，但二人都处在“逻辑驱动因素”的“分析型”那一端，因此在解决投资问题方面有着类似的管理方法。巴菲特是一位“项目评估师”，芒格是一位“客户分析师”。另外，尽管存在差异，但他们二人都处于“执行驱动因素”的“直觉型”一端。

他们之间的组合具备了足够多的相似性，使得他们在各自的方法之间达成了一致。同时，双方都给伙伴关系增添了一些不同的东西。所以说，即使这是一对“互邻—相像型”伙伴而不是“互邻型”伙伴，他们也能够在共性和个性达成平衡的基础上进行合作。

我们的CEO数据库是如何揭示伙伴关系的类型同公司业绩间关系的？在我们CEO数据库中，每家公司和每个伙伴关系都被评定为“可持续”或“不可持续”。我们已经使用上面归纳出的五种合伙方式分析了伙伴关系。

合作伙伴间的关系非常清楚，他们之间的差异越大，这个公司越可能被评定为“可持续”。至少在我们的数据库中，“互邻型”和“相反型”差不多都是“可持续的”。“相像型”和“互邻—相像型”伙伴关系在现实中并不常见，也不成功。我们的数据库似乎支持了这一观点，即公司中具有差异较大的伙伴关系，则该公司有着较大的生存优势。

伙伴关系和领导力业绩类型

到目前为止，我们分析了伙伴关系中合作伙伴在商业个性方面存在着什么样的密切关系。另一个有趣的问题出现了：某种类型的领导者是否比其他类型的领导者更有可能形成伙伴关系？哪种类型的领导者易于结成合作伙伴？在某种程度上理解这些问题有着巨大的实用价值。首先，它或许能帮助希望进入伙伴关系的人做出决定。其次，对于观察者（如投资者）来说，这或许能帮助他们从一个与上述角度不同的视角来理解伙伴关系成功的概率。

首先，让我们来研究一下通常哪些类型的领导者更易于结为合作伙伴。我们的CEO数据库反映出一个规律。在几乎每一个伙伴关系中，都有一个伙伴是内向的，而另一个伙伴是外向的。在我们研究的15个伙伴关系中，有11个包含着一个外向和一个内向的伙伴。在我们研究的10家上市公司CEO伙伴关系中，其中9个案例包含一个内向伙伴和一个外向伙伴。这确实是一个值得进一步讨论的规律。

上述规律符合人们固有的观念，所以我们不会为这一发现而感觉惊奇。这种能力上的区分说明了在关系和产品方面优势互补的重要性，这就是传统的主内—主外之分。显然，多数伙伴关系（至少在我们的经验和研究中）用行动表明了这一规律的普遍性。为了改善他们生存的机会和提高企业绩效，两个合作伙伴做出决定，要求对方在某一方面具有和他自身能力互补的能力。

我们可以看到大量的例子。甲骨文公司的拉里·埃里森是一个极端外向的人，但他仍和一个极端内向的人鲍勃·曼纳（Bob Miner）搭档；柯达公司的乔治·伊斯特曼和他的主外搭档亨利·斯特朗（Henry Strong）也是同样的情形；创立雅虎公司的杨致远是一个外向的人，而其搭档菲洛则是一个内向的人。

在我们的 CEO 数据库中，我们清楚地看到了完全相同的规律，在所有案例中，外向而善于处理人际关系的人都认识到有必要和一位主内的人形成互补。在所有案例中，都是一个人关注产品，而另一个人关注营销和销售。也有一些例外的情况，主外的人或许承担起产品和财务方面的工作，而主内的那个人则从事营销工作。我们发现，尽管有时候他们也会有意地模糊彼此之间的角色，但总体上他们之间还是根据各自独特的能力负责不同的工作。

所有这些似乎不值得一提，但它们都不是我们在管理文献中能读到的知识。事实上，管理文献往往将重点放在诸如公司的市场地位、产品优势和差异化以及如何筹资这些问题上。

如前所述，我们不怀疑这一规律的重要性。但显然，如果忽视了商业个性这一因素，我们就错失了一个重要因素。即使拥有竞争力很强的产品和需求旺盛的市场，如果我们没有可以充分利用的领导力，那么公司也不能发挥市场地位的优势。

即使拥有竞争力很强的产品和需求旺盛的市场，如果领导者过于将心思放在企业内部，而不会利用外部优势，那么这个企业也是不可能将这些优势发扬光大的。如果同一家公司的领导过于将心思放在企业外部，他也不可能开发出使企业保持竞争力的产品来。

在研究我们的 CEO 数据库时，我们发现了另一个问题。总体上，我们的 CEO 数据库中的 CEO 在建立伙伴关系的可能性方面分布得相当均匀，换句话说，总体上没有一种领导力类型比其他类型更可能或更不可能建立伙伴关系。

然而，有一种例外的情况。在我们的研究中，55%的“理智判断者”类型的领导处于伙伴关系中，而其他每种领导力类型建立伙伴关系的大约只占 1/3。巧合的是，在我们的上市公司 CEO 数据库中，10 个伙伴关系中有55%的领导也是“理智判断者”，而其他每种领导力类型有伙伴关系的大约只占1/3。似乎“理智判断者”类型的领导身上具备某种因素，使他们比其他类型更有可能建立伙伴关系。

同样，对领导行为的解释是一件复杂的事情。尽管如此，我们还是对它进行了部分解释。在本书谈到领导力类型和公司绩效时，我们还要对它做出进一步解释。在那一部分中，我们将探讨领导力类型是如何影响公司绩效的。我们可以在讨论“理智判断者”总体上如何影响公司绩效时讨论他们在伙伴关系中的行为。

伙伴关系和团队

在本章的前面，我们介绍了伙伴关系可能同团队分析密切相关的观点。合伙制只是一种法律形式，法律形式之外的伙伴关系也是合伙，只不过是非正式的合伙关系罢了。伙伴关系也是个团队。如果只有两个伙伴，那就是个小团队。尽管是小型团队，对它的分析也为我们提供了另外一个看问题的视角，通过分析伙伴关系，我们实际上是对团队进行了一次隐性分析。

团队的类型很多，我们可以将CEO的伙伴关系分析看成是小团队的分析。多数情况下，伙伴关系只包括两个人，有时候则包括三个人。

在我们的CEO数据库中有几个三人伙伴关系的例子，当然对他们进行分析要更困难些，因为在三人伙伴关系中，领导风格类型的组合就会增多。尽管如此，我们分析团队所使用的基本规则似乎仍然成立。

在三人伙伴关系中，保持集体合作和个人贡献的平衡也同样重要。每个人都需要贡献自己的特长，否则这个合作团队就无法维持。同时，要想使团队不解体，也必须有足够的集体合作意识。我们对CEO的分析可以扩展到三人伙伴关系，进而扩展到任何三人团队。最后，我们可以把我们的分析应用到各种小规模团队上。

有许多类型的小团队。我们在前面已经提到了其中最重要的一种，即夫妻伙伴关系。CEO和他的总裁是一个小团队，CEO和他的高级管理层是另一种团队，其中包括首席财务官、首席技术官、首席营销官等。我们的分析能够为读者提供一个看问题的新视角。我们同样需要分析这些团队中集体合作同个体贡献之间的平衡问题。这一分析能为我们提供一些额外的信息，使我们认识到，除了专业技能外，团队成员还能在多大程度上给企业的生存和发展带来价值。

许多公司都有一名 CEO、总裁或者首席运营官。如上所述，这是一个小团队的例子。这类团队的一个例子就是泰德·特纳（Ted Turner，CNN 的创始人和 CEO）与里斯·肖恩菲尔德（Reese Schonfeld，多年担任 CNN 的总裁）所组成的团队。他们属于"互邻—相反型"伙伴关系。这个团队能够较好地生存下来，是因为两人都能给团队贡献足够多的东西，而且两人为团队提供了不同的技能，使得双方至少在中期内互相需要对方。

虽然肖恩菲尔德实际上是特纳雇用的帮手，但他的想法对 CNN 早期的成功至关重要[343]。在很多方面他们二人十分相像。两个人都是超级风险偏好者[344]，都满腔热情地忠实于企业方方面面的人员[345]。即便如此，他们也存在很多差异。特纳基本上属于利他主义者，他将大量时间和金钱花在多种公益事业上，包括环境保护、世界和平和联合国事务[346]。因此，他属于"观念倡导者"，而肖恩菲尔德属于"企业变革者"。

肖恩菲尔德主要关心他在全球新闻界的位置。他终生痴迷于新闻业[347]，是一名顶级的"项目工程师"[348]。特纳则是"客户分析师"，他专注于对有线电视运营商的服务，通过他的电视网络为他们提供价值[349]。肖恩菲尔德不像特纳那样在财务方面具有高度创造力和灵感，他对财务不感兴趣，甚至有些厌烦[350]。他是内向型的人，为此特纳曾经送给他一本戴尔·卡耐基的书：《如何赢得朋友和影响他人》（*How to Win Friends and Influence People*）[351]。肖恩菲尔德属于"理智判断者"，而特纳是超级外向的人，是一个"先知先觉者"。

特纳和肖恩菲尔德在商业个性的两个模式上是"互补型"的，在一个模式上是"相像型"的，在另一个模式上是"互邻型"的。如果这是一个注册的合伙制企业，那么两人的商业个性就属于"互邻—相反型"的，比"互邻型"和"相像型"具有更多截然不同的方面。因此，只要他们愿意，他们就有充分的理由维持这种伙伴关系。肖恩菲尔德贡献的价值是特纳不能提供的。但是，二人还是有很强的合作意识，他们俩曾在许多重大的决策上保持一致。最后特纳炒掉了肖恩菲尔德，这是因为后者已经完成了他的使命，不能再为公司贡献更多的东西了。一旦发生这种情况，二人之间的相似性就会因为互补因素已不存在而带来更多的摩擦[352]。

另一个高规格的团队例子是安然公司的肯·雷（Ken Lay）和杰夫·斯基林（Jeff Skilling）组成的团队。这是一个“互邻型”的团队，二人性格差异很大，但还没有到截然相反的程度。二人都处于风险/回报坐标轴的高位，都被认为是“有愿景的人”[353]。然而，斯基林属于“企业变革者”，雷则是“观念倡导者”。雷经常同政客们打成一片，并孜孜不倦地致力于公益事业，他在公共服务领域找到了自己未来的人生方向，而且他具有社会发展的愿景[354]。所有这些对斯基林来说却是很难做到的，他不喜欢出席各种典礼和慈善活动，因为他觉得这些活动不创造利润[355]。

雷和斯基林在其他方面则是相似的。两个人在本质上都非常注重逻辑分析。雷获得了经济学博士学位，斯基林则是一位才华横溢的麦肯锡公司前员工。因此，两人都运用学术性很强的方法来管理企业，这一点从安然公司大量使用经济模型就可以看出[356]。但雷是个善于给人带来欢乐的性格外向者[357]，而斯基林则是个内向的人，和别人讲几句话都感觉不自在，自己一个人工作时最开心[358]。雷是个“感性营销者”，而斯基林是个“点石成金者”。

尽管两人都非常注重分析，但他们给伙伴关系贡献的则是不同的东西。由于他们的教育背景，两人在财务管理方面的能力都很强——斯基林拥有哈佛商学院 MBA 的文凭。斯基林的主要兴趣在于打造公司的产品——他是典型的主内型领导，雷则总是主外。雷是“客户分析师”型的领导，是安然公司政治游说活动的设计师，正是这些政治游说活动极大地扩大了安然公司的影响力。斯基林则是“项目评估师”型的领导，他和安然公司“特殊目的实体”（Special Purpose Entities，该机构是安然公司财务管理的核心部门，也是安然公司最后毁灭的罪魁祸首）的安德鲁·法斯托（Andrew Fastow）共同设计了安然公司的财务体系。

即使在商业个性的主导性模式上，雷和斯基林也是“互邻型”的伙伴关系。两人都是行动迅速者，都认为精密的组织和仔细的规划与他们的管理风格是不相容的。两个人都是“前线指挥官”型的领导，结果是安然公司内部总是处于不断调整和一片混乱之中[359]。

事实上，混乱正是他们风格的关键部分。这种混乱反映在他们的财务管理方面。当新的首席财务官接替法斯托的时候，公司甚至拿不出一张债务明细表，而这正是安然公司收入策略的一部分。

斯基林是一个自上而下的命令型领导者，雷则正相反。他不喜欢对下属说“不”[360]。他让斯基林自由行动[361]，让经销商们自行决定做什么[362]。

雷是个过度放任的管理者。如果说雷不清楚下属正在做什么，就因为他是主外型的领导而且对下属授权过多，这也是可信的。所以说斯基林是“前线指挥官”型的领导，而雷则是“直觉决策者”型的领导。虽然他们有着相同的价值观（这里指的是公司内部的混乱和封闭状态），但他们二位管人的风格却很不同。

作为团队或合作伙伴关系，斯基林和雷很匹配。他们在许多关键的方面是互补的，同时他们也有着共同的价值体系。他们是完美的“互邻型”团队，这显然是斯基林辞职之前他们能长久合作的原因（斯基林辞职很可能是因为他意识到安然公司的游戏可能会对他产生不利影响）。

我们可以将这种分析应用到任何由主管和领导组成的小团队中。这个团队可以是 CEO 和他的直接下属组成的团队，也可以是 CEO 和他的首席主管（指首席财务官、首席技术官等）组成的团队。我们也可以将这种分析扩展到董事会和高层管理团队。

一旦我们了解了每个团队成员的商业个性，我们就可以分析这个团队以及团队的价值能否维持下去。如果团队成员十分相像，我们就会有些担心。如果他们存在着差异，我们或许会感觉好一些。

在这种情况下，我们就想知道团队成员之间的差异有多大。如果他们的差异过大，团队就会缺乏足够的凝聚力。在每一种情况下，我们都希望从公司生存和成功的角度评估 CEO 团队的发展优势。我们想了解团队内部存在着什么样的互补性优势。我们的目的是评估每个团队成员是否给团队带来了足够大的贡献，使得他能在团队中获得长期的位置。

我们的分析不一定局限于公司内部，我们也有许多跨公司团队的例子。一家公司可以和供货商组成一个产品研发团队。在这种情况下，理解这是什么类型的团队会很有意义——是风格雷同型的，还是风格互补型的，等等。由于这样的团队可能需要长期存在，它的运转效率对新产品开发就至关重要。因此，确保团队高效工作关乎供货商和客户的利益，对双方都有很大的价值。

公司也可以同客户组成团队。团队可以参与客户的产品规划和市场营销。这类团队可能会存在很长时间，规模可大可小，有时候它们能够成为客户和卖方之间重要的关系纽带。团队的人员构成对未来获取订单至关重要，对实现客户质量目标也十分重要。

因此，在同客户的关系中，主要因素可能是团队的构成而非产品、市场或价格。如果人员构成不合适，团队就可能无法实现目标。看来我们值得花时间和精力来研究这类团队。

有时候，公司会同潜在客户组成团队。当一家公司向另一家公司递交项目建议书时，双方可能需要建立起一个联合团队，来评估合作项目。团队的人员构成对实现销售同样是至关重要的。

在顾问型销售（consultative sale）很普遍的行业，团队也是十分重要的组织形式。顾问型销售常常要求成立联合团队，所以我们在销售和营销方面需要重视团队的人员构成。这或许和产品价格、产品特色一样重要，甚至更重要。

在上述所有情况下，公司可以通过了解团队的人员构成而受益。在某些情况下，团队可能是决定业绩的最重要的因素。公司建立团队的目的就是确保团队的每一位成员都能贡献互补性的能力。如果能做到这一点，那么团队的目标很可能就会得以实现。总之，我们对伙伴关系所做研究的适用范围可能远远超过了我们的想象。

本章要点：伙伴关系和团队

伙伴关系要比人们想象得更常见。它们不仅对创业者有用，而且对处于发展阶段的公司也有用。在本章中，我们学到了以下内容：

- 有三种类型的伙伴关系，它们分别是“相像型”、“相反型”和“互邻型”关系。
- 这又带来了五种类型的合伙方式，它们分别是“相像型”、“互邻—相像型”、“互邻型”、“互邻—相反型”和“相反型”合伙方式。
- 我们可以在现实中找到所有这些类型的实例。拥有不太相似商业个性的伙伴关系比拥有相似商业个性的伙伴关系更常见。

- 我们的研究表明，在一定限度内，合作伙伴的商业个性差别越大，它们的公司就会越成功。
- 然而，有时商业个性非常不同的伙伴关系可能因缺乏将伙伴连结在一起的共性而出现问题。
- 伙伴关系包含着一个平衡点。一方面，伙伴间需要有足够大的差异，这样每个人都能给伙伴关系贡献对方不具备的能力和价值；另一方面，他们之间也需要有足够多的共性，以确保有一个和谐的工作关系。
- 伙伴关系本质上是一种团队。我们可以将伙伴关系的分析应用到小团队上，这能为我们理解某些类型的团队带来一些启发。
- 这些团队包括 CEO 和他的高级主管组成的团队，也包括 CEO 和董事会组成的团队。
- 我们可以将分析扩展到其他类型的团队上，包括同合作伙伴、供应商、客户和潜在顾客组成的团队。通过利用商业个性模型优化团队构成，我们就可以提高团队和公司成功的概率。

第 8 章　揭示 CEO 的领导力类型

揭示领导者商业个性的原因

为什么要提示 CEO 的商业个性和领导力类型？我们能想到的主要原因有四个：

1. 你想更多地了解某位 CEO，因为你对他的公司及其发展前景感兴趣，也许你在考虑对这家公司进行投资。
2. 你想更多地了解某位 CEO，是因为你想同他做生意，或许向他的公司销售产品，向他提供咨询服务，或者向他提供其他类型的服务，例如会计或法律服务。
3. 作为董事会成员，你正在想办法帮助和支持你的 CEO。你需要评估哪种技术最适合他的商业个性。或许他是个创始人，在如何使企业成长方面遇到了问题，而你想帮助他，使他在公司发展的下一个阶段取得成功。
4. 你或许想发现你自己的商业个性，因为你已经是一位 CEO 了。或者你在考虑建立一家新的公司。或者你是一位经理，希望被提拔到总经理的位置上。

在上述每种情况下，你都可能想更多地了解他人或自己的商业个性，因为你相信，有了这些信息，你就会更加成功。

对 CEO 的公司感兴趣：一旦你知道了他的领导力类型，你就对这家公司未来可能出现的结果有了一定的认识。在后面的章节中，我们将说明商业个性和公司业绩是如何联系在一起的。因此，对商业个性和领导力类型的了解可以为你提供一种独特的投资分析方法。

有兴趣同某一位 CEO 做生意：很多人对和 CEO 做生意感兴趣。确实如此，最终极的销售方式是向 CEO 销售，因为只有他有权力当场做出决定。

但是，没有专门教我们向 CEO 或高管们销售的课程，我们所能做的只不过是参加顾问式销售培训，这会很有帮助，但如果你不了解 CEO 或者高管的商业个性，你又能取得多大的成功？

我们相信，通过理解 CEO 和高管的领导力类型，你可以大大增加向他们销售时成功的概率。随着本书内容的展开，你会看到许多种有助于你同 CEO 做生意的方法，它们都建立在了解 CEO 的商业个性的基础上，这些方法能向你提供一些你不能从其他地方学到的销售秘诀。

提升你自己作为 CEO 的业绩或者前景：很多人阅读了关于如何做领导特别是如何做 CEO 的书，因为他们觉得可以从中学到如何使自己也同样成功的方法。这类图书存在的问题在于：它们将重点放在 CEO 使用的战略上，而不是 CEO 本人。

那些战略之所以成功，是因为它们适用于那位特定的领导者。那位领导者可能发现了适合他的战略，但该战略不适合你和其他没有同样商业个性的人。我们说那位领导者成功是因为他找到了"神奇的子弹"。

但是"神奇的子弹"只能从"神奇的枪"中射出，这是指一位与众不同的领导者准确地知道什么样的战略适合他那种类型的商业个性。IBM 的郭士纳就是一个很好的例子，他做到了以前的领导者没能做到的事情，所有那些领导（至少理论上）明白的道理，让一个叫郭士纳的人付诸实践了。

我的客户通常都是公司 CEO 或高管。为了提升自身的业绩，他们都希望了解自己的商业个性和不足之处、如何弥补这些不足，以及要做到这一点需要哪种类型的战略。

CEO 都存在着某些不足之处，所以通常认识自己的商业个性是一种有用的和建设性的训练，对负有全面管理职责的高管们也同样如此。

另一类需要了解商业个性的人是希望得到升迁的中层管理人员，他们希望被提拔为 CEO、或分公司总裁、或总经理等。无论如何，他们将会找到一个适合自己的方法，让他们明白高层经理应该如何进行领导。这个方法也将告诉他们，为了实现从中层到高层的升迁，他们需要重点关注哪些方面。

我的许多客户还有另外一个动机。他们想知道自己和同等地位的人相比如何？他们的商业个性是否常见？对于由他这样的人担任 CEO 的公司，或者由他这样的人领导的一个部门，会发生什么情况？与他们具有相同商业个性的 CEO 是如何修正其领导风格的？

这些都是常见的问题。我们都愿意拿自己同别人进行比较，但我们需要一个共同的衡量标准，商业个性理论就提供了这一标准。一旦你能够对自己和别人进行比较，那么你就可以找到提升自身业绩的新方法。

揭示 CEO 商业个性过程中存在的问题

一旦我们决定要揭示一位 CEO 的商业个性，我们必定会遇到一些情感方面的难题。与大多数人一样，CEO 对将自己展现给大家很敏感，他们中的一些人可能对自己的领导力感到不安，另一些人可能担心他们的战略会因此暴露，还有一些人可能担心这样做会浪费时间。

一些人会觉得做这件事是有用的，但就是没有时间。在我们开始介绍发现商业个性的技术之前，需要认识一些主要的问题，认识到问题后，我们才能设计发现商业个性的技术和方法。

问题 1：CEO 都不知道自己的商业个性

一个人的商业个性似乎很明显，然而，在我同客户 CEO 合作时，我们通常是一起来发现他的商业个性。因此，第一步要做的就是向 CEO 提问。由于这涉及个人隐私，因此你不可能去问其他任何人。通常我们会向他们展示行为驱动因素和领导力类型。

这时候，CEO 和评审者或许真的不知道客户处在坐标尺上的哪个位置。毕竟他以前从来没有听说过这种方法，也没有人问过此类问题，他也从没有思考过评审者问的任何一个问题。或许他将全部心思都放在工作上，从没想过这样的“个人”问题。

以我的一个客户乔治为例。乔治参加了我举办的一场研讨会，他对商业个性和公司绩效之间的联系产生了兴趣。然而，在我们开始对话时，他开始转移话题。

乔治具有工程方面的背景，讨论他的商业个性对他来说是一件困难的事情。他已经认识到了自己的问题所在，我建议他改变一下管理公司的方法，他也同意了。他更愿意讨论如何管理公司这些话题，而不愿意讨论自己的商业个性，因为谈论前者对他来说更容易些。

乔治是许多客户的典型代表。他们理解商业个性的重要性，也愿意改变他们的做事方式，但详细讨论他们的个人情况对他们来说会很困难。

我们不应该感到奇怪。揭示商业个性在很多方面类似一种治疗，含有自我分析的成分。当客户认识到他对自我形象的感觉或许并不符合现实的时候，他可能会感到非常痛苦。然而，为了把工作做得更好，他不得不接受这种方法。我们在分析自身或他人的时候，应该将这一点考虑在内。

问题 2：CEO 或许意识到了他的商业个性，但由于社会、政治或情感的原因而不愿意让别人知道

对于许多 CEO 来说，这是一个问题。当 CEO 处于“认可坐标尺”的“个人主义者”一端时，尤其会出现这个问题。处在坐标尺的这个位置，CEO 会努力得到公众的高度认可，这就需要花费很多资源。在他人看来这是抬高自己的做法，这样做或许会牺牲公司的利益。

这个问题也会出现在其他坐标尺上，如 CEO 在“授权坐标尺”上处于较低的位置。在这种情况下，他可能不太受欢迎。CEO 可能意识到了这个问题，但他不想直接面对它。

这个问题的产生不总是由于 CEO 对负面形象的顾虑，也可能是由于他对正面形象的顾虑。有一些 CEO 处于“认可坐标尺”的低端，他们有着高度的利他主义思想，其中一些人或许非常羞于展示这一点。

我想到的例子是约翰，他是一家小型计算机公司的 CEO。约翰性格外向，非常善于宣传自己。他曾经成功地为公司筹集到了投资资金。约翰显然处在“认可坐标尺”的高端。

但是，这是约翰不想展现给他人的东西。他清楚地知道这会被别人看成是自私自利。他在这个问题上的纠结使我们双方都失去了一个解决问题的机会。稍后我们将会看到，商业个性无所谓好坏，你是什么样就是什么样。最好面对自己，找到一个让自己进步的积极的方法。当我们在后面的章节中讨论如何修正 CEO 的表现时，我们将进一步讨论这个问题。

发现商业个性的原则

在本书的导论中曾经提到，我们已经开发出了一个正式的评估工具来测评 CEO 的商业个性，我们发现这是一个极佳的测评工具。但是，在你希望揭示一位 CEO 商业个性的时候，显然你无法对他进行这样的测评。因此，我们将向你提供一些不用我们的测评工具就能发现 CEO 商业个性的方法。

如上所述，在发现商业个性的时候我们会遇到许多陷阱。我们听到的话可能没有多少实际意义，我们相信我们的本质和外表经常有很大的出入。在对商业个性进行分析时，必须保证我们是根据行为而不是言语做出判断的。这有点儿像评判一个政客。无论他说什么，绝对的标准都是他做了什么。这一点也是适用于 CEO。

要看行动，而不是说了些什么：这意味着仅同 CEO 进行合作是不够的，我们必须找到其他的渠道来获得信息。这些渠道应该是独立的，而且是公平的，同时也必须考查 CEO 的行动而不是只听他说了些什么。

这意味着各位 CEO 的自传对我们的分析可能没有多少用处，除非我们仅仅是为了同其他渠道获得的信息进行对比。自传是 CEO 的一面之词，或者是他想让我们知道的东西。他们不会告诉我们很多真实的动机，肯定也不会过多地讲述有关商业个性的问题。

我读 CEO 的自传，是因为它们能反映出 CEO 想让我们怎样看待他们，有时候，这对于弄清楚 CEO 不是什么样的人倒是一个非常有用的方法。反过来，这能使我们注意到一些 CEO 不想让我们知道的、很有价值的事情。

我并不是说阅读这些自传没有太大的价值，它们能使我们直接从 CEO 本人的叙述中洞察到企业的战略和技术，能向我们提供如何看待他的决策和行动的新视角，能告诉我们作者同其他关键人物的会面及互动，但却无法告诉我们他的商业个性。

没有错误的答案：我相信你以前看到过这个说法。通常它被用于心理测评，其中的含义是对问题的回答无所谓好坏。你是什么样子就是什么样子。只有了解了自己，你才能取得进步。

这是一个重要的原则。我们常常掩饰真正的自我，但是，如果我们不了解自己在商业个性方面究竟如何，我们就无法知道如何纠正自我。如果我们在自己是个什么样的人这件事上欺骗了自己，那么就会在修正自己的领导方式上做出错误的决定。

我曾无数次看到过这样的事情。我的客户之一吉迪恩（Gideon）是一家小型软件公司的 CEO，他是公司的技术创始人，富有激情和动力、非常聪明且渴望学习。在不了解自己商业个性的情况下，吉迪恩决定主管销售工作。但是，他根本不具备这方面的能力。甚至在有人就此向他提出建议时，他仍然坚持自己主管销售工作，而不是请一位懂销售的人来代替他。结果发生了两件事情：其一，他的销售工作一点也不成功；其二，更糟的是，因为他把精力转向了销售上，所以他的产品品质也遭受了损失。

同样的事情也发生在一些经验丰富的 CEO 身上。马修（Matthew）是一家规模较大且非常成功的公司新任 CEO。他被聘为 CEO 就是由于他有销售方面的背景，且在行业内有一定的名气，尽管他的名气不是在专业技术方面。马修处于"客户坐标尺"的高位，他的领导力类型是"客户关注者"。

但是，马修对自己的能力过于自信。他既不了解产品也不了解市场，但他还是坚持主抓产品工作，而不是将这一工作授权给另一个更懂行的人，然后同他进行协作。公司的产品因此遭受损害，他也被炒了鱿鱼。公司发展因此倒退了两年，遭受了重大损失。如果马修能认识到自己的商业个性，且能遵照商业个性的特点行事，就不会出现后来的不良后果。

商业个性的信号和线索

要研究上市公司的 CEO，你就需要阅读有关书籍（如果他们足够著名的话）；如果他们不太著名，你可能需要阅读一些新闻报道等。为了描绘出 CEO 的商业个性，你需要对某些线索或话语十分敏感。随着你的经验越来越丰富，仅仅通过快速浏览资料，你就能找到一些重要的信息，从而揭示出 CEO 的商业个性。随着经验的积累，你会发现自己可以快速完成这一工作。

你应该寻找某些信号或词语，这个人是喜欢社交还是远离人群？性格内向还是外向？是快乐还是忧郁？冷静还是冲动？这些问题可以为"关系坐标尺"提供信息。现代照相机的发明者乔治·伊斯特曼曾经说过："40岁以前我从不微笑。"他的传记作者在书中描述他"从没感觉过快乐"[363]。这些片言只语就能传递出他处在关系坐标尺的哪个位置。

那么，该如何去识别"逻辑坐标尺"上与"分析型"相对的"直觉型"呢？关于露华浓公司（Revlon）的创始人查尔斯·瑞佛森（Charles Revson），传记作者这样写道：

> "通过将美甲油从化学药品变为色彩绚丽的梦幻商品，露华浓公司将吸引人们购物的因素从理性的东西变为感性的东西。瑞佛森使售价同商品成本相脱离，发生这一变化的关键是他的想象力和一批杰出的广告创作人员的想象力，以及他多年使用的经销商。"[364]

这无疑就是瑞佛森的写照，他是"直觉型"的领导者。

"认可坐标尺"告诉我们的是一位CEO是否追求公众对他的认可。稍后我们将会看到，这一变量将给我们深入了解公司未来的业绩提供宝贵的信息。

19世纪的钢铁大王安德鲁·卡耐基"对公众的认可有着永不满足的需要"[365]。按照吉姆·科林斯的看法，卡耐基并没有因此像这类领导者通常遇到的那样，在对公众认可永不满足的追求中遭遇事业的失败[366]。但是，它仍反映了在领导者所关注的焦点问题上存在的两种典型的差别：一种关注公司自身的发展，另一种则追求公司之外的东西，而在很多情况下，后者会使公司遭遇灭顶之灾。稍有不同的是，卡耐基作为一个商业奇才，成功地躲过了这颗子弹[367]。

那么风险/回报坐标尺呢？什么类型的词语适用于这个方面？"为了长期利益而牺牲短期利益"就是标志性的词语。鲁伯特·默多克这位前澳大利亚的媒体大亨是一个狂热的赌徒，在他的职业生涯中，他就是沿着这样一条道路前进的。

> "其他公司无法承受股东的压力，会放弃长远利益而追求短期盈利。这对于默多克来说从来都不是问题。他想借多少钱就能借到多少钱，而不必考虑短期内的问题，因为他的私人公司克鲁顿公司（Cruden）对整个集团具有控制能力。"[368]

我们还可以看一看同一位传记作者对默多克的一个关键个性特征的描述——他做出决策的速度。

> “格蕾丝·米拉贝拉（Grace Mirabella）见证了默多克做事的速度。1988 年在《时尚》（*Vogue*）杂志成功地做了几年编辑之后，她突然被辞退了。默多克马上问她是否愿意以她的名字‘米拉贝拉’为名重新办一本新的时尚杂志，她同意了。于是，这件事没有遇到任何麻烦就做成了。在官僚化的组织里，要筹办一本新的杂志会花上几年的时间写备忘录、制定计划，并经历痛苦的过程，默多克在片刻之间就决定了，几个月后，杂志就创办了。”[369]

由此我们可以对默多克在“反应时间坐标尺”上的位置有一个大概的认识。

那么，关于授权方面的能力呢？这个因素告诉我们的不仅仅是授权，而且也反映了允许授权的公司环境。它使我们能够深入理解员工对机会的态度，也是区分不同领导者的一个主要因素。“授权坐标尺”是一个识别领导力类型和公司绩效的重要工具。作为世界上最大的零售企业沃尔玛的创建者，山姆·沃顿显然处于这个坐标尺的高位。

> “沃顿通过向员工提供金钱和心理上的激励，使人才保持对公司的忠诚。在金钱方面，超市经理以及后来被称为‘合伙人’的超市员工都从慷慨大方的利润分享计划中受益。心理方面的回报来自这样一个事实，即沃顿给予每位超市经理管理其超市充分的自由。”[370]

因此，我们可以相当容易地找到山姆·沃顿在“客户坐标尺”上的位置。他的一位传记作者这样写道：

> “沃顿具有一种真知灼见……我们可以用一句话来表述：为顾客服务。”[371]

当沃顿新开的超市造成老对手的倒闭时，沃顿说出了一番很有启发意义的话：

> “你不能说是我们将它赶了出去。顾客才是让它关门的人。他们是用脚投票的。”[372]

至于一位领导者在多大程度上是一个战略家或者一个具体运作型的人，我们只需要读一些详细描述领导个性特征的文字就会得出结论。喜欢制作东西，并最终将它们完成，然后很快将它们推向市场的人自然会表现出他的特征。一个观察家是这样描写亨利·福特的：

> “他对手表着迷。他可以把表拆开，然后再轻松地将它们组装好。他也对其他机器着迷，比如蒸汽机。他是个天生的机械师。他有耐心，做事系统全面，精心对待他的机器，我们不得不说，他在这个领域具有天分。”[373]

这段文字讲的是在他成立自己的公司之前的事情。显然，从他年轻时的行为就可以读出他在“执行坐标尺”上的位置。事实上，对领导者青年时期的描述能够向我们提供赖以发现其商业个性的真正方法。

书面材料远非你可以使用的唯一渠道，你可以主要依靠对 CEO 的观察或者通过工作中的直接接触来了解他们。

上述内容只是了解 CEO 商业个性的开始。不同的作者和观察者会表达不同的观点和看法，你需要对他们的描述所传达的含义保持一定程度的敏感。不过，由于你有一个模板指导你寻找哪些信息，因此你就有了一个更好的起点。

我们将基于你的直接观察，向你提供有关 CEO 商业个性的其他线索，其中一些线索和某些个性特征相关联，这些线索将使你能够在更大的范围内深入了解其商业个性和领导力类型的含义。

发现商业个性和领导力类型的技术

现在，我们将话题转向发现商业个性和领导力类型的技术本身，我们将关注三类主要对象，他们是：

- 上市公司 CEO。
- 私人持股公司 CEO。
- 你自己。

针对上述各类对象所使用的技术有巨大的差别。一般来说，发现上市公司 CEO 的商业个性是最容易的，他们公司的股票公开交易，因此总会有人以某种形式来提供他们的信息。上市公司必须公开很多正式文件，关于它们的报道也更多。这些公司的财务数据可以从公开渠道获得，我们可以使用这些信息来推断 CEO 的商业个性。我们会发现，揭示这类对象的商业个性要更容易一些，至少我们可以从公开的渠道获得信息。

私人持股公司的 CEO 则是完全不同。人们很少能得到他们公司的财务信息。这些公司的文件也不会定期向公众公开。媒体对它们的报道会有一些，但通常不太多。因此，你很难凭借财务信息来考察这类 CEO。尽管如此，我们还是有办法来找出这类 CEO 的商业个性。

最后是读者。原则上，我们拥有所需要的全部信息，但仍受限于我们在上面提出的问题。许多人不知道自己的商业个性，因此我们必须找到能解决这个问题的技术。我们将在下面讨论这些问题。

揭示上市公司 CEO 的商业个性

我们可以利用以下几种方法来揭示任何上市公司 CEO 的商业个性：

1. 公开备案的资料。
2. 传记和其他书籍。
3. 媒体报道。
4. 互联网论坛和聊天室。
5. 分析人员。
6. 客户和行业伙伴。
7. 公司新闻稿。

公开备案的资料：这可能是最易于入手的方式。股东委托声明书（proxy statement）中包含有CEO的简介，可以为我们提供CEO过去的经历、教育背景和年龄等方面的详细信息。

股东委托声明书能向你提供CEO的职业背景。它能告诉你他在担任CEO之前的职位，同时也会提供他的教育背景，如曾就读商学院或工程学院等。你现在至少可以在“职业模式”的象限内填上有关其商业个性方面的信息。

股东委托声明书还会提供公司主要负责人和管理人员的简介及背景。这能够告诉你CEO倾向于使用哪类人，从这些人的类型中你也许能发现一些共性，由此便能推断出他的部分商业个性。

例如，如果大部分主要负责人和经理拥有销售背景，且CEO也拥有销售背景，那么你就可以断定公司对销售高度重视，并且可能在产品、运营和财务方面存在问题。我们将在后面讨论由CEO商业个性带来的系统性偏差。

公开备案的信息也能向你提供大量关于公司财务表现的信息。你可以在10Q和10K的备案（即季度和年度报告）中找到这方面的信息，透过这些信息，你就能够发现CEO的商业个性特点。

书籍和传记：如果公司足够大，你就能找到其CEO的详细信息。因为如果公司足够大，就会有人编写CEO的传记。与纯粹出于商业目的的书籍相比，我们更喜欢传记，因为前者虽然提供了大量关于企业大事和战略的信息，但它们提供的有关CEO的信息可能并不多。

如上所述，我们不赞成单独使用自传提供的信息，它们往往告诉我们一些CEO想让我们知道的信息，而不会提供关于CEO商业个性的有用信息。我们也不会阻止你阅读这些自传，因为它们确实能提供有关CEO的思想和战略方面的信息。但如果你阅读自传是为了从中发现CEO的商业个性，就一定要同时阅读由第三方撰写的CEO传记。

另外要记住，并非所有传记作者的观点都是一致的，每个人都有不同的视角，他们看到的可能是CEO不同的方面，所以在阅读时要有判断力。要确保传记不是那种“经授权”的传记，因为在编写这类传记时，作者要想得到更多更多信息，就必须以内容得到CEO的认可为条件。在很多情况下，这些传记实际上是CEO或公司自我宣传的材料。

新闻和媒体报道：新闻和媒体报道可能是一种非常好的发现商业个

性的方式。诚然，其中一些信息有其自身的导向性，但记者所写的故事和独立的观察或许能反映 CEO 的商业个性。在你已经了解了商业个性含义的情况下，媒体所报道的一些事件就有特别的意义了。

无论何时，只要我看到关于某 CEO 购置昂贵物品供自己使用或以此摆谱的文章，我就把这看成是亮起的红灯。我们不仅仅在泰科（Tyco）和安然事件中看到了这种红灯，在一切都合法的公司中，我们也看到了这种红灯。

但是，这种大肆铺张的风格反映了 CEO 所具有的某种财务特质，即花钱大手大脚，这就能告诉我们公司会出现什么样的结果。其中一个结果是：公司的费用会高出平均水平，在其他因素保持不变的情况下，公司的价值可能会下降。我们将在分析 CEO 财务特质的时候再次讨论这一问题。

有些记者可能会引用其他熟悉 CEO 的记者所做的报道，其中可能提到他的领导风格，比如他是否会大量授权，也可能评论他对客户的态度。他们可能会揭示出 CEO 是否是一个注重亲自参与产品生产过程的人，这会为我们提供 CEO 职业模式中“客户坐标尺”上的有关信息。

我们所说的媒体也包括电视。没有多少公司的 CEO 能经常上电视。但如果你投资的是一家大公司，那么这就完全有可能。如果你能亲眼看到这家公司的 CEO，那么你就会对他的商业个性有更加深入的认识。他是被动防守型的人还是主动自信型的人？他是否回答别人提出的问题？他谈话时是夸夸其谈还是闪烁其词？他看上去很矜持还是热情奔放？我们不要忘记，一些人天生就会在电视上作秀，因此我们从电视上得到的印象并不可靠，但尽管如此，电视仍然是获取信息的一个宝贵渠道。

社交媒体、互联网论坛和聊天室：这些媒介也可以成为信息反馈的宝贵来源。很多上市公司在雅虎或其他网站上专门开辟了讨论组，很多股票网站有关于各上市公司的讨论组。如果你没有亲自见过这些 CEO，那么这些网站就会非常有用，因为有时候会有同 CEO 见过面的人参加讨论。如果你够幸运的话（但要当心，因为这可能涉及一些法律问题），参与者中可能有一个或多个 CEO 所在公司的员工或前员工，他们会提供关于 CEO 的第一手信息。

有时候，一些对公司不满的员工也会登录这些网站，他们或许能提供一些宝贵的信息，但有时候这些信息带有极大的偏见。对此你需要保持谨慎，并具有一定的判断力。这些网站会成为你获取花边新闻和意见的良好渠道。

最后，社交媒体可以为我们提供关于 CEO 的最新的重要信息，其中一些信息是在其他地方无法得到的。通过社交媒体，你可以找到直接认识 CEO 的人。有些 CEO 甚至可能直接参与社交媒体（如 Twitter）的交流。

利用本书中有关商业个性构成的知识，你就能更全面地认识一位 CEO。如果你能继续参与网上论坛和其他社交媒体，你就能够获得一些规律性的认识。你可以在论坛里和其他网友共同检验一下这些看法。

然而请记住，要谨慎对待这些网站上的信息。通常，来这里的人都是与公司或 CEO 存在分歧的人。还有一些人可能希望利用带有倾向性的信息来影响股价。在网上你也可能会遇到竞争公司的员工。至于网上的信息，你需要保持适度的判断力，解读信息时要格外小心。

分析师：如今，拥有分析师的公司越来越少。但是，如果仍有分析师，那么他们就可能是另一个获取商业个性信息的来源。当然，在多数情况下，这类信息主要是财务分析方面的信息。

然而，有时候分析师也会偏离技术性的问题，转而评价 CEO 本人。有时候，这些评论是在数字的背景下进行的（如“最近，CEO 花了大量时间和一些高层政治人物交流……盈利似乎受到了影响”）。在另一些情况下，他的评论可能只是对 CEO 本人的一次性印象。无论是哪种情况，它们都能为你的信息库增添内容。

另一个非常有吸引力的信息来源是分析师们的季度会议，这是每季度由公司举办的远程会议，通常由 CEO 主持。CEO 会在这类会议上评估公司的季度业绩并回答相关问题，与会者通常是分析师。

近些年出现了一个新的趋势，即这类会议开始向分析师以外的人员开放，包括市场营销人员、经纪人甚至大股东。这个趋势是由证券交易委员会（SEC）颁布的“公平披露原则”推动的，旨在确保没有人能比其他人更早得到市场信息。

很多小型公司利用这一规则来放宽对参会人员的限制。如果你有幸参加这样的会议，你就能通过以下几种方式收集更多的信息。

首先，你能亲自听到 CEO 本人的讲话，单凭这一点，你就可以获得关于 CEO 的额外信息和深入了解。其次，更有用的是，你可以听到其他人向 CEO 提出一些他没有准备的问题。最后，你自己也可以提出问题。如果你的目的是认识 CEO 的商业个性，那么你就应该努力争取参加这类会议。当然，你本人必须要成为一名股东，但如果你的目的是评估你对该公司进行的投资，那么你就已经具备了股东的身份。

客户和行业伙伴：如果这是一家规模足够大的公司，那么你就能很容易地找到其客户或者合作伙伴。或许你找的人没有见过 CEO 本人，但他们可能认识见过 CEO 的人。获得关于 CEO 的一手信息总是很重要的，即使有时候你是通过间接的方式从他人那里得到的。如今，借助互联网和电子邮件，你可以找到那些掌握 CEO 信息的人。即使你研究的是一家小公司的 CEO，你还是可以通过媒体报道或者为新老客户提供的公开文件获得信息。

新闻稿：公司的新闻稿是获得 CEO 信息的一个有效渠道。公司经常发布新闻吗？发布新闻稿的频率超过了合理限度是不是为了维持股价的稳定？这位 CEO 是不是喜欢成为媒体的焦点人物？新闻稿中对 CEO 是如何报道的？在报道中是否还引述过其他人的话？公司是否对负面消息和对正面消息一样抱有开放的态度？公司是否开诚布公地对待股东？公司是如何应对负面消息的？正面消息和公司成就应该归功于谁？

有时候，新闻稿似乎非常枯燥和空洞，但通过认真阅读，你就会从中获得很多信息，其中遗漏的内容可能比报道的内容更重要。

如今，公司在发布新闻稿时，措辞会非常谨慎。他们会将最有利的信息发布出去。这些新闻稿可能会数易其稿。只有以批判的眼光去阅读，你才能从中获得大量信息。与财务分析相比，这种文字分析技术可能会为你的商业个性分析项目带来更加重要的见解。

揭示私人持股公司 CEO 的商业个性

为什么我们希望发现私人持股公司 CEO 的商业个性呢？原因如下：

1. 这家公司的 CEO 在寻找投资。我们不了解他，但他通过共同的关系人发出了这种请求。
2. 我们希望在这家私人持股公司谋求职位。或许我们会得到股票期权，或许我们只想评估公司在该 CEO 的领导下将走向何方。

3. 这家公司在寻求同我们公司建立伙伴关系。我们希望评估该公司 CEO 的领导能力，看它是否同我们的目标一致。

或许还有其他类似的原因。然而，我们用于上市公司 CEO 的许多技术不适用于他们。

我们可以使用在讨论上市公司 CEO 时提到的收集信息的方法来收集私人持股公司 CEO 的信息。当然，我们无法得到这些私人持股公司的文件，但仍然可以通过书籍、文章和公司新闻稿获得一些信息。今天，许多公司都会在其网站上提供大量信息，社交媒体也是一个很好的渠道。你可以利用上述任何方式。在本节中，我们集中讨论在无法获得这些信息时采用的方法。这些方法包括：

1. 网站。
2. 访谈。
3. 员工。
4. 客户支持。
5. 社交网络。

网站：与公众持股公司相比，私人持股公司的网站对于我们的重要性要大得多。所有上市公司都有自己的网站，即使没有网站，它们也都有公开的资料。而私人持股公司的网站可能是唯一的公开信息来源。它提供的信息可能比较丰富，也可能很少。通常，它会告诉你 CEO 的名字和背景资料，也可能会提供管理层和董事会的相关信息。它们经常会列出一些客户和合作伙伴的名单，在这种情况下，你就有了可以进一步搜寻信息的线索。只要网站上有电子邮件地址，你就可以向公司发送电子邮件，提出一些问题。

公司的合作伙伴也会特别有用。知道了它们的名字后，你也可以访问它们的网站。也许你可以通过电子邮件或电话同他们联系，请他们提供一些你感兴趣的公司和 CEO 的信息。

访谈：对于上市公司和私人持股公司这两类公司的 CEO，我们都可以采用访谈的方式。要采访一家大型上市公司的 CEO 可能很困难，但对于一家小规模私人持股公司，我们也许可以安排一次采访，可能是面对面的访谈，但更有可能是电话访谈。由于我们多数人不是记者或分析师，我们采访时应该谈什么？我们应该就哪些话题同 CEO 展开讨论？

很多小型私人持股公司在寻找资金。在这种情况下，你可以向对方要一份**商业计划书，或股票发行备忘录**。如果该公司在寻找资金，那么其 CEO 很可能非常愿意和你交谈。你本人可能对投资该公司不感兴趣，但你的朋友、家人或合作伙伴可能感兴趣。

商业计划书是非常有用的材料。如果你能拿到一份，它们会提供你需要的一些信息。其中肯定有 CEO 的简介，也很可能有董事会成员和管理团队的简介。

商业计划书的焦点将告诉你 CEO 最注重什么。如果计划书是以产品为导向的，那么你就可以推断 CEO 的技术背景将决定他的决策和行为。如果计划书中的很多内容涉及销售、市场营销和客户，而且他有销售方面的背景，那么公司在将来可能会非常重视销售。如果计划书中列举了大量的财务信息，那么该公司可能在这些方面存在弱点。另外，计划书中可能还会有关于收购和产权交易的计划。商业计划书是开始进行信息收集的良好工具。

如果公司确实在寻找资金，那么你就可以使用一个现成的方法来采访 CEO。你可以问一问他们需要多少投资，对投资者的回报是什么。公司期望利用这些投资取得什么成果？进行投资的条件是什么？

对这些问题的回答能使你深入了解 CEO 的商业个性，也能告诉你他对风险/回报的态度、对客户和执行方面的注重度，或许还能告诉你他对认可、授权的注重度和反应时间方面的特点。你向他提出的问题越多，你就越能知道他在各个坐标尺上所处的位置。将这些信息与你通过第三方得到的信息结合起来，你就会感到自己的调查工作硕果累累。

在这种情况下，你或许能够和 CEO 安排一次面对面的访谈。这才是获得信息的最佳方式。一次面对面的访谈能使你在更大的范围内提出问题。他对问题的回答有助于解答你对其商业个性的许多疑问。

尽管如此，就像我们在前面提到的那样，你还是有必要收集来自第三方的信息，以便于对他的商业个性给予全面的评定。

员工：在这几种方式中，最好的信息来源还是员工。他们通常很了解自己的 CEO。他们见识过 CEO 在不同情况下的行为方式。一般来说，他们很公平，因而他们的意见也比较客观。但是，你如何才能找到这些员工呢？

接触员工的最佳方式还是通过销售人员。你可以打电话索取一份宣传册，也可以是更多地了解产品。如果联系销售人员是为了购买产品，那么他们就没有理由不给你回电话，也没有理由不愿意和你交谈。谈话的内容可以是他们的产品、竞争者、他们的公司以及他们的 CEO。我认为，通过之种方式，你可以发现很多有用的信息。这为我们提供了另一种获得信息的方式。

客户支持：这也是你可以联系的一个部门。通常，这一部门的员工可能不像销售人员那样健谈，或许你得先购买公司的产品，但他们一般会向你提供产品及其性能的信息，甚至竞争对手的信息，有时候也会谈到他们的 CEO。

他们会将你引荐给他们的老板。在这种情况下，你可以给老板打个电话。虽然人们都很忙，但如果有人对公司真的很感兴趣，他们还是会愿意花些时间和你交谈的。如果他们对自己的产品和公司感到自豪，就更可能这么做。如果他们没准备和你交谈，你应该查找一下原因，这样做本身就可能反映了 CEO 的某种商业个性特点。

社交网络：同直接认识 CEO 的人交谈会是一种非常有帮助的方式。但是，如果你找不到这样的人，那该怎么办？此时，技术或许可以帮你解燃眉之急。社交网络对收集 CEO 的信息越来越有用。Facebook、LinkedIn、Twitter 是首选网站，但还有许多其他的网站。通过社交网络你可以找到了解 CEO 的人，因此它是一种收集有关 CEO 商业个性信息的强大工具。

社交网络也能缩小上市公司和私人持股公司在获得 CEO 信息方面的差距。你可以使用社交网络和媒体找到这两类公司的信息。但由于上市公司已经具备了很多这方面的信息，因此它对于获得私人持股公司信息的作用更大。借助于这些应用，你就有更多的机会找到了解 CEO 的人，甚至是了解那些最小的公司的 CEO 的人。

揭示你自己的商业个性

知道如何发现一位 CEO 的商业个性后，将这种方法应用到你自己身上会非常容易，对不对？未必。我们前面已经说过，现在你就面临着自我发现和自我认识时存在的难题，而这些难题是我们每个人在认识自我时都会遇到的。

尽管如此，在这种情况下，至少我们不必调查你的情况。你可以将准备向 CEO 提出的问题搬到自己身上。你的朋友和同事也可以参与这一过程。你已经知道了揭示商业个性的基本原则，那就开始吧。我们可以借助的人和工具如下：

1. 朋友。
2. 工作绩效测评。
3. 导师和教练。
4. 360 度绩效测评。
5. 心理测试。

朋友：获得反馈的最佳渠道可能是你的朋友。你要确保他们明白你想要的是客观的反馈。没有错误的答案。如果能提供最客观的反馈意见，他们就帮了你的大忙。你希望得到他们的反馈，要么是为了提高自己作为一名领导者的业绩，要么是评估自己成为领导者的潜力。

你的朋友很了解你，他们可以很快对你的八种行为驱动因素给出反馈。完成这一工作后，你就可以了解自己的领导力类型。

工作绩效测评：在工作中，你很有可能接受过正式的绩效测评。如果你在大公司工作，接受这种评测的可能性就更大。这种测评方法或许有一个正式的结构，可能和本书中给出的方法不一样，但也可能非常相似。你可以将单位测评的一些结果用到本书使用的坐标尺上。

另外，你可以请你的主管或者人力资源部门的人员参照我们的坐标尺对对你进行评测。你的老板或许也很乐意这么做，因为这样就可以对你的工作潜能提供额外的反馈。

请记住，这种测评无所谓对错，你请你的主管为你提供这种额外的测评，他肯定会觉得那是你看得起他。如果你的公司没有正式的绩效测评体系，你可以请他们使用我们的坐标尺进行测评。因为这是一个专门为进行快速现场评估而设计的方法，所以只会占用他们很少的时间。这个测评向你提供了额外的信息，只会给你带来建设性的反馈意见。我认为，管理者会十分乐意帮助你进行这样一次测评。

导师和教练：近年来，企业中十分流行导师辅导式的方法，包括CEO聘请一位私人教练作为改进其领导方法的顾问。

许多著名CEO都有自己的领导力教练，这几乎成了一种普遍现象，就像一个人拥有自己的健身教练一样。曾几何时，拥有自己的私人教练被认为是一件不光彩的事情，就像过去一个人有自己的私人治疗师那样被人看不起。如今，情况不同了。拥有这样一位导师或教练对你的职业生涯和绩效来说是一件增光添彩的事情。

我是导师和教练制度坚定的信奉者。我认为，他们是成长中的经理和在职CEO最有用的工具。很多还没有导师或教练的CEO可以聘请一位，他们会受益匪浅。在很多情况下，他们比董事会还有用。在另一些时候，他们提供的指导和董事会的决策会形成互补。

许多大公司有正式的导师制度。在这种情况下，你应该将本书推荐给你的导师，请他根据我们的坐标尺为你打分。如果你没有在大公司中任职，那么可以考虑为自己聘请一位导师。这位导师应该年长且经验丰富、深得你的尊重和喜爱，并能提高你的才智水平。

一种测评方法（如本书中讲述的方法）可以成为你找到导师、开启导师关系的宝贵途径，你可以通过请他们帮助你进行测评，从而找到可能成为导师的人。

本书讨论的测评方法可以被看成是开启这样一种导师关系的工具。尽管本书中关于提高业绩的建议非常有用，但导师可以为你提供更大的帮助。

导师能够理解将本书中的建议应用到实际工作中会有多少好处，他也知道它们应该被应用在哪里以及如何应用，还能看到在实际工作中你没有意识到的改善。简而言之，使用本书最好的方法就是将它同导师或教练结合起来。

360度绩效测评：近年来，360度绩效测评在大公司变得越来越受欢迎。360度测评就是从多个熟悉被评估人工作绩效的渠道获得系统性的反馈意见。

360度测评是基于主管、下属、同级别的同事以及客户和战略伙伴等多方面的反馈意见进行的。这种方法有时候被称为多渠道测评，以区别于传统的、仅仅由主管进行的单一渠道的测评[374]。

根据评估目标的不同，360度测评可使用多种不同的工具。它可以使用标准的商业工具——一种根据标准的人力资源方法来评估团队的互动性、对顾客的关注度、计划的执行和其他方面绩效的工具，也可以使用根据公司特殊的管理和战略目标专门为其设计的一次性测评工具。我们还可以将来自公司内部和外部评估者（包括客户）的反馈意见整合进来。只要使用得当，360 度测评会是一种非常有用的工具。

在使用 360 度测评法时有许多限制。评估人必须理解测评的目标是什么，被评估人必须理解测评的目的和用途，组织机构必须说明该测评的主要目的是为了评估工作绩效还是为了人力资源开发。

如果你所在的组织使用 360 度测评，那么其中的一些问题很可能和本书中使用的坐标尺相重合，这有助于你将其中的一些反馈结果用于我们的坐标尺上。如果你所在组织不进行 360 度测评，那么你可以随时请人力资源部门使用本书中的坐标尺为你安排一次快速的 360 度测评，或者由你所在的公司请一家咨询公司帮你完成。不管采用哪种方式，你都可以将 360 度测评法同本书中的坐标尺工具及方法结合起来使用。

这在很大程度上取决于你的地位。你可能是一位 CEO 或者高管，也可能是一位中层经理，希望找到一种有助于提高自己的能力以便在组织中获得晋升的方法。

很多 CEO 不喜欢进行全面的 360 度测评。在这种情况下，请一位咨询顾问和他一起利用我们的坐标尺完成测评就是有意义的，只需要利用特定来源的有限反馈即可完成这一测评。

在一个组织存在很多中层主管的情况下，出于组织或其他的原因，360 度测评法可能不适用。在这种情况下，我们还是建议聘用一位外部的顾问或教练来帮你，还是从有限的几个渠道（朋友或者家人）获得反馈信息，然后使用我们的坐标尺测评法对你做出测评。

在这些情况下，顾问或教练本质上也是一个反馈信息的来源。与其他熟悉被评估者的人相比，顾问作为一个信息来源可能不太理想，但最后的评定结果对于被评估者来说还是有很大价值的。

在应用 360 度测评法时，我们不应该太理想化。关于 360 度测评法已经积累起了数量庞大且内容深刻的文献，同其他管理方法一样，文献告诉了人们应该如何提高测评的可靠性和有用性。

但我们也知道，在日常生活和商务活动中，我们不可能总是以理想的方式做事情，对于规模较小的创业型公司来说尤其如此。我们应该把文献所描述的情形看成是进行测评的理想化环境。

然而，如果理想的环境不存在，我们也不应该放弃对 360 度测评法的使用，这样做会丧失许多本可以从中受益的机会。即使环境不那么理想或你所在的组织根本不使用 360 度测评法，你也应该将本书看成是进行这种测评的一个途径。

心理测试：有时候，作为管理评估的一部分，我们会使用几种心理测试法。应用最广的是迈尔斯—布里格斯类型指标（Myers-Briggs Type Indicator，MBIT）和霍根人格测试法（Hogan Personality Inventory）。很多人已经接受了这些方法的测试。

除此之外，还有许多由小型组织开发的心理测试方法，应用范围不广。经常有人问我，这些方法是否和我的坐标尺测评法相重叠，如果有重叠，表现在哪些方面？

首先，我们应该说所有这些测试法在帮助被测试者更好地了解自己方面都很有价值。毫无疑问，没有一种测试法能十分完美地解释我们是谁、我们将做什么。每一种测试法都有其优点和缺点，设计一种方法的目的不同，因此其有用性也存在着差距。

迈尔斯—布里格斯类型指标和霍根人格测试法等最流行的方法都是由专业心理学家而非商务人士设计的，它们最初的目的是为了反映人格的临床方面的情况，尤其是病理学方面的情况。对于一位管理人员从临床的角度了解自己、深入理解自己的人格，它们是非常有用的，但心理学家设计它们的初衷不是来预测在某种商务和管理情境下是否能取得成功，因此它们在这些方面的用途有限。

在这些方面，有很多种不同的测试方法，设计它们的目的是为了评估管理能力和成长潜力。总体来说，它们主要是针对中层管理人员设计的，也可以为高层经理的管理和领导潜能提供参照。但它们不是为高层经理设计的，高层经理是同其他经理不同的一类人。

过去的 20 年来，我一直在 CEO 的层次上工作，我的兴趣在于企业高层的管理和领导力方面的问题，它们不同于其他管理层面上的问题。

我说的企业高层管理人员是指对整个企业或部门的盈利和亏损负有全责的主管。我的经验是：这些企业高层经理（诸如 CEO 或分公司总裁）面对的是一些关系重大的问题，同其他层次的管理人员面对的问题显然不同。

我的研究和写作聚焦于这些差别，因此我设计的坐标尺和领导力类型主要针对高层管理人员，而许多为企业管理人员设计的心理测试方法总体上不是这样。如果你对高层管理方面的问题感兴趣（这类问题不同于其他层面的管理问题），那么本书中的方法就是专为你设计的。

这些测试法对本书的读者有用吗？答案是肯定的。这些测试法中有许多使用了坐标尺，其中一些方法和本书中的坐标尺重叠或者有些相似。然而，就像我们前面说过的那样，它们中间没有一种方法具有全面反映 CEO 商业个性所需要的所有坐标尺，通常它们只涉及一个方面。

你或许已看出我信奉一个折中的方法。我相信迈尔斯—布里格斯类型指标和霍根人格测试法中的某些部分和本书中的一些内容在一定程度上相重合，尽管前者不是专为商务场合的应用而设计的。当你接受这种测试时，一些结果可能和本书的坐标尺有关，并能适用于这些坐标尺。我真的认为，为了追求进一步提高领导绩效，我们应该从所有渠道寻求帮助和灵感。

对你自己进行测试

你现在可以开始进行自我测试了。你可以按照以下三个步骤进行：

1. 首先，选择你希望其参与进来的人。如果你想自己完成这一评估，就开始下一步。
2. 你和你的评估者都应该标出你在八个行为驱动因素中的每一个坐标尺上的位置（根据他们自己的看法）。我们在附录中提供了这些驱动因素的模板。请注意，每个驱动因素上有六个标记，这样做是有原因的，这意味着你永远不会处在正中间，因此你的朋友必须认真想一想你在坐标尺上的准确位置。
3. 然后，你应该计算你在每一个行为驱动因素方面的平均位置。
4. 你在每个行为驱动因素上的平均位置应该被转化到四个商业个性模式中，这样就能在四个模式中每个模式的一个象限里确定你的商业个性的位置。我们在附录也提供了这些模式的模板。
5. 完成这一工作后，你就可以读出你的领导力类型。我们在附录中提供了所有的领导力类型供你参照。

6. 下一步就是确认你的主要风格。就像我们在本书第 3 章中讨论的那样，这会随环境变化而变化。这必须是得自他人对你的观察。在后面的章节中，我们将向你提供更多关于如何准确找出你的主要领导力类型的方法。

你的领导力导航图

现在你需要评估自己的总体商业个性。如前所述，为了能够做到这一点，我们开发出了一种名为“领导力导航图”（Leadership Cockpit）的工具。顾名思义，它以图表的方式提供了一种快速评估商业个性的方法。

利用领导力导航图，你可以将你的商业个性同他人的商业个性进行对比，也可以对你所评估的许多不同的领导和 CEO 进行对比。它使你能够找出商业个性的模式，以便进行其他类型的领导力分析。

评估的结果就是你的领导力方面的“四副面孔”，它们涵盖了你在使命模式、管理模式、职业模式和领导模式方面的表现。这四副面孔共同组成了你的商业个性的全部内容，它们看上去就像图 34“你的领导力导航图”所描绘的那样。本书的附录中提供了一个领导力导航图的模板，以供你自我评估使用。

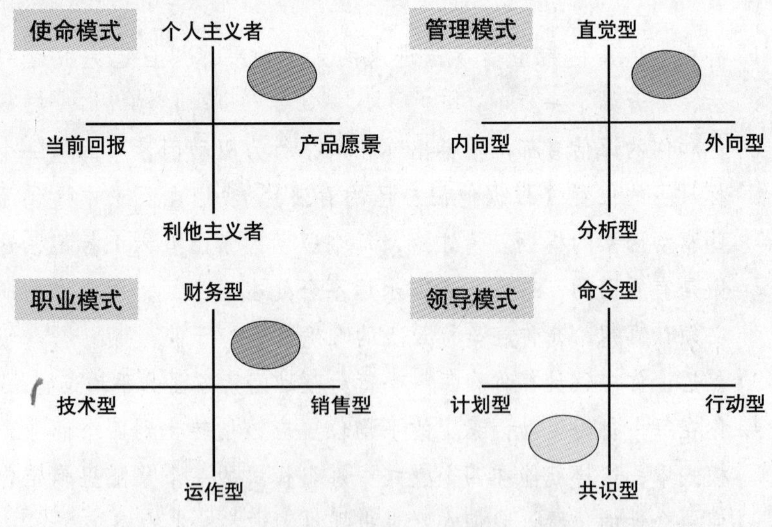

图 34　你的领导力导航图

我们将在后面看到，找出领导力类型只是工作的开始，而不是结束。一旦知道了自己的领导力类型，你就可以利用本书中的知识和方法来尝试如何开发自己的领导潜力。每种领导力类型都有独特的做事方法，也有特别的失败方式。本书向你提供了一些避免失败的方法。稍后我们将看到的“修正模型”会向你提供额外的避免失败的工具。

发现不同的商业个性模式很困难吗？

我们的模型界定了四种商业个性模式或“面孔”。在本章中，我们已经讨论了揭示这些模式的原则、有关问题和技术。

显然，要讨论的内容很多。尽管我们的模型高度简化，但我们要分析的问题还是十分复杂。一个问题是：在揭示不同的模式时是否存在难度上的差异？

答案是肯定的。在不同的情况下、对于不同的人，这四个模式表现的方式不同，要详细讨论需要再写一本书，但我们将在下面简单地讨论一下，让你有所了解。在以后的章节中，你会发现存在这些差异的更详细的原因。

发现 CEO 商业个性时的差异在很大程度上取决于你是否能得到关于 CEO 的第一手信息。如果能，那么就能相对容易地确定其管理和领导模式。员工在这两方面尤其有发言权，他们非常了解其 CEO 是喜欢和人打交道，还是喜欢和物打交道，除非这些 CEO 远离人群，但即便如此，员工们还是会通过点滴信息了解到他们的 CEO。

对于领导模式也是如此。员工往往准确地知道 CEO 在“授权坐标尺”和“反应时间坐标尺”上的位置，因为他们每天都要多次同他们的领导打交道。

如果得不到这些一手信息，你就得使用不同的方法。这要求你对上述类型进行更多的调研。以这样的方式取得信息很可能更困难些。优秀的传记还是非常有帮助的。

除非领导者是中途改行者（见第 3 章），否则我们就可以清楚地从他的背景中看出其职业模式，尽管从中或许看不出其职业方面的偏好和职业生涯的经验。在领导者是中途改行者的情况下，你将不得不大量地向身边的人询问，这又要求你接近有第一手信息的人。总体上讲，这是最容易确定的一个模式。

使命模式是最难确定的，即使你能够亲自接触到 CEO 也是如此。他可能只是意识不到自己在使命模式坐标尺上的位置。或者，如前所述，他确实对自己有清醒的认识，但他不愿意谈论，尤其是他在“认可坐标尺”上的位置。在这些方面，第三方的观察很重要。

根据我的经验，使命模式是最难掌握的模式。在为许多 CEO 客户提供咨询时，我发现他们不能回答这个问题。在大多数情况下，这不是因为他们在掩饰，而是他们确实不知道。他们肯定在使命模式坐标尺上有自己的位置，只是没有意识到位置在哪里罢了。

基于我们对使命模式的阐述，CEO 不知道自己在坐标尺上的位置是毫不奇怪的。如果你是一名具有产品愿景的 CEO，那么你愿意承认公司在盈利之前不得不遭受多年的亏损吗？如果你是一名重视当前回报的 CEO，那么你肯定不会这样说：“如果你投资我的公司，你可永远不会发大财的。”如果 CEO 是一名极端的利他主义者，他会承认自己将把更多的精力放在慈善活动上而不是公司上吗？如果 CEO 是一名个人主义者，非常注重自己的声誉，那么他会承认他将想方设法吸引媒体的关注而不是开发出一种更好的新产品吗？

使命模式也会随着时间而变化。如果你是一名具有产品愿景的 CEO，但由于屡战屡败而变成了重视当前回报的 CEO，那么你将如何确定自己在坐标尺上的位置？你是以自己过去的表现为准，还是以自己将来的努力目标为准呢？

如果你是一位优秀的企业公民，但决心给社会带来影响，你认为自己处在“认可坐标尺”的哪个位置？如果 CEO 的使命模式不断变化，那么他就很难对自己进行评估，更别说让他人对他进行评估了。我们将在本书后面讨论 CEO 商业个性的变化。

本章要点：揭示企业领导者的商业个性

为了应用本书中的模型，你需要理解揭示企业领导者和你自己的商业个性的基本技术。在本章中，我们学到了以下内容：

- 揭示领导者商业个性有一些很实际的原因：为了投资；为了同

CEO 或高管做生意；为你担当高层经理做准备；或者是出于职业发展的原因而提高领导业绩。

- 要揭示 CEO 的商业个性，我们需要面对几个问题，其中最主要的是很多 CEO 没有意识到他们的商业个性。
- 发现商业个性要遵循两个基本原则：第一个是我们进行分析时应该更重视行为而不是语言；第二个是没有错误的答案，我们是什么样就是什么样。如果我们进行分析是为了提升自己的领导力，那么在了解了自己的商业个性后，我们就可以使用一些技术来提高我们的绩效。
- 在认识商业个性的一些构成因素时，有一些特别的信号和线索可以为我们提供一些捷径。我们可以在第三方观察者的评论中看到这些线索。在寻找这些信号时我们应该小心谨慎。
- 发现商业个性的技术多种多样。对于上市公司和私人持股公司的 CEO 和我们自己来说，我们需要使用不同的技术。揭示上市公司 CEO 的商业个性要容易得多，但是有许多技术我们无法用在私人公司的 CEO 身上。
- 最重要的一项技术是 360 度绩效测评。我们可以结合本书中的模型来使用它。
- 在揭示 CEO 在不同商业个性模式方面的表现时存在着差异。一般来说，揭示 CEO 的使命模式比较困难。
- 我们可以使用领导力导航图来归纳这些 CEO 的商业个性。用于揭示商业个性的模板以及领导力导航图的模板在附件中可以找到。

第 9 章　CEO 的使命模式对公司的影响

导言

到目前为止，我们已经确定了几个要点。首先，我们说明了领导者的商业个性可以被归纳为 16 种不同的领导业绩类型，每一种类型都与特定的领导力、管理行为和决策相联系。16 种领导力类型给我们提供了一个分析 CEO 伙伴关系和团队潜在业绩的框架。

但是，我们还没有尝试将 CEO 的领导力类型同他所领导的公司或组织的业绩联系起来。我们找出的领导力类型确实能给我们提供一些线索，“公司理财者”这一标签就能给我们提供一些反映领导者行为结果的信息。

我们现在要将分析推进一步，来仔细探讨 CEO 的商业个性和领导力类型对公司的影响。在本章中，我们将集中讨论 CEO 的使命模式。本章将再一次说明商业个性的重要性，并说明其重要性常常超过产品和市场因素。

对影响和经营业绩的评估

毫无疑问，我们正在尝试做的事情并不容易。在第 7 章“CEO 的合作伙伴关系和团队”中，我们讨论了如何确认公司的业绩。我们使用了公司“可持续经营的能力”这一概念作为我们的方法。

在本章中，我们将继续使用这种方法。但是，我们必须认识到它是一种效果不太好的工具。它无法解决一些定性问题（如公司文化或者 CEO 的商业个性带来的影响），不能解释一些心理问题（如信念、激情和动力）。然而，即使是在这些方面，也存在着由 CEO 的商业个性造成的可识别的模式。我们应该努力将这些定性问题也纳入我们的分析之中。

在评估公司业绩时，我们需要注意几个方面。一家公司的业绩可能是可持续的，也可能是不可持续的。但这仍然没有告诉我们为什么会是这样。

公司失败是因为在执行或销售方面不利造成的？成功是有竞争力的产品或者是精明的营销带来的？这些都是重要的问题。所有的领导者都有一些能力和不足之处，这些能力的类型往往会以特定的形式反映在公司的运营中。因此，本章也将探讨公司运行的特定模式，作为探讨公司业绩的前奏。

为了评估 CEO 商业个性的影响，我们将探讨公司业绩的四个方面，即销售、产品、运营和财务绩效。

使命模式带来的业绩

在我们的使命模式中，我们将讨论四种领导力类型，它们是：

- 公司理财者（Corporate Banker）。
- 乐善好施者（Good Samaritan）。
- 企业变革者（Corporate Renewer）。
- 观念倡导者（Missionary）。

使命模式能够找出领导者在一生中所要实现的重要目标。它可以识别领导者的风险/回报容忍度，以及为了取得期望的回报而准备接受的风险水平，还可以识别领导者希望其成就在多大程度上得到公众的认可，以及他们希望其努力在多大程度上对自己或其他实体（如慈善机构或教堂）带来好处。

公司理财者带来的业绩

这些领导者同“企业变革者”相反。他们不是创新者，往往在承担风险方面表现得很保守，从不为未来的回报放弃当前的收益。他们倾向于不相信宏大的愿景，而是关注现在。他们的短期业绩较好，而长期业绩往往一般，甚至非常糟糕，因为他们不太关心对未来进行投资。

由公司理财者领导的企业往往有较低的市场影响力。由于他们在大多数方面包括销售方面不进行重大投资，因此销售增长率往往较低。另外，公司文化总体上反对强悍的销售文化。由于公司在销售策略方面不思进取，因此该公司的销售能力往往较低。这经常导致较低的退货率和较少的应收账款，因为公司销售人员不会承诺过度、兑现不足。

另外，组织往往有很严格的现金控制，并且确保公司在外的应收账款低于行业的平均水平。对这些公司来说，销售和营销最多是一个无关紧要的领域，而不是一个人人努力争先的领域。公司做得最出色的往往是财务方面。

在产品方面，这些公司也表现不佳。它们往往将产品方面的投资维持在可接受的最低限度。结果，在产品方面，它们通常是行业中的落后者，而不是领先者。与同行相比，公司的毛利率相对较低。产品质量一般，谈不上优秀，因为公司不愿花很大的力量提高质量，而且掌控公司的人往往是财务主管而不是运营主管。因此，客户满意度往往一般，而且会每况愈下。由公司理财者经营的公司非常注意不让产品质量和客户服务危及公司的现金流和保守的财务管理。

在运营方面，这些公司表现出了低花费的风格。它们绝不是那类把钱花在里尔喷气机（Learjets）和额外津贴上的组织。因为支出低于行业平均水平，而且员工人数不会过多，所以员工的生产率水平往往较高。员工的满意度往往一般。

在公司理财者管理的公司中，员工的满意度很难达到高水平，因为人格魅力和激情是很稀缺的。这一点表现在公司单调乏味的文化上，而这种公司文化则通过对员工的态度反映出来。尽管如此，人们也不会看到员工满意度极低的情况。企业领导谨慎小心地管理着公司，员工们则认识到，虽然公司不太令人兴奋，但很安全。

最后，我们来看一看公司在财务方面的表现。这是公司擅长的领域。公司的盈利能力往往较高，尤其是在短期内。在长期中，因为在销售、营销和产品方面缺乏足够的投资，盈利水平可能下降。资产的回报率往往也会遵循上述变化方式，在长期中倾向于降低。对公司的估值也是如此。这类公司会存活下来，但不会很辉煌。这类公司的股票适合于追求当前收益的人投资，但不适合于年纪较轻的、富有进取心的大众进行投资。

我们还要分析适用于公司理财者的另一个维度，即“声誉”（recognition）驱动因素。总的来说，公司理财者并不热心于个人声誉，而是更多地倾向于利他主义。然而，事情总有例外，即使是公司理财者也有可能热衷于追求个人声誉，这将给他的公司带来巨大的成本。

在第 6 章“著名 CEO 的商业个性”中，我们将郭士纳作为公司理财者的例子进行了分析。尽管 IBM 是一个庞然大物，有时很难厘清因果关系，但我们还是可以找出他对公司的总体影响。他从重要的技术领域中撤出了投资。事实上，在郭士纳的领导下，IBM 失去了个人电脑市场，而这个市场是计算机技术发明以来技术进步最快的一个市场。他将 IBM 的经营重点从高毛利率、高风险的产品转向低利润率、低风险的产品。作为 CEO，他重点关注的不是公司成长，IBM 在他的领导下几乎没有什么成长（除了对 Lotus 公司的收购外），他所关注的是盈利能力和现金流。

总之，在郭士纳的领导下，公司战略从内生性增长和高毛利率转向低增长和现金积累，同时毛利率和产品风险更低。他领导 IBM 从一个享有高利润率的科技公司转变成了一个利润率较低的服务性公司。尽管 IBM 的市值从郭士纳上任之前的低点急剧升高，但其市值从没有超过微软和太阳（Sun）等“真正”的科技公司的市值。实际上，相对于市场同行来说，它的市值下降了。郭士纳对 IBM 的影响反映了典型的“公司理财者”的特征。

郭士纳是对个人声誉有较高需求的“公司理财者”之一，他很要面子，非常看重公司的待遇。他对个人声誉的追求使他位于“声誉坐标尺”的最上端。他从自己持有的 IBM 股票中赚了数亿美元。我们不能回避这些行为对公司的影响。他对股票回报的追求利用了 IBM 实行大规模股票回购策略所带来的机会。股票回购推高了 IBM 的股价，使得郭士纳本人直接从中受益。

然而，郭士纳还有一个选择。他本可以使用回购股票的资金来重新建立 IBM 的技术地位，而这一地位是在他的领导下放弃的。作为公司理财者，郭士纳选择了符合我们的领导力理论所预言的道路。

郭士纳高度追求个人声誉的行为使得公司的资源从产品开发转向了现金，同时也使他本人在财务上大大受益。CEO 追求个人声誉的行为常常给公司带来高额成本，造成公司价值受损。无论如何，郭士纳作为“公司理财者”所选择的发展道路在长期内将降低公司的价值，他追求个人声誉的行为只会使情况更糟。

郭士纳领导下的 IBM 反映了所有典型的“公司理财者”的特征。IBM 从销售转向了收购，从科技公司转变为一家毛利率较低的服务提供商。现金被看成是至高无上的。与财务战略相比，企业运营并不重要，而前者则是郭士纳作为十足的“企业理财者”所精通的。

尽管在短期内公司价值提升了，但这很容易做到。这一结果来自大幅削减成本（这是公司理财者的另一个特点），而不是来自创新和成长。结果，与整个行业相比，在郭士纳的领导下，IBM 公司的价值在更长的时期内实际上是下降了。

另一个从我们的 CEO 数据库中选取的例子也说明了这个问题。沃伦是帝国控股公司（虚构的公司名）的 CEO。虽然他的背景是技术分析师，但他收购了一家业务非常单一的制造业公司。这家公司的股东多年保持不变，增长陷入停顿。公司的产品是日用商品，毛利率很低。

在收购之后，沃伦本来有机会通过产品线的延伸来开拓公司的市场，这将会提高公司的毛利率和市场地位，给公司带来明显的增长。然而，这需要进行大量的投资，大幅提高公司失败的风险。而这并不是沃伦的风格，他不是那种具有高风险容忍度的人。相反，他打算实现略高的增长率，每年达到 10% 左右。在任何时候，他都没有打算让企业遭受亏损，即使这意味着无法实现公司的增长率目标，或者是增长率很低。

沃伦确实实现了他的目标。公司开始以每年 5% ~10% 的速度增长，但是公司产品却保持着老面孔，甚至没有进行产品线的延伸。然而，公司不缺现金，而且从没有面临破产的风险，但公司的价值也没有多少增长，“缓慢而平稳”是对沃伦所采用的策略的最好写照。低增长、很低的毛利率、公司价值增长很少，这是公司的一个方面。

另一方面，公司有着正的现金流，因此生存下来不是问题，但并不风光。沃伦的公司比 IBM 的规模要小，但展示出了和郭士纳领导的 IBM 完全相同的特点。定性地看，两家公司的结果和业绩是相同的。由于两家公司的领导属于同一种类型，沃伦的公司经历了和 IBM 几乎相同的发展轨迹。

郭士纳和沃伦很好地反映了“公司理财者”给企业带来的结果。

“缓慢而稳定地赢得这场竞赛”是这类领导的格言。相对来说，对“我们”不要期望太多，但“我们”会积攒现金，不管这会给公司的长期价值带来什么成本。

在这两个例子中，两位领导都没有改变自己的风格。郭士纳名声在外，他像典型的未经修正的“公司理财者”那样行事。IBM 为郭士纳提供的薪酬方案恰恰强化了他的领导风格，即重视短期而不重视长期。

沃伦也是以未经修正的“公司理财者”风格做事。他也注重短期利益。未加修正的“公司理财者”的悲剧在于：由于他们如此擅长于关注当前利益，这使得他们不需要为未来打造基础。企业在当前得以生存，使得股东和公司目前的日子过得还算不错，但却牺牲了未来。有一个“企业理财者”类型的领导，企业未来的股东就需要付出代价。

对我们的 CEO 数据库的分析也证明了这一观点。在数据库内的企业理财者之中，有 88% 的人在可持续的公司供职。也就是说，在对这些公司进行评级的时候，只有一小部分公司是亏损企业。在全部 16 种领导力类型中，公司理财者具有最高比例的可持续发展评级。

但正像你所预期的那样，这个结果也有另一面。大多数此类公司都从事服务业，增长速度、毛利率都很低。大多数公司创造的增加值很少，而且未来也不可能创造很高的增加值。大多数此类企业都极力回避通过增加产品投资来创造增加值的活动。

如果生存是我们的主要检验标准，那么公司理财者领导的公司都是相对杰出的。如果我们的标准是增加值，那么这类公司中的大多数都是失败的。顾名思义，公司理财者给公司带来的结果是安全、有能力存活下来，但显得老气横秋且缺乏活力。对我们中的大多数人来说，这类公司很好，但对其他人来说，则唯恐避之不及。

乐善好施者带来的业绩

与公司理财者一样，这类领导者处于风险/回报坐标尺的低位，但他的不同之处在于乐于助人。他经常帮助公司内的人，同时也经常以慈善、社会或宗教的名义帮助他人，有时候（虽然不总是这样）公司自身收入和销售会因此受损。在极端的情况下，领导者的社会使命感会主导公司的许多决策，公司的资源常常被转移到这些公益活动上，使公司业绩受到损害。

乐善好施者在财务方面的保守风格类似公司理财者，然而其利他主义的一面反映了在某种程度上他们更加信任他人和理想主义的本性，这常常造成他们的公司比严控支出的公司理财者所领导的公司更加面向市场。

乐善好施者更倾向于听从销售人员的劝告而更多地参与外部活动。对于乐善好施者来说，销售工作常常被当成是善行和社会参与的代表，因而他们对销售的关注更多，在某种程度上销售人员的生产率也比公司理财者领导下的销售人员要高一些。

随着这类 CEO 的利他主义思想发展到更高的程度，他对销售和营销就更加关注。极端情况下，这会成为过度支出的一个来源，尽管这类 CEO 在财务方面有着天生的谨慎风格。由于他将销售和营销看成是帮助社会的另一种方式（如对当地慈善机构举办的活动提供支持），因此他有可能滑入这个极端。

在产品的性能方面，乐善好施者与公司理财者完全一样。他的谨慎导致了对产品的投资较少，因此只能取得低于行业水平的毛利率。结果，乐善好施者往往不会有很高的客户满意度。他们经常在心里将客户看成是为他的社会活动支付费用的一种方式，而且往往将那些社会公益活动看得比客户还要重要。在乐善好施者领导的公司，我们别想看到创新性的产品，这与公司理财者所管理的公司是一样的。

在企业的运营方面，乐善好施者同公司理财者有些不同。首先，前者在人员开支方面较高，这是因为乐善好施者往往更忠实于他的员工，在业务不景气的时候也不会开除他们，这一点与公司理财者不同。因此，乐善好施者总体的费用会更高一些，其员工的劳动生产率要低于公司理财者所领导的员工。后者更可能裁员，因此使得劳动生产率水平较高。

然而，乐善好施者的员工满意度不会比公司理财者要高，这是因为，尽管他的员工对其家长式作风心存某些感激，但他们也常常感觉他将太多的心思花在社会公益事业上，而对企业的关心太少了。这往往会使人产生一种感觉，那就是他是在出卖公司的利益，这意味着在长期内员工的机会就会减少。

由于存在这些驱动因素，与公司理财者相比，乐善好施者的财务绩效往往较低，在短期内盈利水平也比较低，而在长期内可能更差。这是因为乐善好施者和公司理财者一样没有在产品方面进行投资，尽管他可能在销售方面的投入更多。另外，社会公益活动将自由现金流转移到了公司的外部，而公司财务却不能从中受益。因此乐善好施者在长期内给公司价值带来的影响甚至比公司理财者更糟。

我们将吉列公司的科曼·莫科勒（Colman Mockler）作为乐善好施者的例子。莫科勒具有财务背景，是个内行，因此他拥有较低的风险/收益容忍度。他以谦虚的性格著称。作为一位乐善好施者，他的财务风格也是保守的。吉姆·科林斯的《从优秀到卓越》一书描述了他的谦逊，展示了这种性格如何造就了一种他赖以成长和培养接班人的文化，他符合科林斯所说的"第五级领导者"（Level 5 leader）的标准。然而，我们需要从公司的立场更全面地探究这类领导者的业绩，而不是仅仅关注公司领导交替的过程。

莫科勒于1976年成为CEO，到1986年，当由诸如科尔伯格·克拉维斯（Kohlberg Kravis）等公司发起的股市收购战爆发时，吉列公司很快就发现自己成了被收购的目标，先是露华浓公司的佩瑞曼（Perelman），后来是康尼斯顿公司（Coniston partners）。这些套利者收购吉列公司，正是因为它有着非常保守的财务文化。它的股票已经失去了投资者的宠爱，公司的估值相对较低，但它却拥有巨额闲置现金[375]。这种文化就是在莫科勒领导吉列时形成的。

也不能说这仅仅是贪婪的套利者们在想方设法地进入一家管理良好的公司。在康尼斯顿的收购战期间，10家机构投资者中的9家投票支持康尼斯顿，其中包括一些令人尊敬的机构，如加州公务员退休基金（Calpers），以及其他几家受人尊重的州立基金[376]。显然他们有着同样的感觉。

最后，通过对阻击者的反收购，吉列公司才成功地避免了被收购的命运。这导致吉列背负了巨额债务，出现了负的净资产[377]。这又反过来使得公司内部发生了几次重大收缩。

正是在这种财务十分困难的情况下，吉列才请求沃伦·巴菲特作为投资者进入公司。巴菲特同意了，这也反映出了他的看法，即这是一家在管理上保守的公司[378]。莫科勒"乐善好施者"的利他主义风格使他忽视了由他自己保守的财务风格所带来的潜在威胁。

乐善好施者在风险管理方面的谨慎做法可能会使他们错过一些重大

的回报。他们固有的利他主义经常遮住他们的双眼，使他们看不到外来者可能会利用这一弱点的风险，在这一点上他们比公司理财者尤甚。

从1976年成为CEO到1986~1991年（这一年莫科勒病逝于办公室中）期间受到被收购的威胁，他对吉列公司的保守经营直接导致了一系列试图改变这种局面的努力，而这些努力使得吉列公司的财务状况严重恶化。

引进巴菲特及其投资使吉列公司有了东山再起的宝贵机会，这也逼迫它压缩内部开支，这些是莫科勒作为利他主义者和家长制作风浓厚的领导者所经常抵触的。那些成本压缩和效率提升最终使吉列走出困境，但那是在公司聘请了另一位CEO之后。

在这个例子中，“乐善好施者”给公司带来的后果是：由于家长式作风，公司的一般管理费用过于沉重，很容易受到外部的攻击。回避风险的本性导致它在财务方面走向衰弱，这样才能保持独立性。“乐善好施者”的保守性经常导致公司在长期中日益衰退，就像莫科勒领导下的吉列公司所表现出的那样。

莫科勒是一位未修正的“乐善好施者”。我们别忘了这是他初次做CEO。他没有在其他地方学做CEO的机会。

像很多CEO那样，这是他第一次也是最后一次做CEO的机会。他没有失败，但也没有成功（尽管吉姆·科林斯说他成功了）。他介于成败之间。他是未修正的“乐善好施者”，因为他无法在当前盈利和公司未来价值之间找到正确的平衡点。等到多数“乐善好施者”以及“公司理财者”掌握了这个高难度的技巧时，他们已经退休或辞职不干了。

让我们看一看数据库中另一个“乐善好施者”的例子。这位主人公叫乔，长期担任一家名为“弗瑞提斯公司”（虚构的公司名）的大公司CEO，这家公司的年收入超过10亿美元。

乔是位“乐善好施者”类型的领导。他从收购一家小公司起步，并对这家公司进行了多年的经营。因此，他一直非常谨慎地使用他的资金。作为乐善好施者，他的风险/回报容忍度相当低，这导致他的核心企业增长缓慢且毛利率很低。公司上市后，其股票价格与同行相比总是处于低位。

因此，乔将一些资金投入到高风险企业中（而这些企业也是从他自己的公司中分离出来的），以努力改变其以前利润率很低的经营状况。但作为利他主义者，乔在慈善和其他公益活动方面花费了大量时间。这消耗了他的金钱，更重要的是消耗了他本可以用在核心业务上的时间。

这些亏损最终使他陷入麻烦之中。公司的股价在互联网鼎盛时期曾短暂高涨过，但在泡沫破灭后出现了暴跌。他对核心业务缺乏关注，这种情况因为他过度关注外部慈善活动而进一步加剧，导致公司的业绩更加糟糕。吉列公司的财务风格同样相对保守，且利他性活动较少，它从低谷中走了出来，但这家公司却没有做到这一点。在董事会的要求下，乔在执掌公司约 20 年后被迫辞职。

在这个例子中，我们的“乐善好施者”CEO 造成了公司的低毛利率、低市值以及糟糕的市场前景。他对慈善活动的关注只是令公司的情况更糟，加剧了公司的衰败。他将部分资金投入高风险/高回报业务以寻求突破的努力也未能奏效。

未修正的乐善好施者会使公司的长期价值下降。与公司理财者不同，他们当前的回报也会因为从事过多的外部社会公益活动而变得不确定。他们的公司承受着双重负担——糟糕的短期收入和公司长期估值（如果存在的话）的下降。尽管乔付出了大量的努力，但他所做的工作并没有为公司建立长期价值。像许多乐善好施者一样，他的努力没有能够让他保住工作。

在我们的 CEO 数据库中，超过 50% 的乐善好施者 CEO 被评定为“给公司带来了可持续的业绩”，这一比例比使命模式领导力类型中的其他 4 类 CEO 的比例要高得多（除公司理财者之外）。因此，至少从这一角度看，乐善好施者在企业生存能力方面做得相当好。但是，这与价值本身无关。

从公司价值的角度看，在长期中，乐善好施者往往会给公司带来不良影响。在短期内，他们看上去很负责，也很成功，但这掩盖了长期中的问题。我们可以从吉列公司和弗瑞提斯公司的 CEO 乔身上看到这一点。

如果 CEO 的利他主义倾向得到一定的控制，公司的业绩会更好一些。但随着 CEO 利他主义的冲动变得更强烈，他的时间、精力和资金就会更多地分流到公司外部的活动上。这就给公司的核心业务带来了机会成本，降低了其业绩和价值。乐善好施者领导风格的实质在于其财务和道德方面的保守性，这也是他们不能在长期中为公司增加价值的根本原因。

企业变革者带来的业绩

“企业变革者”勇于承担风险，时刻准备制定并追求更宏大的愿景，愿意为这个愿景放弃很多东西，包括短期回报。这类领导通常具有远见，有战略头脑，有宏图大略，在执行时通常缺乏耐心，但也并非总是这样。随着其愿景的改变，他们的公司往往持续亏损。这类领导常常被重视当前回报的领导所替代。

在极端情况下，这类领导非常关心公司和自己的声誉。在这种情况下，这家公司就非常注重公共关系，公司的许多战略都是以实现最大的公众影响力为导向的。这类公司常常是上市公司，为了提升股价而专注于这一使命。在极端情况下，企业领导会希望成为商界名流，而公司却在销售和盈利方面可能遭受损失。

一般来说，企业变革者领导的公司即使没有很大的销售影响力，也会有较大的市场份额，这是因为他们总是能够精心设计出一个令人向往的愿景。这个愿景不一定在商业上具有可行性，但它一般会吸引众多注意力，这就会获得很高的市场知名度。在早期，甚至在产品还不成熟的时候，这种知名度就可以为公司带来一定的销售额。然而，由于公司无法将其产品推向一般市场，因此销售效率普遍不高。

产品性能显然是企业变革者光彩夺目的一面。他们的愿景会孕育出颇具创造性的产品或服务。公司花费大量的时间专注推动愿景的实现和产品的打造。由于该产品总的来说是新的，不为市场所知，因此就需要花费大量的精力让市场认识并了解这种产品。当然，这种产品是不成熟的，一般情况下会出现产品的实际功能和广告中所声称的功能不一致的情况，因此客户的满意度通常较低。

由于企业变革者的公司往往由开拓先锋们组成，他们常常没有认识到客户要的只是能使用的产品，并不是让他们兴奋的东西。因此，客户的满意度往往随着时间的推移而下降。出现这种情况的原因是：在产品仍然处于开发阶段的时候，以及在尝试着让该产品适应不同的环境时，产品的性能很难稳定下来。

运营绩效是企业变革者表现十分糟糕的一个环节。首先，他们的成本很高，尤其在产品开发方面。CEO 充满灵感的愿景常常导致研发支出过高。这就妨碍了其他方面的开支，包括销售。

企业变革者往往在本可赚钱的地方赔钱，因为他们认为产品愿景比盈利更加重要。因此，员工的生产率较低，这至少是由数量众多的研发人员造成的。

然而，企业变革者在运营的一个方面做得很好。通常，员工满意度很高。员工为 CEO 的愿景所激励。他们处于革新的最前沿，公司创新和无拘无束的文化氛围吸引和启发着他们，这种文化欢迎各种新想法。他们处于技术的最前沿。

尽管始终担心公司可能会垮掉，但参与者一般会受到充分的激励，并不将其当成一个主要因素。对某些人来说，生活在最前沿甚至提供了额外的吸引力。

由企业变革者经营的公司在财务方面的表现往往一塌糊涂。他们的目标不是产生盈利，因为当前每挣一元钱，就意味着从公司的宏伟愿景方面偷走了一元钱。因此在短期内，他们创造的公司价值是不确定的。总的来说，这种短期内的价值按照精算师的计算方法（考虑时间价值和风险——译者注）是很低的。然而，这类公司一旦成功，它们在长期中的价值将很高。它们有可能将公司发展到“乐善好施者”和“公司理财者”类型的领导无法企及的高度。

在第 6 章中，我们提供了两个企业变革者的例子，他们是安德鲁·卡耐基（Andrew Carnegie）和保罗·艾伦（Paul Allen），但他们具有很大的差别。艾伦是“理智判断者”，总体上缺乏商业智慧。卡耐基则恰好相反，是“直觉型”和“先知先觉者”，非常注重销售，并且是一个“社会人”（social person）。让我们看一下这些特点如何影响他们的公司。

差不多在保罗·艾伦进行的每一次投资中，公司的目标都是打造一种革命性的产品。在每一种情况下，产品都要有巨大的附加值和很多的专利成分。他所成立的每家公司都以实现高于行业平均水平的毛利率为目标。只要艾伦是主要的股东，而不是被动的投资者（如在美国在线的投资），公司的成长性就都不是主要的诉求。对于每一个投资项目，他都不会去考虑节省费用。

因此，艾伦的公司经历的是典型的“企业变革者”追求的高毛利率、高费用的模式。在所有这些公司中，员工的生产率自然都不高。就像大多数企业变革者领导的公司那样，艾伦的多数公司都失败了。从统计学的角度来看，这是必然的，因为只有极少数高风险投资获得了期望的高回报。

就艾伦而论，他的“理智判断者”和“项目工程师”的模式必然会导致其公司成为技术导向的、赔钱的公司。艾伦的公司清一色地沿袭了企业变革者所领导的公司的特点，即在运营和财务方面表现糟糕。在市场和产品性能方面，他们是成功者，但由于这些产品很少能得以实现，因此这种成功只是理论上的。

艾伦显示出了未修正“企业变革者”的全部典型特征。他从没有设法打破众多“企业变革者”身陷其中的潜在死亡循环。他一次又一次地重复着同样的错误。不幸的是，他的巨额财富强化和助长了他的错误行为。对他来说，这些问题很难纠正。如果他想纠正，还是有很多方式可以选择的。

相比之下，卡耐基是企业变革者中罕见的具有商业智慧的人之一。企业变革者要么通过专有知识或技术，要么通过控制市场来追寻高利润率。

由于卡耐基没能发明出生产钢铁的“贝塞麦炼钢法”（Bessemer process），而是将它应用到实际生产中，因此他别无选择，唯有尽力控制钢铁市场。他通过法律和管制的方法做到了这一点。在反垄断法出台之前的那些年代，要做到这一点并不难[379]。这就使得他尽管缺乏专利技术，但仍能使公司保持高利润率。在这一点上，他让我们想起了微软和比尔·盖茨所使用的类似策略，盖茨也是使用知识产权来控制市场的。

与其他企业变革者的公司一样，卡耐基的钢铁企业也要求有很高的初始投资[380]，但他的宾夕法利亚钢铁公司又表现出了企业变革者领导的公司所具有的特点，那就是尽可能少地分红，尽可能多地将利润重新投入企业，以扩大企业规模。这一点是卡耐基及其公司的一个显著特点。

一般来说，他的公司会牺牲短期盈利以换取未来的回报（包括影响力和金钱）[381]。卡耐基的公司具有企业变革者所领导的公司的特征，但他的商业直觉使他经受住了挫折，最终使公司在运营和财务方面取得了成功。

卡耐基是行为得到修正的企业变革者的有趣案例。同所有此类领导者一样，他早年经受了太多的挫折和失败，但他成功地修正了自身的行为。

在后来的岁月中，他看上去似乎变成了“公司理财者”。他对成本表现出了浓厚的兴趣[382]。虽然他从没有变成一个只顾眼前的人，但在企业战略方面，他开始更多地关注当前盈利。

事实上，卡耐基修正了自己的行为。他同许多银行家和商人有交往，其中不乏公司理财者类型的领导者。著名的例子是他拒绝支持他以前的合伙人斯科特（Scott）濒临破产的企业[383]，从中可以看出他的变化。这使他的那些银行家朋友们感到非常吃惊[384]，因为他们以为卡耐基会帮助斯科特。显然，他们期望“企业变革者”的倾向会最终胜出。

卡耐基修正后的风格使他具有了许多“公司理财者”的特质和战略，这对于“企业变革者”来说是正确的做法。正是这种成熟和自我认识使他们成为了伟大的企业家。

我们并非只能从卡耐基和保罗·艾伦这样著名的 CEO 那里找到佐证。我们数据库中的另一位 CEO 也说明了企业变革者的影响。亨利（Henry）是高级照明工程公司（虚构的公司名）的 CEO。这是一个新的技术领域，这家公司耗费了数以百万美元计的金钱，但还没有开始盈利。

亨利具有长期的高技术领域的工作经验。他也是一名“项目工程师”和“理智判断者”类型的领导。因此，他自然而然地将精力集中在技术方面，而不是商业方面。公司的产品销售不顺畅，但一旦实现销售，利润率则很高，因为它们使用了专利技术。然而，由于公司的主要客户是美国政府，因此利润率还是受到了限制。

结果，公司总是缺乏现金。尽管公司有一些咨询业务可以产生现金，但亨利为了将资源更多地投入到技术开发中，一直限制这一块业务的发展，这是典型的企业变革者的特点。这反过来又造成公司继续赔钱。

与大多数“企业变革者”一样，亨利也不注重销售，这是由于他过分痴迷于技术和产品愿景造成的。即使是产品本身也不断遭遇质量问题，因为他对技术的重视远超过对运营的重视。顾客抱怨称，尽管产品具有创新性，满足了他们的技术需要，但这些产品经常出问题，而且得不到企业的售后支持。他们得到的支持常常技术性很强，对他们没有什么用处。

当然，与大多数“企业变革者”的公司一样，亨利的公司在财务方面的表现也非常糟糕。最后，亨利被另一个有着很强的财务和运营背景的 CEO 取代。新的 CEO 减少了一些亏损，但没能完全阻止亏损的趋势。

在新 CEO 的领导下，公司的特点发生了改变，更加强调财务控制和赚取现金。

与保罗·艾伦一样，亨利没有也不可能修正自己的行为。未来的愿景完全压倒了当前的判断力。坦白地讲，这本来就是一个很难实现的平衡，但安德鲁·卡耐基做到了，多数成功的“企业变革者”正是实现了这个困难的平衡才取得成功的。

我们的 CEO 数据库显示，只有 25% 的“企业变革者”能使他们的企业取得可持续的成功。也就是说，他们给自己的公司带来可持续发展的可能性只是“公司理财者”的 1/3。

这并不奇怪。多数“企业变革者”具有技术和产品方面的能力，却没有商业智慧。有时候，我们会看到像安德鲁·卡耐基和比尔·盖茨这类具备两种能力的“企业变革者”。具备这两方面的能力就会使一位领导威力大增，但多数情况下，“企业变革者”同时也是“理智判断者”和“项目工程师”，至少他们自身缺乏成功所需的商业直觉和财务方面的能力。

另一方面，一旦“企业变革者”取得成功，那么他们的成就一定会大大超过“公司理财者”和“观念倡导者”。就像卡耐基和盖茨那样，他们的成功远远超过了一般的 CEO。他们能够做得更加出色。他们的成功证明了一句古老的格言：天下没有免费的午餐。

观念倡导者带来的业绩

“观念倡导者”类型的领导是具有利他主义倾向的“企业变革者”。“企业变革者”拥有一个愿景，这个愿景适用于他的产品和公司，在极端的情况下，也适用于他自己的社会地位。

而“观念倡导者”则增加了另一个愿景，那就是增进除自己之外的其他人和机构的福利，或者增进那些他有直接兴趣的方面的福利，通常这些方面包括慈善机构、基金和公益活动，不管它们是世俗的还是宗教的。领导者越是利他，就需要将越多的时间、精力和金钱分配给企业外部的活动。很多“观念倡导者”型领导者有着救世主一般的风格，这种风格表现在公司内部以及利他性的外部社会活动中。

观念倡导者具有很强的市场影响力，甚至常常超过“企业变革者”

类型的领导，这是因为他们具有两个而不是一个愿景可供宣传。利他主义愿景所包含的服务社会的本质常常对许多人有很大的号召力。强大的市场影响力带来的销量将超过人们期望的水平，这是由企业很高的知名度、CEO 炽烈的社会激情和顾客对 CEO 的崇敬带来的。然而，这类企业的产品也同样不成熟，所以销售方面的表现充其量处于中等水平并且很快会下降，尤其当顾客们认识到产品不成熟的事实以后。

与企业变革者一样，观念倡导者也拥有高附加值的产品。他们有很强的发明创造能力，只不过其创造性延伸到了社会领域，而不仅仅是商业方面，这也能最终提高基本产品的毛利率。因此，观念倡导者通常享有很高的毛利率。然而，正如企业变革者的客户那样，观念倡导者的客户满意度充其量也只是中等水平。

观念倡导者在产品方面的创意和多数人都不同。他们的产品通常是重承诺轻行动。观念倡导者对产品的社会方面的重视降低了他对商业方面的关注度，这有可能使客户满意度进一步降低。

与“企业变革者”一样，“观念倡导者”在运营方面的表现也很糟糕。由于高额的产品和营销费用，他的支出水平本来就已经很高。他对员工的家长式作风常常将支出推向更高的水平。他花在外部社会活动上的时间又进一步分散了他对企业运营的注意力，而他对运营本来就没有多少兴趣。

因此，对于观念倡导者来说，员工的劳动生产率甚至可能比企业变革者领导的企业更低。但是，同企业变革者一样，他们员工的满意度很高。这是由于同样的原因造成的，但另外还有一个原因。

员工们心里清楚 CEO 对其他人和社会的关心，并且对此十分崇敬。他们或许会关心企业的生存，但他们也会陶醉于自己的领导者不仅在商业上令人骄傲，同时在道德方面也同样令人敬仰。尽管他们可能担心他的个人风格太“柔和”，但总体上这不会降低他们对 CEO 的尊重和敬仰。

“观念倡导者”在财务业绩方面的失败是不可避免的。至少在短期内，其业绩会低于使命模式中其他三种类型的领导者。他不仅要承担从事高风险活动所带来的正常商业问题，而且还要承担由社会公益活动带来的负担。他的盈利必然会处于低水平，或者短期内没有盈利。

在长期内，他成功的机会比更专注的企业变革者要低，因此对于观念倡导者来说，积累起企业的价值可能是个难题。他也许仍可以成功，而且如果他成功了，回报会十分丰厚。然而，他在社会公益方面的兴趣使成功变得更加困难。

我们以宝丽来公司的埃德温·兰德（Edwin Land）和本杰瑞公司（Ben and Jerry's）的本·科恩（Ben Cohen）为例来说明“观念倡导者”。在这两个例子中，他们的双重愿景都显而易见。对于埃德温·兰德来说，他的双重愿景是彩色摄影业和成像科学。对于本·科恩来说，他的愿景是通过美好的味觉给人带去欢乐并使社会更加美好。两家公司在使命模式方面表现出了类似的影响。

本·科恩的产品愿景是制作最好的冰激凌，这意味着其冰激凌的价格会很高，因而毛利率也会很高。但是，与处于风险/回报坐标尺较高位置的领导者一样，这也意味着高成本。由本发明的 Super Fudge Chunk 冰激凌被描述成“……我们所制造的最昂贵的产品，但那对于本来说不算什么，他从不让对产品成本的担心干扰他进行产品的创新……”

在本看来，如果冰淇淋味道好，公司就能够赚钱[385]。这是典型的“观念倡导者”的态度。本杰瑞公司在产品和营销方面表现杰出，但在运营和财务方面表现不佳。

因此，我们又一次看到了“观念倡导者”对高毛利率（相对于整个行业来说）和高成本带来的影响。然而，公司的成本又被本的第二个愿景——帮助社会的愿景——进一步推高了。开始时，本杰瑞公司将其7.5%的营运收入划到本杰瑞基金（这一做法延续至今），这对公司管理也带来了额外影响。

> “……本的愿景与我们所有人期望的公司运营方式差别巨大。生产和销售冰淇淋似乎成了企业的副业，而不是它的核心业务。”[386]

“观念倡导者”对公司的影响推高了成本，也使公司的管理层为其他社会和慈善性质的活动而分心。这意味着企业的很多问题得不到解决，从而降低了公司的运营绩效，就像本杰瑞公司做的那样，公司员工也被带进社会公益活动中，占用了他们从事本职工作的时间[387]。

最后，本杰瑞公司被联合利华（Unilever）收购。显然，它被收购时已经积累了足够大的价值，然而，它的价值还没有被充分展现出来。创始人的工作重点（甚至在公司被兼并后）没有放在公司成长或打造长期价值上，而是放在打造食物产品和实现社会使命上。倘若能少为社会公益活动分散一些精力和资源，公司就能积累起巨大的价值，就像哈根达斯那样。对长期价值产生不利的影响是很多“观念倡导者”领导下的公司的通病。

最初，本是一个未修正的“观念倡导者”，但等到公司快要建立起来时，他显然已经开始修正自己的行为。就他以前的表现来说，这也许难以理解，但他确实在与最初的合伙人杰瑞·格林菲尔德开始合作时就已经开始改变，而后者弥补了本在很多方面的不足。

随着公司的成长，本·科恩显然意识到，即使他们两个人互相补充，也仍存在着共同的缺陷，这就是他聘请奇科·拉吉尔（Chico Lager）做 CEO 的原因。拉吉尔显然是一位“公司理财者”类型的领导。在这个例子中，本·科恩做出了明智的选择。

然而，他还没有彻底修正自己的行为。虽然他知道董事会的运作方式，但他仍然干涉 CEO 的工作，并多次阻碍了拉吉尔发起的正确活动。

即使最有天赋的职业经理也很难反对公司的创始人及主要股东。本·科恩采取了正确的行动，但他发现自己本性难移，尽管他也努力过，却从来没彻底地修正自己的行为。这就使得他的公司从来都没能彻底摆脱“观念倡导者”的局限性。公司没有像很多“观念倡导者”领导的公司那样最终失败，但也没有取得“观念倡导者”领导的公司应有的成功。

埃德温·兰德与此类似。他的产品愿景确实让他创建了一家卓越的公司。作为一个“观念倡导者”类型的领导，他的市场影响力很大。他的产品确实很有创新性。作为追求高风险高回报的那类领导，他的产品有着高毛利率，但成本也很高，甚至比毛利率还高。

他在运营和财务方面的业绩令人沮丧，这符合“观念倡导者”所领导的公司的特点。兰德对社会公益事业的关心给公司也带来了类似的影响。“……在他的领导下，没有人能说清楚公司到底是为了追求利润还是一个非营利机构……”[388]公司更专注于技术而不是企业的成长，这是典型的“项目工程师”类型的领导所具备的特点，就像兰德一样。公司几乎总是在赔钱。作为一个“感性营销者”，财务工作也较少受到重视。因此，尽管宝丽来是著名的技术领先者，但在创造价值方面却是个失败者。这也是大多数“观念倡导者”领导下的公司共同的命运。

不难看出，兰德是一位“观念倡导者”类型的领导，他从不修正自己的行为。他差不多可以被看成是绝好的“观念倡导者”范例。虽然他在职业生涯早期有合作伙伴，但是这个伙伴同兰德非常相似，而且后来辞职了[389]。兰德从没有试图修正过自己的行为，他没有像本·科恩那样付出努力来修正自己，因此他的公司注定不会尝试任何能使他至少部分做出改变的管理技术，公司及其愿景也因此失去了永久存在的机会。

吉米是我们CEO数据库中一家媒体公司的CEO，发生在他身上的事情诠释了“观念倡导者”所带来的公司业绩。吉米具有公共服务和政治方面的职业背景，他创建这家媒体公司，是因为他有一个愿景，那就是电台等传统媒体可以被互联网赋予新的内容。但是，他的商业愿景掩盖了他更大的愿景，即利用以互联网为平台的媒体服务社会。

吉米是一位“感性营销者”，这类领导者往往会带来较低的毛利率，这也是“理性判断者”或“项目工程师”类型的领导遇到的情形。但是，他的支出水平仍然像“观念倡导者”一样高。由于他富有感召力的社会愿景和产品愿景，他的公司上市时情况良好，但却总是赔钱。

吉米花费了大量的时间置身于大众和政治活动中，这给他带来了生意，但也分散了他在经商方面的注意力。他在营销和产品方面的表现良好，但在企业营运（情况十分糟糕）和财务方面表现不佳。最终吉米的公司破产了，随之消失的还有他那些改变世界的梦想。

吉米是另一个未修正的“观念倡导者”。与兰德一样，他没有做出任何修正自身行为的努力，也从没有聘请一位可以弥补其领导力缺陷的CEO。他也没有尝试引进一些会有所帮助的公司流程。因此，他的公司重演了未修正的“观念倡导者”通常带来的后果，即公司破产。

在我们的CEO数据库中，大约1/4的“观念倡导者”所经营的公司都是可持续的公司，这和“企业变革者”大致相同，因此，具有双重愿景（其中一个是社会方面的愿景，即利他主义）很可能无法改变处于风险/回报坐标尺较高位置所带来的结果。但是，在观察“观念倡导者”类型的领导时，我们很难避免这样结论，即利他主义的倾向意味着会带来巨大的代价。

我们的数据库相对较小。但在上市公司中，我们很难找到由“观念倡导者”类型的CEO（至少是具有很强的利他主义倾向的领导者）所领导的公司取得成功的例子。也可能有很多像兰德这样的领导者不让他们的利他主义倾向失控，或许只有那些具有最强烈的利他主义倾向的领导才会经历严重的业绩不良，甚至企业倒闭。

但是，趋势是明显的：一位领导越是放任自己的利他主义行为来干扰公司的经营，公司的长期价值面临的危险就越大。

各种使命模式出现的频率

显然，我们预计具有较高风险/回报容忍度的企业领导数量会比较少。毕竟具有较高风险/回报容忍度的领导会更容易被市场力量所淘汰。尽管会不断有新的领导进来一试运气，但总体上说，相对保守的领导会比较多，而投机性较强的领导会比较少。

事实上，在我们的 CEO 数据库中，平衡却出现在另一个方向。投机性更强、更愿意承担风险的领导在数量上超过了较保守的领导（其比例为 55:45）。这也许是因为数据库中的科技类公司更多一些，而大多数此类公司都是由具有高风险容忍度的 CEO 所领导，这可能对我们的研究产生了很大的影响。

即使在我们上市公司 CEO 的数据库中，也存在着偏好风险的 CEO 占多数的情况。事实上，在我们的上市公司 CEO 数据库中，只有 5 位 CEO 既不是“企业变革者”也不是“观念倡导者”，这一点不难预料到，因为在选取样本时我们就偏向那些已经功成名就的 CEO，他们中的多数必须承受风险才能荣登成功的顶峰。

那么，在我们的 CEO 数据库中，“利他主义者”和“个人主义者”的比例又是怎样的呢？人们可能会认为，在全部的企业领导群体中利他主义者较少。人们可能会假定大多数领导尽管不是极度自利，也会把为自己和家人谋利作为自己的根本目的。

这确实是我们从 CEO 数据库中得到的真实写照，其中有大约 30% 的 CEO 是有利他主义倾向的，其余的 70% 则没有。然而，十分有趣的是，几乎 50% 的上市公司 CEO 都有利他主义倾向。

在进行计算时，我们忽略了像安德鲁·卡耐基这样的领导，他以卡耐基基金会而声名远扬。我们只关注那些具有真正的利他主义思想、远离了自私自利目标或任何此类行为的领导。

或许杰出的领导比我们这些人具有更多的利他主义思想，或许作为有抱负的人，他们比我们具有更远大的社会愿景，或许我们的样本本身太具倾向性，或许由于这些杰出领导者的信息容易获得，所选取的样本自然而然带有片面性。他们对图书作者具有很大的吸引力，因为他们具有利他主义倾向，并且在商业上取得了成功。

当然，就公司的可持续发展能力而言，使命模式方面的“明星”就是“公司理财者”型领导，和它相距较远的第二名则是“乐善好施者”型领导，因此，具有较低的风险/回报容忍度的领导具有最高的生存能力。

我们在解读这一点时要小心。我们已经指出，这并不意味着公司在长期中一定会产生更高的价值。事实上，情况正好相反。但这给我们提供了一个看问题的视角，使我们看到由这些领导者经营的公司在短期生存能力和长期潜在价值之间的重要差异。

任何组织都会带有领导者使命模式的印记。使命模式不仅影响组织文化，而且还会影响组织的财务指标和价值水平。除非我们首先审查一位领导在这一重要的领导力维度上的表现，否则我们就不能评估他或他对组织带来的影响。

本章要点：CEO的使命模式对公司的影响

CEO的使命模式会对他所经营的公司产生以下几种重要影响：

- 它将依照CEO既定的风险/回报容忍度来确定公司经营的基调和组织文化。这将影响公司所有的决策，大到投资项目的优先顺序，小到公司为员工支付哪些类型的费用。
- 它将影响公司将哪些人看成是企业慷慨赠与的受益者，哪些人不是。如果CEO是一个利他主义者，公司将会把产出的一部分分流给指定的受益对象；如果CEO更多的是个人主义者，它将决定高管和员工在总体上如何看待他们应该从公司的自由现金流中所享受到的最低回报水平。
- “公司理财者”类型的领导将沿着一条安全且稳定但平淡乏味的道路发展，他在财务和运营方面的表现相对较好，但在产品和销售方面却表现不佳。这类公司往往生存能力较强，但在长期内公司的价值往往比同行要低且每况愈下。在我们的 CEO 数据库中，“公司理财者”所领导的公司在使命模式的四种类型中有着最高的可持续发展能力。

- “乐善好施者”类型的领导也会沿着安全且稳定的轨道发展，但会将公司产出的一部分分流到他们所钟爱的社会公益活动中去，这就可能造成他们所创造的公司价值低于“公司理财者”领导下的公司的价值。“乐善好施者”所领导的公司在销售和营销方面表现还不错，但在产品、运营和财务方面表现不佳。这类公司生存下来不是问题，但其价值在长期中往往走下坡路。在我们的数据库中，“乐善好施者”在使命模式的四种类型中可持续发展能力排名第二。
- “企业变革者”所选择的道路是风险较高的，在多数情况下他会失败，但如果他没有失败，回报则会很高。很多“企业变革者”成为个人声誉的追逐者，这一点将危及公司的生存。即使公司能生存下来，也可能造成其长期价值受损。这类公司在产品方面的表现强势，在销售和营销方面的表现可能也很好，但在财务和运营方面的表现却很差。它迟迟不能盈利，经常遭遇倒闭的命运。如果它能存活下来，那么其价值会十分巨大。在我们的数据库中，“企业变革者”在使命模式的四种类型中和“观念倡导者”并列，处于可持续发展能力最低的位置。
- “观念倡导者”拥有两个而不是一个愿景，在这种情况下，他们所面临的风险可能更高，因此即使这类领导取得成功，最终给公司创造的价值也可能比那些更加专注的“企业变革者”要低。这类公司在销售和营销方面表现良好，但在其他方面表现不佳。即使公司产品很成功，而且公司也能生存下来，公司的长期价值往往也会很糟。在我们的数据库中，“观念倡导者”在使命模式的四种类型中和“企业变革者”并列，处于可持续生存能力最低的位置。

第 10 章　CEO 的管理模式对公司的影响

管理模式

CEO 的管理模式描述了领导力业绩的两个行为驱动因素。第一个是领导者制定决策的特定方式，对于逻辑分析的依赖或不信任的程度。我们利用直觉/分析坐标尺（Streetwise-Analytical scale）来衡量。第二个就是关系驱动因素。这个驱动因素描述的是个体本身对人际关系的重视程度。在这个坐标尺的一端是内向型领导者，另一端是外向型领导者。

在本章中，我们继续采用与前面章节相同的分析方法。我们会关注 CEO 不足和过度表现的方面，并将其与公司运作水平和最终业绩联系起来。现在，我们将通过评估 CEO 的管理模式来分析其领导力类型。这些类型是：

- 点石成金者（Alchemist）。
- 理智判断者（Clinician）。
- 先知先觉者（Diviner）。
- 感性营销者（Marketeer）。

点石成金者带来的业绩

这类领导通常是内向的并且非常关注产品，但其另一个显著特点就是非常相信直觉。即使不是财务专业出身，他对财务问题往往也会有一种不可思议的感觉。他往往依靠直觉做决定，而不是通过正式的分析。作为内向的领导，他更关注内在，以产品为导向。他能够将技术问题与财务问题完美地融为一体，而通常很少有领导能做到这一点。

点石成金者领导下的企业市场影响力往往较低，这是由其内向的天性和相对节俭的习惯造成的。公司的文化通常对销售工作及销售人员有些偏见，认为他们不是公司业绩的主要贡献者。销售往往会被认为是"汽车推销员"、肤浅、以钱为本而不被信任，而技术人才、实干者则常常受到称赞。但是，以直觉为导向的领导者还是知道应该如何正确地激励销售，因此尽管有一种反对销售的文化，公司仍旧能维持销售。由此带来的结果就是：尽管此类公司的市场影响力可以达到较高的水平，但由于不重视销售而无法实现，而销售效率尚可，有时还可能因为产品创新而获得较好的业绩。

尽管公司有技术优势，但人们对其产品性能往往存有疑虑。公司投入大量的精力进行产品研发，致力于探索如何提高产品本身的商业价值。这里所说的商业价值，指的是产品给公司和客户带来的价值。

产品是一种财务武器和客户放大器。以直觉为导向的 CEO 能够确保研发有条不紊地进行，同时为公司带来更多利润。

虽然工程师在企业文化中扮演着重要的角色，但他们并不是最重要的。技术优势和较为节俭的开发风格决定了产品的高毛利率。但是，同样因为节俭的开发方式，客户满意度通常较低。工程师与业务之间总会有冲突，业务往往会通过产品研发和客户服务的捷径来赢得领先。

点石成金者较为内向的性格和以技术为重点的策略导致了公司内部拥有较高的保密性。这可能是正常和健康的，因为这可以使竞争对手陷入困境。但通常这会给公司内外都造成一种病态的保密氛围，产品研发人员会合谋不向外界透露产品信息以确保自身处于一种不可取代的地位。

在这种情况下，产品研发会过分依赖于一个或少数几个人，直接导致最终产品在技术上或者质量上落后于市场。

在极端情况下，由点石成金者领导的企业会变得故步自封，过于保密。创新和发展很难被推动。而这种高度的保密还可能就会成为一种武器，来迫使消费者花费更多的金钱。工程师会成为一种敛财的武器，而不是单纯的产品开发者。因此，这类企业的产品性能通常还算不错，但是可能有很多客户不这么认为。

此类公司的经营业绩会因时而变。最初支出处于中等水平，产品费用是主要的投入。这会让生产率至少在短期内保持中等水平。但是，随着产品的技术优势变得明显，员工的生产率会随之上升。员工满意度在短期内通常比较低，因为工程师们会因为销售的上升而感到地位下降，但随着产品战略越来越重要，在长期中员工满意度会不断提高。

由于“点石成金者”类型的领导通常优先考虑业务方面的问题，而不是营运问题，因此营运人员和客户支持常常需要为产品质量而承受巨大的压力。而公司巧妙地运用一些策略使得客户不得不依赖该企业的产品，从而不断多花钱。所以，尽管从客户角度来看，公司的营运很差，但是对公司来说，更低的成本就意味着更高的利润，因此其经营风格将得以延续。

这类企业的财务表现通常较好，领导者往往采用节俭的经营方式，因此企业很快就会盈利。其他由技术驱动的企业大都有产品研发费用过多的问题，而这类企业则能很好地避免此类问题。所以，此类企业的总资产收益率通常都比较高。企业的短期估值往往较高，而且由于其专属的市场地位和较低的成本，长期估值也可能比较高。总的来说，这是一家值得投资的公司，只是对消费者而言，它可能不是一家优秀的企业。

在本书的前几章中，我们将比尔·盖茨视为“点石成金者”的典范。微软的许多特点都符合我们在上面列出的一些观点。微软是技术优势与商业智慧完美融合的经典案例。

微软利用其在行业内独有的优势，排挤竞争对手，维持其垄断地位。其技术保密的做法已经越来越受到关注，经常由于其垄断地位而受到指责或起诉。我们经常可以看到人们用“雾件”（vaporware）一词来形容该公司的产品。这指的是在初始阶段大肆宣传，然后根据宣传来评估需求，最后再生产产品。

微软是典型的商业嗅觉大于科技创新的企业，虽然客户通常不欣赏这种战略，但是这确实是一种令人钦佩的商业战略。微软一直坚持对客户和市场的强硬态度，因为性格内向兼具理论化的“点石成金者”类型的领导者本身就不会采用关怀客户的策略。

而比尔·盖茨显然意识到了这一点，并尝试对此进行修正。但矛盾在于，他只进行了部分修正。他没有从外部引入一个合作伙伴，而是在公司内找到了一个合作伙伴，那就是保罗·艾伦。但是，艾伦对微软来说不是一个好的人选。本来，作为一个不切实际的企业变革者，他会对盖茨产生限制，更何况他的使命模式也显示出他是一个企业变革者。

对于“点石成金者”类型的领导人来说，如何对营销和销售进行投资是一个巨大的挑战。很明显，盖茨很好地解决了这个问题。他引入了一些人才来填补自己的这一块空白。他的一个大动作就是引入了一名关键成员——史蒂夫·鲍尔默（Steve Ballmer）。鲍尔默非常外向，且以市场为导向，因此他能很好地弥补盖茨在这些方面的不足。

然而，盖茨也没有对其弱点做全面的修正。可以确定的是，“点石成金者”特有的弱点会逐渐显露出来，由于有效的创新无法跟上，企业估值会逐步下降。作为一个感性营销者，鲍尔默缺乏真正的创新。微软目前还能盈利是因为它的经典产品——Windows 操作系统和 Office 软件，而不是任何新的产品。

令人惊讶的是，“点石成金者”类型的领导有时也可以兼具以客户为导向的特质。eBay 的领导人皮埃尔·奥米迪亚（Pierre Omidyar）就是一个很好的例子。他很内向，而且是直觉型的领导人。我们可以看到他以自己非凡的能力挖掘了拍卖史无前例的价值。但与盖茨不同的是，他对客户非常敏感。正是他始终坚持为 eBay 的客户建立社区。这种以客户为导向的特质在“点石成金者”型领导中是非常少见的。

eBay 迅猛发展的原因不在于强力的销售推动，它的发展完全是因为其创造性的产品。奥米迪亚与盖茨的不同之处就在于：盖茨还是一位“项目评估师”，他非常关注企业内部的活动，而奥米迪亚则是“客户分析师”。

“点石成金者”类型的领导很少能兼具“客户分析师”的特质。奥米迪亚似乎打破了“点石成金者”的常规模式，使得他会使用一些“点石成金者”非常少用的怀柔政策。但是，奥米迪亚只是一个个例，很少有人能同时具备这些特质。但这也足以证明，除了典型的特征外，还是有一些“点石成金者”非常具有人情味的。

奥米迪亚在事业早期就对自己的弱点进行了修正，他引入了一位更加以业务为导向的合作伙伴——杰夫·斯考尔（Jeff Skoll）。但是，杰夫·斯考尔是一位“理智判断者”类型的领导人，他的特质还不足以与奥米迪亚形成互补。

这让我们想到了本杰瑞公司，尽管已经有了两位合作伙伴，他们仍旧引入了第三位核心成员。奥米迪亚和斯考尔制定了相同的决策，雇用梅格·惠特曼（Meg Whitman）做 CEO[390]。毋庸置疑，eBay 拥有独特的产品和商业模式，但奥米迪亚在早期就做出了正确的决定来弥补作为

“点石成金者”的不足，所以公司很快就组成了最优化的领导团队，并以此作为盈利的资本。

当然，“点石成金者”不是都像微软的比尔·盖茨和eBay的奥米迪亚一样成功。在我们的CEO数据库中，就有这样一位CEO，他就是几何图形公司（虚构的公司名）的领导人马丁。

马丁花了很多年从头开始建立自己的软件公司。他之前从事的是技术方面的工作。他所处的领域是这个行业中竞争最激烈的细分市场。他在技术上的优势使得公司能够开发出拥有大量专利的产品。他的直觉导向性使得公司即使在连续几年亏损的状态下也能够偿还债务，并且最终盈利。

他的直觉决策能力是他的公司最终能够上市并获得盈利的基础。但是他的公司一直称不上非常成功。

维系公司业务的不是其唯一的产品，而纯粹是靠他的专利权和他本人务实的经营意识。如果他是“项目工程师”类型的领导人，缺乏必要的商业智慧，那他的企业一定会像许多销售同类产品的公司一样最终倒闭。

从另一方面来说，几何图形公司也没有成功地做大做强。马丁没有很好地去弥补自己在营销和销售方面的不足。这个不足往往是“点石成金者”的通病。

但是，马丁过于自我，以至于他不能和任何较为强势的合作伙伴搭档互补，就连员工都无法很好地和他共事，在他的公司里，营销人员的流动率非常高。他无法找到他的史蒂夫·鲍尔默，一个不是唯一但却必要的合作伙伴。所以，他的公司虽然没有倒闭，但也并不成功。

马丁的公司代表了许多“点石成金者”经营的公司。他们通常依靠其技术能力和领导人的商业智慧来赢得企业生存的一席之地，而像微软这样能处于市场领导地位的是极少的个例。

“点石成金者”非常善于为企业找到立足之处。他们往往能找到一种方式，使企业处于“悬崖之巅”。技术优势使他们能找到“悬崖之巅”，而商业智慧使他们能屹立不倒。他们失败的原因通常就是无法弥补他们在营销和销售方面的典型不足之处。

人们可能会认为，与其他类型的管理模式相比，技术实力和商业智慧相结合会让这类领导人更加成功。而我们的CEO数据库也证实了这一猜测。高达 80% 的“点石成金者”能够保证公司的持续运作，并保持较高的利润。这种可持续性在所有管理模式中是最高的。这告诉我们，如果你有一定的技术背景，并且想创立自己的公司，那么直觉决策的领导风格是最合适的。相反，如果你要投资科技领域的企业，就需要认真分析这家公司的领导人的商业个性，确保他不是逻辑分析型的领导。

我们通常会将技术型的领导人同“项目工程师”这一领导力类型联系起来。我们将会在后面几章中探讨这一问题。很多技术型的领导人确实是“项目工程师”，这与“点石成金者”有着很大的区别。“点石成金者”拥有“项目工程师”所不具备的直觉，这种直觉赋予他们更多的商业智慧。这也导致了两种公司业绩的巨大差异。当然，“项目工程师”也有其长处，我们会在后面讨论。

“点石成金者”所领导的企业通常能将高附加值的产品和相对较低的成本完美地结合在一起。他们一般来说都能带领企业获得利润。在较长时期内，企业估值都能保持在较高的水平。这些企业与其他技术驱动型企业的不同之处在于：它们更稳定。“点石成金者”领导的企业一般都是比较好的投资对象，但对客户来说它们不是一个很好的伙伴。

理智判断者带来的业绩

“理智判断者”位于两种驱动力的交汇处。首先，这类领导人是内向的；其次，他非常依赖正式的逻辑分析。他通常是学历较高的技术人员或者商业分析师。他是一位重视量化标准的执行官。公司以分析为导向，但也常常被分析所束缚。他的所有行动都是基于逻辑而不是愿景或者一些故事，这一点同“企业变革者”和“观念倡导者”有些类似。领导者更像一台机器而不是一个人，只做被证明有价值的事情。

“理智判断者”所领导的公司通常只会投资可计算出回报的产品，而不会开发新产品，因为新产品的回报无法测算。“理智判断者”一般都缺乏创新，但会以市场为导向，并且在衡量客户的需求和满意度上投入非常多的资源。

由这类领导人所领导的公司很少能拥有巨大的市场影响力。这类领导者缺乏激情，但仍会奋发努力。他们不擅长推销或者自我推销，因此销售手段与一般公司有些不同。他们采用的是基于数字而不是故事的销售手段，所以销售效率往往很低。

“理智判断者”会严格控制销售人员以保证他们不会过度承诺。他们认为过度承诺是非常严重的过失，因为这种承诺没有事实依据。由“理智判断者”所领导的企业通常是非常踏实的企业，一切基于事实。但这会阻碍强势销售文化的产生，从而影响销售增长。

而弱势的销售会由强势的产品来弥补。“理智判断者”非常注重产品，他们会仔细评估产品的各项数据和客户需求，针对特定的用户开发产品。

我们不能用“充满激情”或者“创新产品”这些词来形容“理智判断者”，但“小心谨慎”一词非常适合他们。在一个发展速度相对较慢的市场中，他们通常做得比较好，因为他们能够准确地挖掘、分析顾客需求和需要。如果市场是瞬息万变的或跳跃式发展的，他们就很难有所作为，因为他们缺乏一种直觉式的跳跃思维来预测发展趋势，虽然从本质上来说发展趋势是不可预测的。这也就意味着他们能够获得较高的毛利，但这种盈利是不稳定的。

但是，他们对产品的关注会提升客户满意度，培养出一大批忠实客户，因为这种关注更多的是基于分析的，而不是基于个人情感。

就公司营运而言，“理智判断者”的成本相对较高。因为他们非常依赖数据分析，所以在市场和客户调研上会投入较多的资金。而且由于他们谨慎的开发风格，他们的调研会涉及各个方面。这往往会导致开发人员过多和较高的综合行政管理费。同时，这也会导致较高的质量监控费用和物流成本。

销售和营销是“理智判断者”唯一节省开支的领域。其结果就是：员工生产率得不到提高，因为人员编制往往会超出创造利润所需的人数。但是，在这类企业中，员工的满意度一般都高于平均值，原因是这类企业的文化会让员工感到舒适。这种文化包含了工作的各个方面，并传达出一种安定感。

这种企业文化可能会给较为激进的销售人员带来一些不适，但是这也会让他们学会如何关注产品。公司言出必行，不像其他类型的公司（如“企业变革者”和“观念倡导者”所领导的公司）由于无法兑现对客户的承诺而让销售人员感到为难。因此，就算是对于销售人员来说，这类公司也是好公司。

"理智判断者"所领导的公司在短期内盈利能力较强，这不是因为成本的关系。我们在上文中已经指出，这类公司的支出一般都比较高。盈利是因为其产品的可靠性和对客户需求的把握，使得客户满意度比较高而产生重复性购买。

但在长期中，这类公司会失掉部分市场份额。由于过分注重逻辑，一些极具创意的想法就会被忽略，从而导致产品缺乏概念上的突破。这使得公司无法保持长期的竞争力，导致公司的长期盈利能力下降。

虽然企业的长期估值往往会随着时间的推移而下降，但通常降幅不大，这与其他类型的企业（如"公司理财者"和"乐善好施者"领导的企业）不同。但是，这种缓慢的下降会让问题变得更糟，因为这种不大的降幅不容易引起领导人的关注，从而使得这一趋势得以持续。

回顾"理智判断者"类型的企业，我们不得不提到约翰·瑞德（John Reed）所领导的花旗银行。在本书前几章中，我们就曾经提到瑞德是这一类型的领导者，而花旗银行就是一个典型的案例。高支出的企业文化、以数字为导向、关注产品而非关系，这些都是"理智判断者"代表性的特质。企业之所以能在全球取得领导地位是基于一个全球化的系统，而他本人就是信息技术专业出身。

瑞德所领导的花旗银行显示出该类公司的一个最根本的问题——企业估值随时间的推移而下降。企业缺乏创新，因此无法一直保持在市场上的领先地位。推动其市场地位的是其全球化的战略，而非本土扩张战略，因为公司无法在美国市场取得增长已是不争的事实。

花旗银行出人意料地同桑迪·威尔（Sandy Weill）的旅行者集团（Travelers）合并就表明公司已无法提高其估值。瑞德试图通过合并旅行者集团来打破作为"理智判断者"所遇到的困境。花旗银行的估值已经落后于其具有前瞻性的竞争对手。事实上，花旗只有通过合并不同行业的公司才能再次提高其长期估值。

作为世界顶级的管理者，尽管瑞德拥有强大的实力，但是他从未能弥补他作为"理智判断者"的一些固有缺陷。他本人也承认这一点。兼并旅行者集团是他最后的尝试。他也担心自己的地位可能会被威尔所代替，而且一定有人曾经这样警告过他[391]。

瑞德从没能突破"理智判断者"的一种固有偏见——反对创新，于是他就通过合并旅行者集团来重塑企业文化。这说明他已经意识到了自己的弱点，但是无法进行自我纠正。

实际上，通过合并，瑞德就直接引入了威尔作为其合伙人。瑞德的这一举动是少见的，因为多数CEO都选择在事业的早期而不是晚期寻找合伙人以获得成功。但是，当你掌管着世界上最大的银行时，也许很难在早期就承认自己有弱点需要弥补。

需要再次指出，这是瑞德第一次担任CEO。他没有机会在别的地方学习管理之道。他可能在其CEO生涯的晚期才意识到他需要修正某些固有的偏好。但对花旗银行来说，一切都为时已晚。

当然，“理智判断者”中也有非常成功的。沃伦·巴菲特就是其中之一。他是对数字分析非常敏感的人。巴菲特无疑是成功的，他所领导的企业估值随时间的推移而成倍增长。那如何解释他作为“理智判断者”的评估结果呢?

我们的答案是：他修正了自己的一些行为。他在其职业生涯中期就已经脱离了本·格雷厄姆（Ben Graham）的投资理论。这种修正来自于他的合伙人查理·芒格，他帮助巴菲特开阔了眼界，使其投资方式更具价值导向性，这也就背离了格雷厄姆的投资理论[392]。虽然本·格雷厄姆的投资理论帮助他成就了自己不凡的事业，但很明显，巴菲特本人也充分意识到他需要变换思维角度。

查理·芒格为伯克希尔·哈撒韦集团带来的是更加注重创新的思维方式，而这正是作为“理智判断者”的巴菲特所缺乏的。查理·芒格的作用是充当内部校正机制，就如杰瑞·格林菲尔德和奇科· 拉吉尔为本·科恩的本杰瑞公司所做的一样。

这就是巴菲特在其事业后期更像一位具有创新意识的“企业变革者”而非“理智判断者”的原因，当然芒格本身的特质也更接近于“企业变革者”。芒格承受风险的意愿一直高于巴菲特，这也是巴菲特为芒格所吸引的原因之一。巴菲特通过其合伙人修正了自己的行为。

我们不必在大公司中寻找“理智判断者”的例子。派顿公司（虚构的公司名）的佩里在我们的数据库中被定义为“理智判断者”。多年来，佩里一直在一家服务性公司担任高级管理职务，他是典型的“理智判断者”。他是这家公司的中流砥柱，取得了非常好的业绩。之后他离开这家公司并成立了自己的服务公司。

佩里很快就开发出了自己特有的高毛利率服务产品，但是销售却始终不尽如人意。虽然他的客户很喜欢他的服务产品及其带来的价值，然而这却无法为他带来销售的增长。

佩里总是花费很多精力来增加其产品的特性，但是他却从不关注客户体验。作为一个“理智判断者”，这方面根本不是他的强项。随着时间的流逝，虽然他的产品在不断完善，但是基于不同模式的新产品已经全面占领市场，佩里已经无法与其同行竞争。他缺乏创新意识，并且无法适应新的产品。

最后，他将公司卖给了他的竞争对手，并且在合并后的公司留任。就像约翰·瑞德一样，“理智判断者”的天性使其无法推动创新。解决这个问题的唯一方法就是让其他人收购公司，以期完成他自己无法完成的创新。

这就是佩里修正行为的方式，就如花旗银行的约翰·瑞德所做的。很可惜他没有找到其他的方式，例如找一个合伙人或者在公司内找一个值得信任的伙伴。

我们发现，大多数“理智判断者”的企业发展规律往往都呈现出相同的模式，即公司早期因有价值的产品而较为成功，但是之后就无法再有创新，导致长期估计下降。在我们的 CEO 数据库中，超过半数的“理智判断者”在稳定发展的公司中能取得较好的业绩，而在快速发展的企业中，由于他们过分注重分析，因而很难适应。

许多公司的领导都是“理智判断者”。在我们的教育体系中，这类人往往被划入精英的行列。他们一般都拥有高学历，在困难的数理逻辑和营销分析方面有较强的能力。

但是，我们需要小心这种文凭至上的思想。“理智判断者”的高学历通常意味着他们无法应对纷繁复杂的现实世界，以及暗箭从生的商业关系。从这一节中我们就可以看出，较强的分析能力与商业成功之间没有必然的联系。

先知先觉者带来的业绩

同“点石成金者”所领导的公司一样，“先知先觉者”所领导的公司也是一个有意思的混合体。一方面，“先知先觉者”一般都具有外向型的个性，其长处和弱点都符合这一性格特征。另一方面，他们又是直觉决策型的，精通财务问题。我们通常很难在外向的领导人身上看到这些特质。所以，当这些因素组合在一起时，我们会看到一些有趣的现象，而且这种组合往往能带来成功。

就个人天性而言，“先知先觉者”所领导的企业通常都有较强的市场影响力。由于其外向的性格，“先知先觉者”喜欢同人打交道，并且乐于领导他人。但是他们不像“感性营销者”，不会让自己的喜好打乱良好的商业意识。尽管他们对强势营销非常在行，但是他们也会尽量控制。

所以，“先知先觉者”通常有较强的市场影响力，但还是无法像“感性营销者”那样强势。同样，“先知先觉者”所领导的企业较为关注销售，但是销售也不是高于一切的。

“先知先觉者”是直觉决策型的领导，而他的商业头脑总是会下意识地抑制可能发生的销售力量过度膨胀。所以，这样的企业虽然不是很注重增长率，但实际增长率通常都比较高。这也就导致了销售效率比较高，而成本相对较低。

“先知先觉者”对开发独特的产品或服务不感兴趣，这类公司突出的特点不是产品，而是其对关系的独到把握，这称得上是其“独门武器”。

敏锐的商业嗅觉使他们会想方设法地节省研发费用，因此他们无法成为创新者，毛利也可能比其竞争对手低，所以客户满意度也不是很高。但是，这种节俭不是由于他们只关注客户关系而不注重产品，也不是因为他们通常较低的产品定价，而是因为他们通常采用低成本战略。

“先知先觉者”采用其他的方式来维持客户忠诚度。他能够探知客户真正的需求，因此他会将重点集中在购物体验而不是独特的产品上。这是他的强项，并且会带来良好的效果。虽然他们缺乏高附加值的产品，但是这不会对维持客户关系产生重大影响。

与大多数外向型领导不同的是，“先知先觉者”良好的商业意识使他能保持节俭风格。所以尽管他们的营运重点仍是销售领域，但他也不会在这个领域投入过多经费。他在产品研发和质量管理方面的投入相对较少，因为这不会产生相对直接的不良后果或致命的结果。

因此，在此类公司中，员工生产率通常处于中等偏上水平。产生这种结果的原因是因为其产品独特性较低，抑制了销售的增长，但他又有着敏锐的商业嗅觉和成本控制能力，因而销售增长不会太低。

"先知先觉者"所管理的公司相对来说纪律严明，但是员工满意度却往往比较高，虽然在短期和中期内可能无法达到很高的水平。员工会意识到"先知先觉者"对成本和客户体验的关注。虽然他不是创新先锋，但是他能将客户优先原则和商业原则很好地结合起来。

"先知先觉者"的短期和长期绝对盈利能力往往较低，因为他的毛利率相对较低，且不愿对产品或销售进行大规模的投入。相对于整个行业来说，公司的估值在短期内能处于平均水平，但在长期中估值将会下降。

产生这种结果的原因是："先知先觉者"的长处在于建立良好的客户体验，而非开发独特的产品，所以公司更多的是依靠 CEO 的个人魅力来进行营销。一旦他离职，而公司又找不到具有相同特质的继任者（当然这是正常现象），客户就会流失，因为客户体验的降低会暴露产品的不足，从而使客户转向其他产品。

"先知先觉者"的直觉决策方式使他们更容易取得商业上的成功，但这不是一种保证。在本书前面我们提到的麦克斯维尔通信公司（Maxwell Communications）的罗伯特·麦克斯维尔就是典型的"先知先觉者"。他具有外向的性格和直觉决策的风格。他运用其卓越的商业智慧建立了一个巨大的商业帝国。他最终失败的原因更多的是因为他缺乏超越自我的冲动，而不是缺乏敏锐的财务战略。

麦克斯维尔的公司为我们展示了"先知先觉者"给企业带来的影响。公司最初不是从事出版业的，之后麦克斯维尔借鉴了他人的模式，特别是鲁伯特·默多克的模式。比起产品开发，他更加关注销售，因此在产品和营运领域他的表现并不十分理想。

尽管他最终还是失败了，但他的财务业绩十分突出。他非常节俭，至少在公司营运方面是这样。所以，不论是对他的客户还是投资人，他都非常具有吸引力。但对于企业员工来说可能就正好相反。他更多的是建立起一种客户体验而非一种产品。

但是，由于对个人声誉的追求战胜了判断力，所以麦克斯维尔公司的收益不断下降。企业估值从来也没有达到很高的水平，但这种估值已经高于他的预期。估值缓慢下降的原因是因为企业缺乏优秀的编辑队伍[393]，所以企业无法获得一种专属的市场地位，最终企业估值归零。麦克斯维尔的企业遵循了我们对“先知先觉者”的论述，这种论述由于其自我扩张而被进一步放大。

麦克斯维尔从来都没有进行修正。他太过自我，所以听不进别人的忠告，或者敢于承认自己的错误。其实，他非常需要一个强大的“理智判断者”型的合伙人来平衡他的一些措施。

有趣的是，罗伊·格林史莱德（Roy Greenslade，麦克斯维尔雇用的《每日镜报》的编辑）本来是一个非常好的合伙人人选[394]，但是他无法同麦克斯维尔合作，当然也很少有人能做得到。而且麦克斯维尔不容异见，所以他解雇了那个可能帮助他的人。然而，在最初雇用格林史莱德的时候，麦克斯维尔很有可能就是看中了他的这种潜质。最终，他以生命为代价修正了他的行为。

但是，也有一些“先知先觉者”对自己的长处和短处有清楚的了解。在我们的CEO数据库中就有这样一位“先知先觉者”型的执行官，名叫英格丽（Ingrid）。她是一家名为“绿色山谷”（虚构的公司名）的服务公司的创始人。她很快就明白自己的长处在于销售和财务，但并不擅长管理公司营运和项目。所以她就同自己的朋友一起合作，这位朋友后来就成为了她的合伙人。

英格丽的事业繁荣发展了近20年，在此期间，公司建立了强大的客户群，英格丽管理销售，并指定财务战略，而她的合伙人则负责营运及一些项目。这是一种十分成功的管理模式。

当她的合伙人准备退休时，英格丽认为公司的运作已经非常成熟，即使合伙人离开也不会有很大影响。她们有许多训练有素的员工，并且都已为公司服务了很多年，她们熟悉其合伙人的工作方式，应该能很好地接手。英格丽是这样认为的。

但事情的发展出乎英格丽的预料。她的合伙人刚离开，公司管理就发生了巨大的变化，营运和项目不断出现问题，客户最初是投诉，之后就纷纷转投其他公司。短短一年中，英格丽的公司就流失了大量客户，以致公司出现亏损。最终她不得不结束自己的生意。

英格丽通过引入合伙人在一段时间内成功地修正了自己的业绩轨迹。但是一旦合伙人离开后，她就重新回到了“先知先觉者”固有的行为模式。营运和产品（在这个案例中即为项目）马上就开始走下坡路。她在销售和财务上的长处不足以弥补这些关键的缺陷。

因此，企业估值稳定保持了一段时间之后便开始下降，最终归零。虽然发生在截然不同的情况下，但是发生在英格丽和麦克斯维尔身上的事情是完全相同的。两位 CEO 的管理模式是一样的，最终失败的道路也完全一样。

英格丽在事业早期通过合伙人修正了自己的行为，但当合伙人离开，她就忘记了之前的教训，她以为自己一个人就能成功地管理企业。但是，她一直保持了自己的商业个性，因此她的优势和劣势也从未改变过。最终，她在惨烈的失败中体会到了这一点。如果她当时能够吸取教训，那么也许就不会失败了。

当然，不是所有的“先知先觉者”都会失败。我们只是给出两个例子来说明一些观点。事实上，与其他管理类型相比，“先知先觉者”的直觉决策倾向使他们更容易成功。在我们的 CEO 数据库中，超过 2/3 的“先知先觉者”能够稳定地维持企业。

在我们的数据库中，“先知先觉者”的表现仅次于“点石成金者”。销售技巧和财务技能的结合使得“先知先觉者”拥有强大的能力。在某些情况下，他可能会受制于缺乏高附加值的产品，但是他能够围绕客户建立良好的销售体验，在很多情况下，这往往足以弥补产品的不足。

这种情况被我们称为“外向者的反击”。缺乏对产品的关注使得他们无法开发出高附加值的产品，于是他们利用个人能力建立了一个品牌，并且将附加值集中在个人性格上。

然而，缺乏产品的支撑意味着企业估值将会逐渐下降，除非 CEO 能在企业内找到某种方式延续他的价值观。从另一方面来说，他的直觉决策维持了企业的生存并保持了客户满意度。“先知先觉者”的企业可能不像“点石成金者”的企业那样有潜在的盈利点，但是公司更有人情味，客户也能获得更多的快乐。

感性营销者带来的业绩

“感性营销者”往往都非常具有个人魅力，但这种魅力稍逊于“先知先觉者”，因为他们比较注重分析和流程。此类领导人非常外向，因此公司决策更容易受到其个性和气质的影响，这种影响有时甚至高于公司的规范流程。但是通常来说，这类领导人还是能将个性和内部流程很好地结合在一起。

这类领导人往往会被关系所驱动，这里的关系包括他的战略合作伙伴、客户甚至是供应商。这种关系还会延伸至员工，因此员工忠诚度通常都比较高。这类领导人的另一个特点就是好恶分明。总的来说，他们都是强势的领导者，并且能给企业带来一个强势的市场地位。

“感性营销者”非常善于宣传，并且喜欢将公司的销售和营销置于聚光灯下，当然这通常都是围绕着他的个性而展开的。他所领导的公司会产生一种注重营销的企业文化，营销人员往往是企业最受欢迎的员工，企业对他们的业绩也是大肆宣扬。

公司通常会采用较为积极的营销和销售手段，其结果就是销售效率较高，但不是非常高，因为有许多承诺无法兑现，同时这也会抑制长期的销售增长。另一方面，销售成本会大大增加，这就从财务的角度降低了销售的效率。

有较大一部分“感性营销者”领导的企业在产品方面表现不佳。这类 CEO 往往将更多的精力放在销售和营销而不是产品开发上，而且他更关注客户关系而不是产品细节，因为这些对他来说通常比较无聊。

“感性营销者”将更多的时间花在外出交际上，而没有时间参与公司的产品开发，所以这类公司的产品附加值通常不高。毛利率可能会因此低于业界同行。由于产品缺乏独特性，激进的销售所带来的过度承诺使得客户满意度通常处于较低水平。这也就导致了“感性营销者”另一个标志性的公司文化——应收账款通常较多。

同产品一样，营运也不是“感性营销者”的长项。他在产品研发和产品质量管理上都不会投入太多经费，而在营销、销售和一般管理上的投入则较多，希望通过后者来弥补前者的不足。在后者中，大部分费用是宣传费用，包括了广告费、代言费、交际费。因此，员工生产率往往较低。

由于这类领导人天生的魅力，员工满意度在初始阶通常较高，但在长期中则会降至很低的水平。由于承诺无法兑现，员工必须不断对其进行修正，挫折感就会日益增加，随之而来的是对这类领导的自我宣传策略的怀疑。他们会担心营销和销售费用过高，并且对产品创新特别是产品质量心存忧虑。

“感性营销者”的财务业绩通常比较差，这并不让人感到惊讶。由于营销和销售投入较高，因此短期利润较低，有时甚至入不敷出。缺乏对产品质量的关心导致召回成本较高，同时也抑制了销售的增长。高费用抵消了任何可能的收入。

在长期中，以上这些情况都会使缺乏新产品的问题更加突出。“感性营销者”的长期盈利能力会进一步下降，因为最初依靠强大的销售手段所取得的销售业绩会受到不良客户体验的影响。所以，“感性营销者”领导的企业估值曲线会呈现出以下的轨迹：在初始阶段由于领导人的个人魅力而达到顶点，随后逐步下降，并一直保持下降趋势。

我们把信息技术领域中的两位 CEO 归类为“感性营销者”。从某些方面来说，他们是“感性营销者”的例外，因为他们都非常成功。他们就是苹果公司的创始人史蒂夫·乔布斯和甲骨文公司的 CEO 拉里·埃里森。他们都具有超凡的个人魅力，其强大的宣传攻势不需我们详述，两人都是行业典范，在两人的公司内都有个人崇拜倾向，而产品和营运方面的某些问题都符合我们的阐述。

但是，两人都成功地避开了作为“感性营销者”的致命弱点，因为他们都有技术背景，所以能够开发出优秀的产品从而获得很高的利润。然而，两人无法避免“感性营销者”的另一个弱点，那就是缺乏对营运流程的关注，这给两人都带来了不同程度的失败。

产品质量问题让埃里森在 20 世纪 90 年代早期几乎破产。而乔布斯缺乏对财务和营运问题的关注，使他不得不离开苹果公司。之后他凯旋而归，一改之前的作风。两人都从之前的失败中吸取了教训，所以我们将两人视为修正行为的典范。

人们对埃里森的一个共同印象是他非常自我，这是事实，但是他也非常了解自己，所以他选择了鲍勃·曼纳（Bob Miner）作为共同创业的伙伴。

曼纳的性格恰好与埃里森互补，他是“项目工程师”和“理智判断者”。埃里森非常清楚自己的领导力缺陷。这段合作关系一直持续了 15 年，直到 1992 年初[395]。而从那之后，甲骨文就在营运和产品方面出现了重大问题，几乎使公司陷入绝境。

所以可以想见，埃里森又雇用了一位与他性格互补的行政助理詹尼·奥弗斯特里特（Jenny Overstreet）。埃里森在公司创立初期（1982 年）就雇用了这位名不见经传的助理，之后她逐渐成为了甲骨文管理层的核心成员之一[396]。所以，虽然埃里森行事我行我素，但是他还是能够认识到自己的不足，并且通过寻找到合适的人来弥补。

乔布斯同样进行了修正，但是在他第二次担任 CEO 时进行的。他的第一次尝试（同史蒂夫·沃兹尼亚克的合作）没有起到作用。

他显然已经非常了解自己的性格，并且试图让自己在回归之后变得更有效率。对于乔布斯而言，他的修正并非通过雇用性格互补的人，而是通过一系列的自我认识，使他变得更温和、更开放。

这次，他为苹果制定了成本削减策略，这种策略更像是“公司理财者”所为，而不是乔布斯的风格。而且他坚持不从苹果领取薪水，这与他在第一次担任 CEO 时的奢侈铺张形成鲜明对比[397]。

在我们的 CEO 数据库中有一位更加典型的“感性营销者”——拉尔夫（Ralph）。他是一家名为英芬特（虚构的公司名）的软件公司的 CEO。这家公司已退休的前 CEO 是一位“企业变革者”类型的领导。拉尔夫的管理类型与前任正巧相反，他非常外向，更关注销售而不是产品，并且非常乐于自我宣传。

在拉尔夫继任 CEO 之后，他立即将公司的重心从产品开发转移到营销上，产品质量随即开始下降，之后只有靠大幅降价才能将产品销售给客户。他的厚此薄彼改变了公司的整个基调。他对财务毫无兴趣，而问题很快就显现出来，销售额迅速下降，董事会这才意识到了问题的严重性，他们不得不将退休的前任 CEO 重新请出来，而拉尔夫则被迫辞去了 CEO 的职位。

拉尔夫代表了许多“感性营销者”，特别是他的自我宣传意识。这种意识往往会失控，从而对公司造成诸多负面影响。CEO 的个人意识代替了公司利益来驱动公司的决策。而能够修正自己行为的“感性营销者”非常少，因为他们过于自我，所以无法认识到自己的领导力缺陷。正如拉尔夫的例子所示，他无法自我修正，于是他和公司都付出了代价。

在我们的 CEO 数据库中，“感性营销者”失败的比例非常高，只有 1/4 的“感性营销者”能够维持企业的持续经营，在所有领导力类型中排名垫底，而“点石成金者”的比例高达 80%，“先知先觉者”可以达到 2/3，即使是“理智判断者”也能达到 40%。在我们的管理模式中，外向而又注重分析似乎就注定了失败。

“感性营销者”是领导力研究中的重要部分，因为他们一般都来自于销售部门。一位优秀的“感性营销者”非常了解客户和利润的产生，这是其他领导力类型无法比拟的。

“感性营销者”对公司的影响一般都有固定的模式，他们存在的问题反映在产品、营运和财务方面。与其他类型的领导力不同，他们对估值的影响一直是负面的。通常来说，在销售首次达到高点之后，估值轨迹就会持续下行，除非这类领导人能够成功地改变自己的行为模式。

各种管理模式出现的频率

人们一般会问，在我们的数据库中，四种管理模式出现的概率如何？实际上，它们出现的概率是均等的。前文中我们已经做过说明，虽然我们的数据库没有经过科学设计，也不是随机抽样的 CEO 数据库，但是在实际研究过程中，我们发现数据结果是随机出现的。

这也就表明没有任何一种管理模式能占据主导地位。这是一种非常有趣的现象。这就意味着，至少在我们的研究中，CEO 们的性格大致可以被等分为内向、外向，同时归属于注重分析和直觉决策这两个阵营的人数也基本相等。因此，每种类型出现的概率都相等。

但是，当我们再来研究上市公司 CEO 的数据库时，就会发现一个完全不同的状况。在知名 CEO 中，几乎半数是“理智判断者”。“感性营销者”排名第二，占其中的 1/4，而“先知先觉者”和“点石成金者”两者加在一起只有 1/4。因此，知名 CEO 大多属于注重分析型，而不是直觉决策型。

这也许反映出知名 CEO 大都接受过良好的教育，有 MBA 学位，学术背景和分析能力是他们被选为 CEO 的关键。

但在性格方面，内向型和外向型的知名 CEO 比例几乎相同。这同我们的 CEO 数据库提供的结果相同。对于这一点读者们可能更容易理解。内向或者外向对于他们是否能成为 CEO 或者知名 CEO 没有任何影响。

在我们的 CEO 数据库中，表现最抢眼的是“点石成金者”，之后是“先知先觉者”，而“理智判断者”和“感性营销者”似乎略逊一筹。这种排名是基于可持续性（实际上这是衡量生存能力的一个指标）给出的，与长期价值无关。

本章要点：CEO 的管理模式对公司的影响

CEO 的管理模式包括了他的决策方式和利用关系的程度。这些关键的行为驱动因素会为企业带来一些具有代表性的且可以识别的影响，这些影响总结如下：

- 点石成金者——除了销售方面的表现低于平均水平外，其余各方面都表现良好，短期利润率较高，企业估值在中长期内都处于上升态势。与其他管理类型相比，点石成金者可能更容易成功，在维持企业生存方面是四种类型中最强的。
- 理智判断者——在产品和营运方面表现出色，但在营销、销售和财务方面则表现不佳，在维持企业方面不如点石成金者和先知先觉者，然而一旦成功，公司估值就会上升到一个更高的水平。总的来说，理智判断者领导下的公司长期估计不断提高，但在维持企业持续经营方面有所欠缺。
- 先知先觉者——在销售和财务方面表现良好，在营运和客户支持方面表现一般，而在产品方面表现较差，但也正因为如此，利润回报往往较快。长期估值呈下降态势，但是在维持企业方面仍然做得非常成功，虽然可能不如点石成金者，但也能位居第二。在长期估值方面则表现欠佳。
- 感性营销者——在销售和营销方面表现突出，至少在短期内表现较好。在产品、营运和财务方面表现较差。企业收入不论长期还是短期都不理想。在四种管理模式中，感性营销者维持企业生存的能力最弱，估值在初期由于领导者的个人魅力和销售驱动会呈现爆炸式增长，但随后立即开始下降。在保持企业持续经营和长期估值方面都排名垫底。

第 11 章　CEO 的职业模式对公司的影响

职业模式

CEO 的职业模式由两方面组成，它们是执行驱动因素（execution driver）和客户驱动因素（customer driver）。执行驱动因素描述的是 CEO 对于亲自做或者指挥他人做的偏好程度。客户驱动因素描述的是 CEO 对客户关注的角度，是从技术出发，还是从业务出发。

职业驱动因素对 CEO 来说非常重要，因为它浓缩了 CEO 的职业经历，特别是在一些特定岗位上的经历。CEO 在这些岗位上的表现就能反映出他到底擅长什么。这又反过来又说明了他基本的专业能力。

职业模式是我们研究 CEO 的一个基本工具，因为它直接考量了 CEO 过去的从业经验和管理经验。标准的心理评估是不会利用到这些信息的。我们认为，如果忽略了这些重要的信息，就无法准确地评估 CEO 的长处和领导力的缺陷。

项目评估师带来的业绩

项目评估师的长处在于产品、技术和财务领域。他们一般都有基层工作的经验或者出身于工程技术部门，但比起设计或者生产来说，他们更擅长于财务或者物流。他们以生产为导向，但更关注原料和财务方面，因为他们的职责是让产品具有商业价值。尽管他们可能对设计和生产都非常了解，但这并非他们的职责所在。

项目评估师有一种异于常人的世界观，他们所关注的是产品所带来的利润，而不是这个产品是否能够使用或者使用是否方便。所以，他们及他们所领导的公司往往都缺乏创新。他们只专注于眼前，从来不关注未来。

项目评估师所领导的企业市场影响力较低，因为他们的 CEO 更多地考虑内部事务，如成本核算和商业可行性等，这些才能够激发他们的思维。而他们很少考虑营销、销售问题，即使他们参与到销售中，也只是考虑如何获取销售利润，而不考虑如何进行销售。

对于客户，项目评估师考虑的永远是毛利，而不是如何更好地满足他们的需求，他们总是希望用最简单的产品去满足客户最基本的需求。他们的座右铭是利润第一而不是客户至上。

这种缺乏激情的销售直接导致了销售效率低下，但仍旧能够盈利。因此，虽然他们的销售额可能不如其他类型的领导人，但能够实实在在地带来利润。那些以销售为导向的领导人虽然能取到较好的销售业绩，但实际上可能是亏钱的。

在产品方面，项目评估师只会进行适当优化，而不选择尽善尽美。因此，他们的产品性能尚可，但达不到最佳，因为这会打破利润平衡。他们优化产品的目的就是为了增加产品利润，换言之就是增加毛利。

而他们对于优化产品增加利润的投入也会有所控制，确保产出大于投入。他们对于计算两者的平衡点非常有经验。单就这些方面而言，项目评估师同别的领导类型就有很大区别。

因此，这些公司的客户满意度通常属于中等水平，达不到高水平。如果向客户提供的附加价值太多，毛利率就会降低。这些公司都是计算盈亏平衡点的老手。

营运方面，或者说容易用数字衡量的方面，是项目评估师表现最为突出的部分。他们所领导的企业往往会将所有费用都保持在低水平上，并且密切关注与毛利有关的所有费用，包括整个供应链，而不仅仅是生产成本，以保证新产品能带来足够的利润。

对于客户需求，他们始终坚持收益大于成本的原则。因此，在这类企业中，员工生产率往往较高，因为所有的钱都会被花在刀刃上。

但也正因为如此，员工满意度往往低于平均水平。虽然员工会认可并尊重这种低成本产品战略，但是这种低成本往往会给员工带来挫折感，因为员工认为这种成本压榨策略同他们的日常目标——“取悦客户”——背道而驰。他们想为客户付出更多，但是管理层的决策限制了他们的行为，从而进一步限制了潜在客户满意度的提高。

项目评估师在财务方面的表现也十分抢眼，至少从短期来讲，他们能将产品成本和收入保持在合理的水平上。产品所提供的附加值刚好能保持客户的满意度，他们从不过多投入，因此就能够保证合理的毛利和净利。

而他们在财务上唯一可能的缺陷就是太关注将短期收入最大化，而忽视了长期收入。因此，这类企业的估值在短期内相对较高，而长期估值就只能处于中等水平，因为他们投入不足，不能支撑企业长远的发展。但由于成本和收入的关系比较合理，因此估值也不会下降至低位。

在我们的 CEO 数据库中，招商公司（虚构的公司名）的杰拉尔德（Gerald）就属于项目评估师类型的领导。杰拉尔德是工程师出身，他从事物流和采购多年，对企业财务非常关注。

杰拉尔德几年前创立了自己的公司，并且很快就赢得了一批客户。他通过调查客户对产品的需求来建立客户基础，但是他的产品也只是一些大公司产品的简单复制。

杰拉尔德和他的企业有两个鲜明的特点：第一个特点是他几乎从一开始就盈利，而当时他的客户非常少且没有外部投资，因为他始终关注的是毛利和盈亏平衡点。他能将他的产品与成本很好地结合在一起，确保产品品质优良，成本合理，以保证盈利。所以他们在赚钱的同时能够留住客户。这是好的一面。

但是，杰拉尔德从来不关注销售。他的这种产品策略仅仅适用于部分客户。公司的销售人员认为杰拉尔德不了解客户，也不能给客户提供足够的服务。在刚开始发展的阶段，招商公司完全没有市场影响力，也从来没有采取任何措施扩大市场影响力。

但当企业发展到一定规模，年销售额达到数百万美元时，销售就开始停滞不前，无法取得任何进展。公司的短期估值较高是因为公司盈利很快，并且在一个新兴产业中找到了很好的市场定位，但这种初始价值并不能为后续发展带来任何益处。

当他试图带领公司上市时，他遭到了认购者的无情拒绝，因为企业估值已无法继续提高。杰拉尔德是行为未修正的项目评估师的代表，估值在初期达到高点后就无法继续突破，反而一路下滑，而且很难再恢复。

让我们再看一个与杰拉尔德不同的项目评估师的案例，他同样来自我们的 CEO 数据库，名叫塞巴斯蒂安（Sebastian）。他从事技术工作多年，由于非常外向，他逐渐转向了销售领域并且表现不俗。之后他开始自己创业，从事电脑服务行业。

塞巴斯蒂安一直以财务为导向，他的企业发展迅速，很快就实现了盈利。他从不对其服务做过多的投入，以保证收入。他会仔细研究每一种产品和服务以确保它达到财务要求。但是，他还雇用了一位非常有经验的员工来进行产品和服务的开发，使公司不会落后于整个行业。塞巴斯蒂安的公司发展得非常顺利，他的产品和服务都在不断更新。

几年之后，他的企业就被一家行业内的知名公司收购，这家公司不仅需要他的客户资源，更重要的是需要他们的产品和服务策略。虽然塞巴斯蒂安属于项目评估师类型的领导，但他通过雇用员工抵消了某些行为倾向，使产品增值得以继续。因此他获得了成功。

在上市公司的 CEO 中，旅行者集团的桑迪·威尔是项目评估师的典型代表。他最初只是一名证券分析师，一直是关注产品多于客户[398]，关注盈亏平衡和股东回报多于延伸品牌[399]。虽然在与花旗银行合并之后，他和约翰·瑞德同为 CEO，但两人的管理风格截然不同。

每当威尔收购其他公司时，他最关注的就是产品成本和股东回报的平衡。他深知如何开发实用的产品并且保证整体收益和股东回报不受损害。

虽然威尔比较内向，但他很早就懂得如何利用人才来扩展销售和公司的市场影响力。例如，在合并商业信贷公司（Commercial Credit）时，他就招募了一些富有经验的员工来执行营销和销售任务以增强企业实力[400]。威尔一方面利用自己作为项目评估师的优势，另一方面雇用优秀人才处理销售和营销事务来弥补自己在这些方面的不足。

因此，威尔能够持续壮大企业实力，而且在这种模式下所创造的价值要比他一个人单打独斗所创造的价值高。他的企业所反映出的就是经过修正的项目评估师的典范。领导人本身在产品和财务上的优势加上所雇用的员工在销售和营销上的优势，使企业能够持续不断地发展。

由于项目评估师的关注点始终保持在盈亏平衡点和产品性能上，人们会由此推断他们能够维持企业生存的概率较高。实际上，通过我们的调研，在我们的 CEO 数据库中 80% 的项目评估师能够维持企业生存，在四种职业模式中排名第一。很明显，在产品和财务方面的优势至少非常有助于短期盈利。

“项目评估师”领导的企业能建立一种关注股东回报率的文化，并使产品投资保持在充足的水平上，以确保盈利。

他们带来的负面影响是：企业很难获得长远的发展。如果要消除这种影响，企业就必须在管理层中增加对营销和销售较有经验的领导者，保持产品的增值创新，以此提高企业的长期估值。

项目工程师带来的业绩

项目工程师在很大程度上受到技术因素的驱动。他非常关注技术和营运，技术方面的事务左右了公司的决策和发展方向。而销售方面则表现很差，内部和外部的客户关系都得不到有效的维持。公司内除了技术方面的员工外，其他部门的员工忠诚度都比较低。他一般缺乏市场宣传意识，而且不太信任销售人员。但是，公司的毛利率和产品质量却往往比较高。

项目工程师所领导的企业市场影响力通常较低。他们往往不理解市场营销，认为营销是用来误导消费者的。同样，他们对于华而不实的推广宣传不甚认同。公司的文化通常对于营销和销售人员存在偏见，甚至将他们视为企业中的“二等公民”，而技术人才（特别是工程师）则是企业文化中最重要的部分，常常会受到称赞。

所以，销售人才往往不会选择加入这样的公司，由此也造成了企业的销售效率低下。此外，销售人员往往得不到应有的提成，因此也就失去了销售动力。

相比之下，这类企业的产品表现往往非常突出。企业所有的注意力都集中在产品研发上，着力改善产品的技术价值，而不是由产品带来的商业价值。

有时候，这类公司的产品往往过于先进，只有懂得技术的人员才能理解该产品，而普通客户则根本就不明白。但是，这类企业的客户满意度通常还是比较高的，因此毛利也较高。

项目工程师所领导的企业总是致力于改进产品，虽然这种改进不一定贴近客户的需求，但它接近客户的技术要求。如果客户企业也是技术驱动型的，或者也是由项目工程师所领导的，那么这两者的关系就可称得上是天作之合。

这类企业的运营表现则随着时间的不同而有所变化。最初，由于费用支出特别是产品费用支出较高，导致短期内员工生产率低于平均水平，但随着产品技术优势的凸显，员工生产率随之提高。

这类企业的员工满意度通常比较高，因为企业对于工程师的需求非常敏感，并以牺牲业务为代价来满足他们的需求。这就形成了一个以幸福工程师为导向的企业文化，由此产品质量得以达到最高水平。虽然成本无法得到较好的控制，但是在大多数情况下营运是良好、有序的。

企业的财务问题是项目工程师考虑得最少的，但是这不意味着企业财务状况就很差。通常情况下，企业的短期盈利能力较差，但随着产品的成熟和经营状况的改善，盈利能力会日益增强。所以企业的短期估值往往较低，但是长期估值的增长往往高于平均水平。当然，因企业文化导致的高成本也会限制企业估值的增长。

项目工程师所领导的企业与其他类型的企业有显著的不同，我们以之前提到的印网（Printernet）公司的哈罗德为例。顾名思义，印网公司是提供印刷服务的公司，在哈罗德接掌 CEO 职位之前，这家公司已经成立了 10 年。他从没做过 CEO，但在这个行业有着丰富的从业经营。他虽然不是工程师出身，但是在产品领域工作多年，对相关的设备和技术都非常了解。

印网公司之前由一位销售导向型的 CEO 掌管，所以公司有强大的客户基础，但是客户的满意度通常都不是很高。而在印刷方面，公司拥有各种主流设备，客户可以在这家公司印刷各种想要的东西。

在前 CEO 离职后，印网的客户增长就停滞了，之后哈罗德接替了 CEO 的职位。他上任后就主张购买更多的设备，给顾客提供更多的服务。因此他必须雇用更多的操作员工，这就推高了公司的成本，使企业产生了亏损。虽然新服务的利润在增长，但是成本上升得更快。而哈罗德由于经费限制没有雇用新的销售人员，他认为，通过人们口口相传，这些新设备就会带来更多的客户。

当然，这种情况没有发生。公司的亏损更加严重。董事会不得不解雇他，去寻找一位更注重财务方面的 CEO。

我们再来看另外一位项目工程师亨利·福特（Henry Ford）。他始终非常关注工程技术和生产制造，这一点对他事业早期有着十分显著的影响。福特经过两家失败的公司之后才终于找到了正确的方法[401]。

福特早期领导的公司都有着项目工程师的鲜明特点，例如在工程技术方面投入过多，不重视营销和销售。但随着他的阅历逐渐丰富，他开始对自己的行为进行修正。在他管理第二家公司时，他开始投身赛车界[402]。这为他带来了一定的市场影响力，如果他没有修正自己的行为，那么是无法做到这些的。

他管理的第三家企业正是最后得以持续的企业。他当时对自己的行为进行了大幅修正，因此企业也得到了长足的发展。1903 年，他成立了自己的新公司，到 1909 年雇员已达 3 万人[403]。很明显，他在销售和营销方面做出了重大的调整。

项目工程师领导的企业往往都会面临一个持续生存的问题。过于关注工程技术和产品使得管理者忘记了企业的根本目标是获得盈利回报股东，在这类公司中，销售和营销得不到应有的重视。在我们的 CEO 数据库中，只有 35% 的项目工程师能维持企业的生存，这一比率排名倒数第二。

项目工程师往往能创造出伟大的产品，对于他们来说，挑战在于如何让顾客了解这种产品，并从中盈利。只有在解决了这个问题之后，企业才能得以维持。

这种类型的 CEO 和他的管理层需要扫除一些心理上的障碍，这些障碍包括对销售、营销甚至赚钱的某些根深蒂固的态度。

如果能够跨越这些障碍，他们就能为企业创造巨大的价值，因为他们对于产品和服务的大量投入使得产品附加值较高，并能带来较高的毛利。在这种情况下，他们所建立的高估值就会远远大于他们的常规估值。

客户分析师带来的业绩

客户分析师类型的领导以客户为中心，他对财务方面的关注多于对营运的关注。他通常拥有销售或营销背景，精于分析，非常注意产品的盈亏平衡。

在成为 CEO 之前，他可能是非常出色的销售人员，他不会为了销售而不计成本，反而会充分考虑成本和利润。

他可能会在客户盈利分析上花较多的时间，并且非常清楚客户对于公司的重要性。无论从哪个方面来说，他都是一位优秀的 CEO，因为他比销售人员和客户考虑得都更周到，并且能很好地平衡公司内不可调和的部分。

客户分析师所领导的公司通常都有很好的市场影响力，但这种影响力可能不及另外一些企业，因为他们非常关注营销成本，而不像某些类型的 CEO 那样不惜成本地进行营销。

客户分析师类型的领导非常清楚，为了提升客户认知度，企业需要实现一定的市场影响力。他们常常在消费品公司以及十分注重品牌的其他公司中供职。

在公司内部，销售人员往往非常喜欢这样的领导，因为这种领导会像长者和朋友一样提供建议，消除他们在销售策略中的某些过激的倾向。所以这类企业的销售效率通常比较高，但也不会非常高。客户分析师不会采用极端的销售策略，也不会对客户做出过度的承诺。这类企业通常是财务稳健、以客户为导向的公司。

虽然客户分析师在销售领域表现不俗，但是他们在产品领域的表现则往往不尽如人意。他们的目标更多的是通过扩大他们的客户群来提升价值，而不是增加产品的附加值。所以他们更关注产品特性与其客户群的匹配度，而不是对产品本身进行大规模的投资。

当然，这不意味着他们会像别的消费品公司一样，完全不对产品进行投资。但是，他们的目标不是研发出能够颠覆行业的产品，而是保持稳定的客户增长，由此带来良好的股东回报。他们很少进行产品创新，但会对产品线进行延伸。

因此，此类公司的客户满意度较高，但不像项目工程师所领导的企业那样高，他们不靠全新的产品功能来取悦客户，而是通过持续稳定的产品服务升级来保持客户满意度。

在营运方面，客户分析师的企业表现尚可。他们更关注的是销售和营销方面的运营而不是生产，因此企业成本略高，但尚处于正常范围，而在生产方面的投入则低于行业平均水平，所以企业的员工生产率通常属于行业平均水平。

这类企业的员工满意度属于中上水平，因为这种类型的领导人不是个人气场十分强大的领导，但是他们很外向，也很善于处理人际关系。他谨慎地管理所有团队，并且高度关注客户，这能让所有员工都感到满意。由于他们不会对客户做出过度的承诺，也不会采用过激的销售策略，因此大部分员工都会对这种处理客户关系的方式感到满意。

客户分析师所领导的公司的财务表现非常突出。良好的销售业绩加上较低的产品成本，不仅关注客户增长而且更关注客户价值，这一切都能为企业带来较高且持续增长的利润。

就企业估值而言，客户分析师所领导的企业处于行业平均水平。由于短期的利润较高，因此短期估值也较高，而从长期来看，由于缺乏创新，利润会出现下滑，导致估值下降。

因此，对于客户分析师领导的企业来说，长期估值表现是最大的挑战。下面我们来举例说明这一问题。在我们的 CEO 数据库中有这样一位客户分析师，他叫吉尔，来自“视觉管理公司”（虚构的公司名）。

吉尔创立并管理着视觉管理公司，这是一家做银行产品的公司。该公司没有自己开发产品，而是从客户公司收购了一套产品。由于吉尔是以销售为导向的领导，因此公司销售业绩非常好，他非常清楚客户价值和自己的底线，因此他会非常谨慎地选择销售对象和销售手段。

视觉管理公司逐渐建立起了良好的客户基础。但是吉尔没有进行产品开发，只是保持着客户所需要的基本产品。这就制约了销售的增长。

虽然企业还能盈利，但是客户增长却出现了停滞。企业估值在经历了早期的增长之后，开始逐渐下降。之后，视觉管理公司被一家有相同业务的公司收购，那家公司有更好的产品，同时需要视觉管理公司的客户基础。

公司没有潜力成为行业的领头羊。缺乏产品的创新开发，只关注短期回报，这让吉尔无法建立他所期望的企业价值，这种结局在客户分析师的公司中很常见。

山姆·沃顿也是一位客户分析师。他非常关注客户，但同时他也非常注意企业的经营状况和现金利润增值状况。虽然他在事业的早期就已经非常成功，但是那时他还是没有脱离客户分析师的固定模式。

沃顿早期从事杂货店生意，虽然没有一鸣惊人，但也算比较成功[404]。因为这是客户分析师的优势所在，不需要任何创新，也不需要考虑长期回报。

然而，由于行业竞争激烈，沃顿不可能在这个行业内做大做强，如果不选择转型，那么他就会落入客户分析师的常规模式，短期回报较高，但企业价值发展到一定阶段后就无法继续突破，然后就会下降。

但是，沃顿建立了沃尔玛（Wal-Mart），引入了一种全新的零售模式，由此他通过修正行为，突破了客户分析师的发展瓶颈。

我们如今熟知的沃尔玛实际上是沃顿继杂货店之后的第二份事业。这让我们想到了亨利·福特，两人都是在经历了第一份事业的失败后才找到了正确的发展之路。

那么，一般客户分析师的经营状况如何呢？根据我们的调研，他们一般都做得不错，但也不算非常突出。在我们的数据库中，约60%的客户分析师能够维持企业生存，这一数字低于排名第一的项目评估师，但是高于其他类型的领导。

在留存下来的项目评估师和客户分析师中，如果要比较谁更能周密稳健地经营公司，那当然要数客户分析师了。他们能够获得持续的收入，并保持一定的客户满意度。

两者都以财务为导向，并且都有一些财务的背景知识，他们的短期成功就得益于此。

而在建立长期估值方面，两者都会遇到很多困难。大多数客户分析师无法突破瓶颈，除非他们对自己的行为进行一些修正。这将是他们上任之后需要完成的最重要的工作。

进行修正也就意味着他们在保持短期收入的同时改变自己对风险的承担方式，虽然存在困难，但还是可以做到，正如我们从山姆·沃顿身上看到的那样。

客户关注者带来的业绩

客户关注者同客户分析师的相同之处在于他们都以客户为导向，而不同之处在于客户关注者高度重视营运。他们一般都是销售出身，但在事业早期也从事过与产品或工程相关的工作。这会激励他们更多地参与到同客户有关的营运中去。

与客户分析师不同的是，他们对财务方面没有兴趣或者没有足够的技能，所以在他们过去的职位中，他们很少会参与到同财务和分析相关的事务中。而在他们成为CEO之后，这种情况依然持续。

客户关注者非常外向，而且通常都非常具有个人魅力。他们十分关注销售和营销，他们实际上往往是公司的首席推销员，把大量的时间和精力花在办公室之外，同销售人员和客户在一起。他们对销售和企业宣传包括自我宣传都非常在行。

因此，这类企业通常都具有很强的市场影响力。销售业绩（特别是短期业绩）非常出色。这类领导人是所有领导类型中销售策略最激进的，但由此也使得过多的销售承诺无法兑现，对企业造成了一定的负面影响。

企业短期的销售效率非常高，但通常由于销售策略过于激进，客户退货率较高，这造成了企业的口碑问题，因此下降也非常迅速。但是，企业的销售效率并不低，一是因为领导者的关注，二是因为这种类型的领导人总是能找到优秀的销售人才来开发新客户。

在产品领域，客户关注者表现不佳。他对于产品细节和产品的未来不感兴趣。增加产品的附加值不是他的工作重点，销售才是。

典型的客户关注者对于产品研发都不甚关注。销售和营销人员被视为企业精英，而研发和技术部门则是不被重视又不可缺少的部门，因为企业需要一定的技术支持来销售产品。但是，长期的产品研发和创新则被完全忽视了，因此毛利率往往要大大低于平均水平。

客户关注者的企业缺乏创新，也无法吸引创新型的人才，因此产品附加值非常低。而客户对于激进的销售和过度承诺反应不佳，所以客户满意度也不高。应收账款和客户退货率一样居高不下。在向客户进行推荐时，要找一个好的销售参考人非常难，销售人员往往只能找那些没被激怒的客户作为有效的销售参考人。

客户关注者企业的营运也往往不尽如人意。销售和营销的成本较高，而且由于 CEO 的自我宣传，行政费（包括出差、招待和办公费用）也水涨船高，留给产品开发和营运的费用就所剩无几。

客户关注者往往较少关注产品质量问题。他们本身就不擅长处理一系列六西格玛和 ISO 所要求的同质量有关的工艺流程。由于企业员工过多，员工生产率较低。

由于 CEO 的个人魅力及销售人员的积极性，员工满意度在短期还能保持较高水平，但是在中长期中，员工满意度会急剧下降，原因是不良的客户关系和较差的产品质量让员工开始怀疑企业的实际成长。

对于客户关注者来说，最大的挑战来自于财务方面。这类企业无论是短期还是长期的盈利能力都较差。就短期而言，积极的销售计划仍然无法抵消营销和销售活动所带来的高昂费用。而就长期而言，产品质量问题和缺乏创新会给竞争对手留下巨大的活动空间。

有趣的是，由于客户关注者领导下的企业的短期估值往往较高，旁观者通常会被企业巨大的市场影响力所迷惑，无法看清企业内部真正的变化。

随着时间的推移，企业真正的业绩就会清楚地显现出来，而长期估值也就会大幅下降。在这类企业中，很多善于自我宣传的CEO会努力设法隐瞒这些坏消息，而企业本身也不会让这些消息外露。而当这些消息最终流出之后，企业在公开市场的估值就会像自由落体一样直线下滑。

对于客户关注者来说，高昂而无效的营销和销售费用再加上较低的产品关注度使得如何建立长期估值也成为了一个挑战。在我们的CEO数据库中，“机械未来公司”（虚构的公司名）的玛格丽特就为我们提供了很好的例证。

玛格丽特建立的公司提供印刷服务。虽然企业的财务状况不佳，但是总体发展还不错，之后她的公司被“印刷服务公司”（虚构的公司名）所收购，这家公司是以产品为导向的公司，但是缺乏强有力的销售队伍。

在合并不久之后，玛格丽特就被提升为合并后的公司（即“机械未来公司”）的CEO，她的任务就是要使销售迅速增长。于是，她雇用了一些新人加入到销售队伍中，并且教导他们如何积极地销售。销售渠道增长迅速，但是销售业绩却没有很大改观。

之后，销售人员接到的客户投诉开始日益增多，因为许多销售承诺无法兑现。与此同时，这家上市公司的亏损开始加剧，股价应声大幅下降。

几个月之后，董事会决定免除玛格丽特的职位。她的品牌营销及其带来的结果是董事会无法接受的。由于股价大幅下跌，企业只有获得新的投资才能维持生存。虽然之后获得了注资，但是由于股价已大打折扣，许多老股东还是血本无归。玛格丽特的领导力及其经营战略反映了典型的客户关注者的特征，而其结果也符合我们的定义。

在前文中，我们已经将李·艾柯卡定义为客户关注者。但艾柯卡是客户关注者中的异类，因为他十分内向，但仍旧非常关注客户，并且不断地激励公司的销售人员。

艾柯卡虽然是工程师出身，但对于克莱斯勒公司来说，产品质量仍是一个问题。另外，企业估值也不可避免地开始下降，深陷破产窘境，最终美国政府不得不出手援助。虽然对于企业最终被戴姆勒—奔驰公司收购是否是他一手造成的现在还很难下定论，但是不可否认，企业长期估值的下降与他有着直接的关系。由于估值下降，企业陷入困境，最终无法保持独立。

通过上文的论述，我们会发现，客户关注者领导的企业前景往往有些黯淡。而我们的数据也显示了这一点。在所有职业模式中，客户关注者维持企业生存的比例最低，甚至比项目工程师还低。因此，在我们对 CEO 的研究中，客户关注者往往和低成功率联系在一起。

客户关注者在营销和销售方面有很强的优势，但是他们同样面临着严峻的挑战，怎样提升产品价值，如何发挥积极销售策略的优势，如何创造长期价值，都是客户关注者需要考虑的问题。

如果客户关注者不能找到解决方案，那么这就不仅仅是企业估值的问题了，还会影响到企业的生存。

各种职业模式出现的频率

我们在上文中定义了四种职业模式，分别是项目评估师、项目工程师、客户分析师和客户关注者。在我们的数据库中，每种模式出现的概率都是 25%，出现概率相当。

因此，在每种模式下企业生存率的数据就更值得我们研究。以财务为导向的职业模式有项目评估师和客户分析师，我们的研究数据表明，这两类领导者领导的企业通常更加成功。但是，项目工程师在创造长期价值方面有着巨大的潜力，我们认为，项目评估师和客户分析师拥有更多长期竞争对手，因为通常他们各自的财务表现都非常良好。

再让我们研究一下知名上市企业的 CEO，四种职业模式出现的概率同我们的数据库中的基本相同，只有项目工程师出现的概率略微高一些。

这也再次表明了职业背景和个人能力对于是否能做 CEO 或者能不能成为知名 CEO 没有多大的影响。

本章要点：CEO 的职业模式对公司的影响

职业模式由两种驱动因素组成：第一种是客户驱动因素，坐标轴的两端分别是技术和销售。第二种是执行驱动因素，坐标轴的两端分别是财务和营运。据此我们得到了四种职业模式：

- 项目评估师——在产品和财务领域表现较好，而在营销、销售和营运方面则表现较弱，总体来说，在四种职业模式中，项目评估师维持企业生存的比例最高，属于四种模式中的明星。
- 项目工程师——在产品和营运方面表现较好，而在营销、销售和财务方面表现较差。这类领导人维持企业生存的比例较低，排名倒数第二，然而一旦企业能够维持生存，那么往往能保持较高的长期估值。
- 客户分析师——在营销、销售和财务领域表现突出，而在产品和营运方面则表现不佳。这类领导人维持企业生存的比例较高，仅次于项目评估师，这类领导人面临的挑战是建立长期价值。
- 客户关注者——在营销和销售方面有较强的能力，但往往只是短期表现较好。这类领导人在产品、营运和财务方面表现较差，在我们的研究中维持企业生存的比例最低，在短期和长期价值建立方面都存在着较大的问题。

第 12 章　CEO 的领导模式对公司的影响

领导模式

CEO 的领导模式（leading profile）包含两个部分：反应时间驱动因素（reaction time driver）及授权驱动因素（delegation driver）。反应时间驱动因素描述的是一个领导者对情况做出反应的速度，以及需要多少时间制定决策。授权驱动因素是一位 CEO 有多大的能力能够说服其他人采纳他的决定。

领导驱动因素涵盖了领导者的一些重要能力及能力范围。反应时间是管理公司的关键。计划或者行动本身无所谓好坏，但是反应时间却会对公司的管理环境产生至关重要的影响，这是显而易见的，而且这经常成为我们探讨公司特质的关键因素。

授权的范围也非常重要。它包含了领导必不可少的一个方面——CEO 是如何领导和管理企业的，特别是他对他人决策的信任程度和对自己的决策的信任程度。因此，不同的信任程度也就造成了不同的 CEO 领导风格。员工可以清楚地了解其 CEO 的领导风格。

战役总司令带来的业绩

战役总司令都有一个比较长的反应时间。他们更多的是以计划为导向而不会鲁莽行动，而且他们一般都是命令导向型的。他们很少授权给他人，也较少受外界影响，通常是自我决策。这就形成了最典型的“指挥及控制”型的组织。

战役总司令通常是献身于企业的人，在资本主义早期，这类人往往被称赞为模范资本家和商业巨头。然而，当这类企业日益壮大后，企业的官僚主义就会不断蔓延，当然这不是绝对的。

在很多小企业中也会有战役总司令类型的领导。在这种情况下，这类人的气质及个性就会越加突出。如果一个企业是创业型的公司，那么这类人往往就会给企业带来更多的负面影响，即使企业需要他的个性来平衡过多的创业冲动。

市场影响力并非战役总司令所擅长的，因为他们对计划和谨慎策略的过度依赖使他们无法提高市场影响力。然而，由于他们是以命令为导向的，我们很容易就能发现这类领导人，因为他们的管理模式都高度相似。

在这一点上，他们与那些很难被外界发现的授权型领导不同（有时，即使在企业内部也很难发现这类领导）。因此，这类企业的市场影响力处于中等水平，这种影响力更多来自于以纪律严明著称的企业形象，而非他们在市场营销领域所付出的积极努力。

这类公司的销售影响力同样也不大。在这类企业中，销售人员被企业牢牢掌控，所有行动整齐划一，这让我们联想到罗斯·佩罗（Ross Perot）的销售人员，他们以军队式的管理而闻名。

纪律及专注会弥补销售团队所缺乏的激情。这样的销售团队有非常高的一致性。他们往往受到恐惧的束缚，但是同时也能获得较好的结果。因此，此类公司的销售影响力和销售效率至少属于中等水平，并很有可能达到较高的水平。

这类人在产品性能方面的表现非常优秀。他们用具体的计划来展现完美的产品，并且可能会根据客户偏好进行仔细的调整。但这类人的缺点是：他们领导的组织可能太重视计划而缺少对客户需求的把握，而且这些计划更多的是与公司的预算及预测挂钩。

然而，计划导向性使得公司对客户要求及投诉的处理非常缓慢，员工们经常陷入错综复杂的内部流程中，使得很多客户需求得不到满足。结果，这类公司的客户满意度往往只能处于平均水平或者更低。

营运是这类领导的强项。企业内部流程非常完善。他们会为所有事情制定流程和计划，包括销售、营销、产品及行政。企业中还存在一种严格的等级制度。

这就导致了企业各项支出居高不下。因此，员工生产率较低，太多的员工从事大量的计划和控制职能的工作，并常常迷失在这一过程中。

这类公司的员工满意度属于中下水平。对于个人而言，如果他们的价值观与公司文化相符，则周密的计划流程安排会提升满意度。而对于那些更有进取心或者缺乏耐心的人来说，这样的流程则会令他们失去动力。

这类公司的财务表现通常属于中等偏低水平。一方面，广泛的审查及规划活动导致公司文化偏向经济节省的模式，因此预算往往经过精心策划并且确保其有效实施。另一方面，这种文化滋生了一批形式主义及弄虚作假、搬弄数字的人。另外，用于规划和维护公司内等级制度的经费往往会超过企业的实际收入。

因此，虽然凭借领导人对企业的集权控制，此类公司不会陷入危机，但其实际利润往往不高。与整个行业相比，此类公司无论是短期估值还是长期估值都不算太高。

战役总司令的命令导向既带来了优势又带来了劣势。企业有良好的组织和纪律，这是维护产品及服务质量的力量来源。但是，这类领导人又往往非常死板，导致其他建议及意见往往被忽略，这使得企业缺乏生机，估值永远无法提高。

下面我们来看一个战役总司令的案例，其中的领导者是来自于“管理服务公司”（虚构的公司名）的雷（Ray）。这是一家信息技术服务领域的公司。雷是一个坚定的领导者。他的决定通常代表了企业的决定。公司总是有许多的会议，每件事情都被记录下来并且被仔细安排。雷的公司还会不断地制定预算并进行预测，而且在执行预算方面非常出色。企业能够提供高水平的服务，并由此获得了较高的毛利。

但是，雷也非常固执。他不会接受善意的意见。他抵制服务上的创新，这使得他暴露在竞争中。企业最终被竞争对手收购。

他的固执导致他的服务缺乏创新，而其他的竞争者开始不断入侵他的业务领域。虽然他的毛利很高，但是其客户增长已经停滞并且开始下滑，于是他的公司估值开始下跌。

如果他想要让公司继续存活下去，唯一的出路就是被收购。在收购以后，虽然公司希望雷继续留任，但他还是辞职了，因为他不能够融入一个可以挑战其权威的企业。

哈罗德·基尼恩领导下的 ITT 公司是另一个典型的案例，强制命令及计划流程使得这家公司的长期估值出现了问题。哈罗德·基尼恩领导下的 ITT 是靠收购而不是内部发展成长起来的。它的内部流程被领导人强大的计划及命令心态所主导。虽然公司能够成长并带动其股票价格上涨，但永远无法达到较高的长期估值。

基尼恩所建立的企业的估值似乎在不断增长。计划流程旨在确保每股收益记录不断提高[405]。实际上，基尼恩参与的是一个零和博弈[406]。总体价值并未得到实际的提升。ITT 只是简单地将资金从一个地方转移到了另一个地方，并削减了部分成本。计划保证了利润，但是整体价值并未真正实现增长。因此在他离职后，ITT 就开始出现亏损[407]。

最后，ITT 公司被拆分。基尼恩在职期间所产生的利润无法支撑企业的持续经营，因此 ITT 的长期估值不断下跌。尽管基尼恩修正了自己作为战役总司令的一些根本弱点——增长不力、当前估值不高——但他从来没有对基本问题（即在改善基本价值方面能力不足）进行修正。

战役总司令有一些重要的能力，包括其纪律性和计划性。尽管他们存在着不足，但由此人们可以推断他们仍能维持企业在市场中的生存。

我们的数据也支持这一观点。在我们的 CEO 数据库里，一半战役总司令能维持企业的持续经营，在四种领导力模式中排名第二。他们这种极端理性的思维方有助于企业的生存。虽然其他风格可能更容易成功，但也更容易失败。

战役总司令的表现通常比较稳定。这些领导者很少是杰出的。正如我们在基尼恩和雷身上看到的那样，他们缺乏激情。他们能够维持企业的生存，甚至在短期内保持繁荣，但是他们的挑战主要在于建立长期估值。追求以数字为导向的理性阻碍了创新及快速增长。只有彻底改变这种状况才能解决这个问题。

前线指挥官带来的业绩

前线指挥官是一种行动迅速的领导。他们倾向于“赶尽杀绝”。他们以命令为导向，更愿意靠他们自己的单打独斗来管理企业，而不是让他人参与决策。公司内部都非常了解他们独特的管理风格，有时连外界都会注意他们，因为这种管理风格已经对他们产生了影响。顾名思义，这类企业拥有准军事风格的管理体系。我们众所周知的案例就是罗斯·佩罗（Ross Perot）领导下的电子数据系统公司（Electronic Data Systems）。

因为其快速行动的风格，我们很容易就能发现前线指挥官类型的领导者，甚至比发现战役总司令类型的领导者还要容易。前线指挥官领导的公司拥有比战役总司令领导的企业更强的市场影响力。这种影响力来源于他们高调的决策和战略，因为他们喜欢出其不意，而且行动迅速如闪电。

前线指挥官在制定决策或者变更战略的时候通常是没有任何预兆的，因此他们往往能轻而易举地吸引到大量的关注和评论。但是，有时候这会给客户造成一些负面影响，因为他们会被快速而且缺乏参与度的转变弄得措手不及。

前线指挥官类型的领导喜欢轻装上阵，企业的一般管理费用较低。因此，这类公司的销售效率较高，原因是销售团队人员少而精，高度纪律性使他们能在短期内取得巨大的收益。

对前线指挥官来说，销售团队就好像是他的“突击部队”。因此，在这类企业中，快速行动是最重要的。然而，其销售效率往往会由于不良客户反应而逐渐下降。销售团队的快速行动天性会导致销售人员过度承诺，而企业无法履行某些承诺，这就使得在客户端产生的问题高于平均水平。

这类企业的执行效率通常低于平均水平，并且经常会陷入混乱状态。因此，客户的不满很容易导致销售下降以及应收账款的增加。

前线指挥官领导的企业在产品方面表现较差。其原因为以下两点：首先，在这类企业中，不断变化的产品特性和需求使产品研发人员无从下手。在这样的情况下，始终如一地增加价值是很困难的。其次，决策迅速也意味着策略改变同样会非常迅速，有时甚至是转眼就会改变。

因此，在前线指挥官领导的公司中，产品研发人员永远都要为了跟上不停变化的战略而努力，而他们根本就没有参与战略的制定。因此，企业毛利往往低于同行企业。

这类公司的低客户满意度是可以预见的。客户看到的永远是突如其来的变化。有时候客户不得不改变自己的策略来应对，这常常会给客户造成负面影响。因此，前线指挥官领导的公司客户流失率较高，因为客户无法忍受这种经常性的变动，不得不转向其他供应商。

前线指挥官好的一面是他们在各方面的花费都相当少。这是因为他们快速行动的特点造成的，而这种特点意味着他们不会按照计划管理模式建立间接费用预算。

其缺点是：快速反应的管理风格使得他们对公司事务的控制力减弱，从而导致营运和组织管理的混乱，造成支出的增加。没有人知道其他人接下来要干什么。权利界限模糊导致组织混乱，冲突不断。

前线指挥官领导的企业在产品及服务质量上存在严重的问题。从单纯的财务角度来看，员工生产率是高的，因为员工成本较为低廉，而存在的问题是因为员工对于领导的决策感到困惑，从而造成了企业的混乱。因此，员工生产率最多处于中等水平，而通常只能处于较低的水平。

在短期内，员工满意度较高（特别是如果这些员工之前在计划型的公司工作），因为他们会非常享受此类领导的快速决策风格，并为领导人的坚定、果断所吸引。但随着时间的流逝，他们会开始觉得迷惑，并开始质疑这种频繁的决策变更，因为很多决策是自相矛盾的。于是，员工满意度开始急剧下降，这样对公司就更为不利，因为这种态度会传染给客户。

前线指挥官在财务领域的表现常常不佳，特别是在决策速度加快的情况下。低产品附加值意味着低利润。虽然支出较少，但是公司的混乱导致了一系列营运问题，如产品质量较差、延期交付以及系统物流问题，这就抬高了营运成本。

以上这些问题都影响了企业的收入，所以亏损或者收入降低比公司预期的还要严重。因此，由于特别强调速度和等级，前线指挥官领导下的公司的短期和长期收入都比较低。

受到收入的影响，企业估值在短期及长期中都处于较低的水平。由于受到各种不利因素的影响，实际上前线指挥官领导的企业很难创造任何企业价值。

在产品方面，其附加值和产品质量都处于较低水平。由于方向改变迅速，其员工往往对此产生怀疑和消极的态度，从而导致客户流失率较高。这类企业在财务方面的表现往往低于平均水平，包括最关键的企业估值。

前线指挥官只要进行修正就能够使其公司经营走向成功。比如，贝尔恩公司（虚构的公司名）的杰罗姆（Jerome）就是一个很好的案例。杰罗姆自筹资金创立了一家小型软件公司。他们有两个合伙人，但是他是无可争议的决策者。在早期，公司就研发出了一套高附加值的产品，但是问题还是不断出现。

杰罗姆是典型的前线指挥官，他用自己的方式行事，频繁的决策变化让他的合伙人感到绝望。虽然客户很喜欢他们的产品，但很难和杰罗姆进行沟通交流。

在流失了一位客户之后，杰罗姆意识到是他自己的个性给公司带来了损失。他让公司的另一位合伙人接替其 CEO 的职位，他自己则做了主席，负责把握公司经营方向和相关财务事宜。

几乎就在同一时间，公司就开始得到客户的好评，而且公司逐渐进入了一个快速成长的轨道。虽然杰罗姆继续在公司任职，但已经不参与管理，公司主要由他们的合伙人管理，他抵挡住了插手管理的诱惑，最终使公司的成功大大超出了合伙人的预期。

杰罗姆的案例是典型的前线指挥官修正成功的案例。当然，我们还有许多失败的案例，包括许多知名的 CEO，其中之一是安然公司的杰夫·斯基林（Jeff Skilling）。斯基林是一位有远见的分析型领导者，但是他为我们展现了前线指挥官最极端、最具危害性的一面。他的战略改变极快，人们永远跟不上他的变化。

在短短的数年中，安然的使命陈述就从“北美天然气管道之首”变成了“世界第一天然气公司”，然后又变成了“世界领先的能源公司”，最后变成了令人哭笑不得的“世界领先公司”[408]。与此同时，公司内一片混乱[409]。

斯基林是典型的缺乏计划能力、不断改变决策的领导人。好的方面是这有助于使员工保持永不懈怠，并且能迷惑对手。

但从产品和服务的角度来看，这会降低其价值，因为客户不知道他们收到的是什么样的产品。很明显，前线指挥官的行事方式最大的优势是有效地隐藏了斯基林的许多骗局。

这种企业文化为安德鲁·法斯托（Andrew Fastow）和他特殊目的的实体提供了便利，以此来隐藏公司的巨额损失。

斯基林所展示的是未修正的前线指挥官的案例。它的影响对公司来说是致命的。当然，大部分前线指挥官并不像斯基林那样极端，但是他们都有类似的性格和管理风格。

有些人可能认为，以行动为导向的前线指挥官轻浮的行事风格会给公司的持续经营来带来不利影响。我们的 CEO 数据验证了这一观点。在四类领导模式中，前线指挥官维持企业生存的比例排名倒数第二。只有大约 1/3 的公司能够持续经营。其他的领导风格似乎更容易成功，只有一种风格更差，我们会在本章后面提到。

前线指挥官受益于其速度。他们行动果断，如果条件允许，他们可以在转瞬间改变公司的战略。

但是，这一鲜明的特点也有其不利的一面。他们经常改变得太快，以至于他们的员工及客户无法跟上他们的步伐。

他们的企业无法创造高附加值的产品和服务。他们在构建短期或者长期价值方面的能力往往会受到质疑。

如果一名前线指挥官想要取得成功，那他就必须直面挑战。这包括配备能够约束他的员工，并设立正式的流程。一旦做到了这一点，他就能取得惊人的业绩。

直觉决策者的业绩

直觉决策者是一个奇特的混合体。他和前线指挥官一样有着快速的反应，当然，这会使他遇到相同的问题。

与前线指挥官不同的是，他们不是命令导向型的。这类领导者更多的是授权给他人。他让员工参与决策的制定。更多的时候，他会允许员工来管理他。他往往是一个优秀的聆听者。事实上，这就是直觉决策者和前线指挥官的不同之处。

直觉决策者领导下的公司的市场影响力处于中等偏下水平，但这并不意味着他不会成功。

直觉决策者善于授权的本质使得公司能够保持销售和营销战略执行的连贯性。他们不像客户关注者类型的 CEO 那样善于自我宣传，他们通常较为低调。

通常，外界所看到的是他们的战略和态度，而不是其强烈的个人魅力。因此，这类领导往往不为外界所熟悉，因为他们过于低调，很少在公众场合做自我宣传。市场对于此类公司的评价是：公司好像没有任何可见的管理，但运行良好，也不知道其中的原因是什么。

除此之外，直觉决策者领导下的公司的销售效率往往还是比较高的。

销售团队虽然受到一些限制，但是他们能得到授权且行动自由。他们能在第一时间行动起来应对竞争者和客户的要求，而且可以在需要的时候脱离公司的约束来处理问题。

此类公司的文化较为灵活，鼓励员工的主动性，唯一的限制就是创新不能妨碍公司的快速决策。

而在产品领域，直觉决策者的表现不佳。他的快速决策往往导致产品策略缺乏连贯性。产品导向的频繁变更会对建立高附加值产品和长期客户价值产生负面影响。

此外，此类公司的协商管理方式往往会导致“最低共同点”（lowest common denominator）方案的产生。它可能给出一个总体平衡的方案，但是很少会有一些出色的方案，因为只有能够打破旧习的人才能提出这些方案。

直觉决策者善于听取员工的意见，快速决策对客户满意度所产生的负面影响并不像前线指挥官那样大。前线指挥官领导下的公司的客户满意度往往只处于中等偏下的水平。

通常，当公司运用高速决策方式时，客户满意度往往较低，但是领导人的授权通常能缓和最恶劣的客户关系。如果他们可以减缓速度，那么企业通常能取得中等偏上的客户满意度。但是企业文化会限制客户满意度的提高，直到 CEO 做出调整。

直觉决策者在营运领域的表现欠佳，但也不像前线指挥官那样差。直觉决策者在多数情况下相对支出较低，除非企业授权失控，支出才会提高。

协商一致的管理风格也能防止像计划导向型公司那样高额费用的产生，员工成本低廉使得员工生产率较高。

公司的员工满意度是此类公司最值得称道的地方。短期和长期的员工满意度都非常高。员工的感激来自于他们对公司管理的话语权。他们钦佩 CEO 在授权给他们的同时做出快速有效的改变。他们重视公司开放的文化，这种文化激励每一位员工表达意见，提出倡议。直觉决策者领导下的公司不像用高压政策进行管理的企业，因此这样的企业文化深受员工（特别是之前受高压政策管理的员工）的喜爱。

虽然直觉决策者领导下的公司拥有种种令人钦佩的特质，但是这类企业通常在财务方面表现欠佳，因为其管理风格过于极端。它的快速决策使产品增值无法实现，使公司不得不采取毛利率相对较低的战略。因此，企业收入往往只能维持在中低水平上。这也进一步限制了企业估值的增长，所以这类企业的估值通常处于行业中下水平。

直觉决策者领导下的公司通常是非常理想的工作企业。企业的客户群虽称不上十分忠诚，但也相当稳定。但是，如果CEO比较极端，那么企业就无法创造较高的价值。实际上，对于CEO来说，如何保证估值不下降到低于同行的水平才是真正的挑战。

直觉决策者的另一大特征就是他们对员工和客户非常了解。这就导致他们很难做出一些决定，尤其是在必要时进行裁员。共生文化会导致裁员时的情感问题，因为他们更像是一家人，而不仅仅只是一名员工。

帕卡希（虚构的名字）为我们提供了一个典型的直觉决策者的案例，该案例展示了直觉决策者领导下的公司有时过于软弱的本质。帕卡希成立了一家为制造业企业提供供应链系统服务的公司。他做得非常成功，虽然其利润并不高，但是他非常了解自己的业务，也知道员工正积极为客户服务。

帕卡希正巧有机会收购一家同行业的小型软件供应商。他意识到并购能提高利润和竞争力，从而扩展他的事业，于是他就收购了这家公司。

但是，他授权管理的风格在此时引发了问题。他坚持所有的员工都要参与到软件开发的决策中。但被收购企业的员工没有相关的知识或者能力来参与决策。

另外，帕卡希也坚持同过去一样的决策速度。但是，服务类企业和软件开发企业完全不同，服务类企业很少能提高服务的附加值，但是软件产品附加值空间巨大。

于是，两个公司之间的冲突日益严重。帕卡希还拒绝辞退一些肇事者，使情况变得一发不可收拾。客户也受到了影响，最终他不得不关闭收购的企业。

不久之后，由于客户开始流失，销售急剧下降，公司不得不申请破产。帕卡希的公司没有能够跳出直觉决策者模式的限制。他没有做出修正。他的管理风格在低产值情况下能有效运作，但是在相反的情况下则无法很好地运作。而结果就是公司的倒闭。

但是，在CEO做出正确调整后，直觉决策者领导下的公司可以变得非常成功。英特尔公司的创始人之一罗伯特·诺伊斯（Robert Noyce）也是直觉决策者的经典案例。诺伊斯不是公司唯一的创始人，而是三大创始人之一。他拥有直觉决策者所有典型的特质，而这种特质很容易导致企业的失败。

但是，诺伊斯充分认识到了他的能力缺陷，他让安迪·格鲁夫（Andy Grove）来接管英特尔。格鲁夫是计划型的领导者，他能够弥补诺伊斯作为直觉决策者的缺陷。

格鲁夫相对强硬的态度正好弥补了直觉决策者的软弱。格鲁夫和诺伊斯恰好拥有互补的个性，而且他的精力更多集中在管理上，而不是技术上[410]。

诺伊斯的修正为英特尔成功地搭建了一个高效的团队。像诺伊斯这样的直觉决策者做出一点改变就会取得巨大的成功。那些没有修正的领导者（比如帕卡希）注定会走向失败或者业绩不佳。

虽然直觉决策者在产品方面表现较差，但他们在别的方面具有很多优势。他们对市场变化反应迅速，善于授权，使销售团队更加强势并能快速响应客户的需求。虽然无法取得最完美的业绩，但是从整体来看这些公司的业绩还是非常良好的。

在我们的 CEO 数据库中，直觉决策者是各领导模式中最出色的，有 3/4 的直觉决策者能维持企业的生存，这一比例要比在产品领域表现出色的战役总司令高 20%。虽然它和前线指挥官有些相似，但是其业绩大大超过了前线指挥官。很明显，直觉决策者能够授权并激励员工，这使得他们能够取得优秀的业绩。

直觉决策者领导下的公司有很强的生存能力。企业的员工满意度很高，客户也比较满意。他们的企业文化受到许多管理学家的称赞。

但是，他们仍旧要面临一个巨大的挑战，那就是财务表现。他们的企业收入并不是很高。无论是在短期中还是在长期中，这都会导致公司无法创造较高的估值。

企业有很好的工作环境，但是股东可能更喜欢战役总司令领导的公司，虽然他们对员工的管理更严格，但是这样的公司有较高的长期估值，股价也更高。

谨慎决策者带来的业绩

谨慎决策者拥有强烈的平等主义思想。因此，企业会组建各类委员会，照章办事。公司的决策速度较为缓慢，并且以达成共识为导向。公司缺乏创新，产品研发速度较慢。

然而，这类领导人能很好地解决内部争端，因而员工忠诚度非常高。由于无法跟上竞争者快速发展的步伐，企业在快速发展的市场上表现不佳。

谨慎决策者是非常耐人寻味的领导人。他们有很强的计划导向性，但是不像其他计划型的 CEO，至少在私营企业中，他们会大量征询不同人士的意见。他们会向员工授权，在很多情况下愿意让各个部门自行决策。

这和命令型领导者是完全不同的。这让我们想到了新英格兰的乡镇，在那里，社区民主已经实行了许多年。

这类公司奉行民主，虽然 CEO 偶尔也会越权，但是很少发生。采用这种管理方式的公司有其鲜明的特点。

谨慎决策者领导下的公司的市场影响力较低，他们往往设立了过多的委员会，这就降低了决策速度，使宣传活动受到影响。由于公司看上去没有真正的掌门人，至少外界很难发现企业真正的领导，因此外界很难了解公司的动向，所有的决策都由各种委员会制定的。

谨慎决策者领导下的公司对市场变化的反应很慢，因此无法引领市场趋势，而这通常是市场影响力的另一个来源。

谨慎决策者领导下的公司的销售效率往往较低。产品和销售决策时间较长，使销售中心无法快速转移，对于一些客户的特殊需求无法及时响应，因此公司很难达成一些有特殊需求的交易。

这类公司较为死板的决策流程严重影响了销售。另外，由于需要满足公司内部协作和计划机制的需要，公司必须配备数量庞大的员工，这就进一步降低了销售效率。

虽然谨慎决策者领导下的公司在决策制定上有其固有的缺陷，但企业的产品表现通常较好。计划管理的风格使得企业能对客户要求做出详尽的分析。所有人都会参与其中。

因此，他们的产品价值高，有时会高得过头。在一个偏重工程的企业文化中，常常存在产品过度开发的问题，因为没有人会去否决对产品的提升。

理论上，这样的企业客户满意度会很高，但事实并非如此。产品更新通常需要经过各种委员会的讨论，当他们最终做出决定的时候，新产品已经过时了。客户对于这种漫长的等待感到非常不满，因为他们认为这些改变应该很快就能完成。

对于谨慎决策者领导下的公司的营运表现需要综合来看。企业的内部花费非常高：首先，他们必须为各种计划支付高额的费用；其次，他们必须为内部整个决策制定的流程买单。由此导致员工生产率较低。这类企业需要投入比同行企业更多的人员，来完成同样的职能任务，因此在这方面企业排名垫底。

这类公司的员工满意度也很低。虽然员工很感激公司给予自己话语权，但是他们仍旧对冗长的事件处理流程感到不满。

此类公司的内部制度非常成熟，但同时也进一步降低了员工的满意度。这种现象其实经常发生，即使企业文化赋予每个员工话语权，但是总有一些人会比另一些人更有影响力，怀疑也会由此产生。

财务表现对于谨慎决策者来说是一个巨大的挑战。庞大的员工数量降低了企业收入潜力。他们平等对待每一位员工的构想对决策质量产生了负面影响。这会使企业付出很高的机会成本，虽然短期内这种成本可能不会显现出来。

因此，在这类 CEO 的任期内，收入始终是一个挑战，估值也面临着同样的问题。

理想主义的压力驱使谨慎决策者型的 CEO 保持这种管理模式。布莱恩广告公司（虚构的公司名）就是一个很好的案例。

布莱恩创立了一家图文广告公司。他是一个不折不扣的理想主义者。他相信自己的每一位员工都有权参与公司的营运。

当然，这对公司的发展有所帮助。公司的成长源于员工的参与，他们被布莱恩的尊重所激励。而布莱恩也会在在大多数情况下参考员工意见做出决定。

然而，当布莱恩广告公司成长到一定阶段后便停滞不前。布莱恩想的不是要彻底改变管理模式，而是要加强现有的模式。他不断增加而不是减少会议次数，工作完成度因此降低。客户开始投诉。几个月之后，公司开始出现财务问题。

布莱恩最终不得不低价出售自己的公司，而公司所取得的业绩和客户基础远远高于这一售价。收购人试图改变公司的文化，但是非常困难，因为员工已经习惯于参与各种决策。最终，收购者将其和另一家公司合并。布莱恩的公司最终没能持续创造价值。

在某些方面，缺少持久价值也是谨慎决策者公司的另一个典型特点，我们在本书前面提到过肯·奥尔森领导下的 DEC 公司就是如此。

如前所述，谨慎决策者的企业文化使 DEC 公司的营运出现了很多问题。它大大增加了费用支出，而且抑制了创新，因为追求一致的企业文化会扼杀不同的声音。这使得这家当初世界领先的技术企业错过了个人电脑发展的伟大时代。

DEC 公司最终没有从这种挫折中恢复过来。虽然企业开发了许多卓越的产品，比如 Alpha 芯片，但最终还被康柏公司所收购。

现在很少有人知道 DEC 这家公司和它为电脑行业做出的贡献。企业曾经的一系列开创性的产品并不能为企业创造持续的价值。虽然奥尔森做过几次尝试，但是他从来未曾改变其基本的管理模式。

我们尊重谨慎决策者的理想主义，但是要更多地考虑生存能力。我们的 CEO 数据库可以提供这样的观点。根据持续时间来评判，谨慎决策者是我们的数据库中生存能力最低的。这一结果比倒数第二低的前线指挥官还要低。显然，简单来说，谨慎决策者最大的挑战就是生存，而并不是构建价值。奥尔森的 DEC 公司和布莱恩的广告公司都很好地证明了这一点。

谨慎决策者领导下的公司有一些很大的优势，这些优势包括他们对员工权利和产品的关注。但是，营运和财务暴露了协调管理模式所导致的问题。他们的主要挑战是维持生存和长期价值的构建。除非 CEO 做出修正，否则企业寿命不可能长久。

各种领导模式出现的频率

在我们的数据库里，每一类领导模式出现的频率大致相同。战役总司令、前线指挥官、直觉决策者和谨慎决策者出现的比例相同。从维持企业营运的角度来看，直觉决策者位居四者之首。如果从投资角度来看，短期内，直觉决策者也是投资的首选。谨慎决策者是四者中维持企业生存能力最差的。

知名 CEO 的情况又如何呢？从我们的研究中可以看出，情况完全不同。其中三个领导模式在我们的数据库里出现的比例相同，它们是战役总司令、前线指挥官和直觉决策者，而谨慎决策者只有 3 例，少于 10%。

很明显，领导模式对于是否能成为一名 CEO 或者成为知名 CEO 没有很大的影响。

但是，这里有一种例外。如果你是一名谨慎决策者，那么失败的概率就会很高。我们的数据研究证明，谨慎决策者维持企业生存的比例较低，因此这对你成为 CEO 是一个很大的障碍。如果你想成为 CEO，甚至是知名 CEO，并取得成功，那么你就要注意不要让计划导向和授权共存。

本章要点：CEO 的领导模式对公司的影响

根据反应时间驱动因素和授权驱动因素来划分，领导模式分为四种不同的类型，分别为战役总司令、前线指挥官、直觉决策者、谨慎决策者。

- 战役总司令——非常具有系统性，因此决策较慢。他们通常是命令导向型的，因而市场影响力较低，销售效率不高。产品表现较好，但客户满意度不高。营运表现较好，但支出也较高。员工生产率较低，员工满意度也偏低。财务表现在行业内处于中等水平，但长期估值在行业中处于中等偏下的水平。
- 前线指挥官——公司决策行动速度较快，但变化无常的决策带来了很多问题。公司对新事物（无论好坏）都反应迅速，并会进行很多尝试，但往往都是失败的。公司的销售表现较好，但是长期销售效率将会出现下滑。产品表现较差，具体反映在两个方面：一是由于缺乏对流程的关注导致产品质量较差；二是由于缺乏纪律性造成客户体验不佳。营运表现属于行业中等水平，但是员工满意度会随时间的推移而下降。总体财务表现不佳，因为公司收入不高，也无法创造显著的价值。

- 直觉决策者——在所有领导模式中，直觉决策者维持企业生存的能力最强。此类公司市场影响力不高，但是销售效率较高。从产品增值角度来说，公司表现不佳，但是客户满意度较高。在营运方面，直觉决策者领导下的公司的支出较低，因此员工生产率较高。企业的一个显著特点是员工满意度很高。由于产品增值较低，因此企业收入不高，长期估值也相对较低。
- 谨慎决策者——我们的研究数据显示，谨慎决策者在维持企业生存方面在四者中排名垫底。他们的市场影响力和销售效率都比较低。从产品增值角度而言，企业的表现属于中等偏上，但是客户满意度却不高，这是由于其决策行动较慢的特点造成的。此类公司的营运成本较高，因为在计划和内部协作机制上投入过多。员工满意度较低。由于内部成本较高导致其财务表现较差，无法保持长期估值的稳定。

第13章　使用领导力导航图提升业绩

我们现在开始进入本书的重点部分——如何提升CEO的业绩。在本章中，我们将向你展现如何根据领导类型来提升业绩。这是我们在对无数的CEO实例进行研究后得出的结论。在这些CEO中，有些供职于上市公司，有些则是尽人皆知。

首先，我们要告诉你，这本书的信息对于在职的领导者具有现实的指导作用。读者可以满怀信心地即刻使用这些信息，它们不仅能够使你成为一名更好的领导者，也能够使你的公司成为对股东来说更有价值的企业。

成功的原则

让我们一起回顾一下本书概括的一些原则。归纳起来一共有4条：

1. 采纳以业绩为导向的领导力模型。
2. 强项意味着不足。
3. 使用一些自己不太熟悉的管理技术。
4. 向相反的领导风格转变。

1. 采纳以业绩为导向的领导力模型

我们在这一条原则下归纳了5点，它们是：

A. 在开发领导力提升策略时，注重公司的业绩。这与常见的以人际关系和社会关系为重点的领导技术不同。

B. 确定你的商业个性和与这一个性相关的典型公司业绩之间的关系。采用以业绩为导向的方法领导公司，而不是选择“感觉不错”的解决方案。

C. 我们不能仅仅停留在这一层面。正如我们所说的，业绩就是估值。我们引入了一个很新的概念，即在领导力方面，必须将改善领导力与增加股东价值相联系。如果不这样做，则任何领导力改善方案就都没有触及问题的实质。

D. 我们认为，领导力的改善并非仅仅是更好地认识自己。它必须有客观的、可度量的指标，这些指标对于股东来说应该是实际且有意义的。这些结果必须显示在损益表、资产负债表和现金流量表等标准财务报表中。如果没有这些结果，那么无论 CEO 的表现或感觉有多好，我们都不能肯定地说其领导力有所改善。

E. 所有这些都意味着一件事。改善领导力必须借助那些最终能提高公司业绩的战略和管理技能。如果改善领导力以提高个人能力为最终目标，那么无论多么引人注目，其实都没有抓住重点。关键是公司的价值对股东来说发生了哪些变化。个人能力的提高显然不符合这一要求，它充其量只是在增加股东价值过程中的一个小站。如果我们想要真正掌握改善领导力的本质，我们就需要改变方法，从以个性为基础转变为以业绩为基础。

2. 强项意味着不足

在根据业绩来评估领导力的方法中，我们可以指出职能管理与综合管理的关键差别。在大部分领导力评估中，两者并没有差别。对于其他胜任力模型（competency model）来说，胜任力通常是指作为中层主管或 CEO 所具备的胜任力。大多数领导力模型都声称把握住了领导力的本质，不管它是中层主管的领导力，还是 CEO 级别的领导力。

我们并不赞同这些方法。正如我们所指出的，基础层面与综合管理的领导力具有重大差别。它们完全不同。对于负责组织各个领域运营的综合管理者的要求是基础层面的，它与运营某一领域所承担的责任在性质上是不同的。这就是为什么很多管理人员从职能层面的管理者上升到全面管理者后无法获得成功的原因。

正是在某一领域的优势使得管理人员在组织中不断晋升。当他们成为综合层面的管理者时，这些曾经的优势就变成了弱点。通常，管理者继续利用这些优势会导致管理的失败。大多数管理人员没有成功，是因为他们没有意识到这一点。他们会继续利用他们熟悉的方法进行管理，这会令他们忽视那些他们不擅长的领域，从而导致失败。

这使我们能够发现未修正的和修正过的领导者之间的差别。我们发现，根据本书讲述的领导力业绩模型，两者之间存在着根本的差别。未修正的领导者是指那些利用自己的优势进行领导，并因此忽视自身不足之处的人。修正自身的领导者是指那些因某种原因做到这一点的人。他们注重改变自身的不足之处。通过这样的修正，他们有效地对那些自己并不擅长但仍然可以应对的挑战做出了回应。

那些没有接受这个教训的新领导人注定是要失败的。没有考虑到这一点的领导力改善方法也是注定要失败的。其原因是：我们的优势和劣势取决于我们的领导力类型，正如本书中定义的那样。为了使公司业绩有所改善，我们必须认识到自己在基于业绩的领导力模型中所拥有的独特优势，然后再据此采取一些措施。

一旦认识到了这一点，我们就能够知道如何控制我们的优势并改变我们的劣势。有很多实用的原则和策略能够帮助我们做到这一点。在本章中，我们将展示其中的一部分。

我们在前面以图形的方式说明了 CEO 的商业个性透镜如何过度聚焦在他们擅长的领域。现在，我们应该很清楚，修正后的 CEO“透镜”应该聚焦在不同的地方。新透镜的焦点应该将 CEO 的注意力从他擅长的领域转移至他常常忽视或者最不重视的地方。如图 35“商业个性的修正”所示。如果一位 CEO 想要成功，他就必须修正自己的“焦点”。

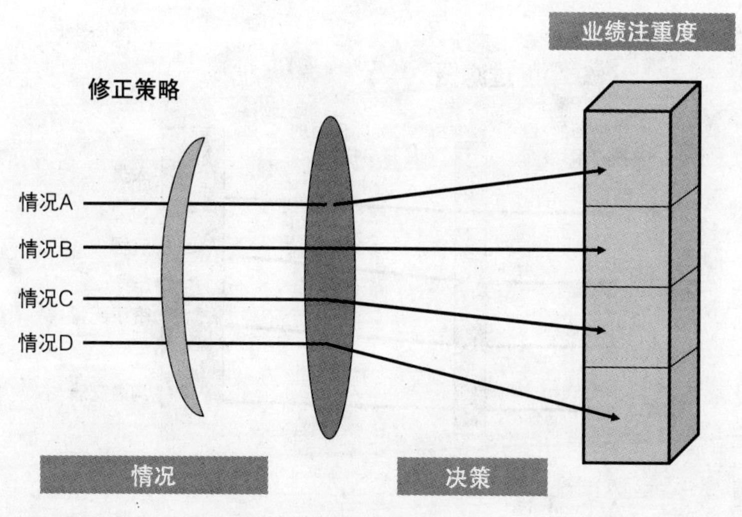

图 35　商业个性的修正

3. 使用不太熟悉的技术

我们在前面指出的过滤机制产生了有害的影响。它们限制了企业领导者能够有效应对的情况，在很多时候，领导者甚至没有意识到这些问题。因此，这些领导人往往表现很差，甚至失败，除非他们能够采取修正措施。但是，这通常是不可能的，因为无论是企业的领导者还是董事会都无法准确地理解究竟发生了什么，以及为什么企业领导者不听他们认为有益的建议。这些过滤机制对营运产生的影响解释了为什么有如此多的领导者表现很差或者失败，失去自己的职位，却仍然不明白自己为何会陷入这种困境中。

因此，他们面临的挑战是如何修正和完善领导者商业个性，以满足最优控制技术的要求，并使得企业领导者能够采用那些他们通常会忽视的控制技术来管理企业。

一般来说，这一问题很容易解决。对于每一种商业个性，我们知道他们倾向于过滤掉哪些管理技术，以及倾向于使用哪些管理技术。

答案是：确定情况的类型和未修正的响应类型，利用最优控制技术对其进行修正。对于那些愿意聆听的领导者来说，直言不讳即可。在图36“管理技术过滤的修正”中，我们展示了以销售为导向的领导者进行修正后的情况，其中对流程、资源配置和沟通管理技术进行了恰当的平衡。

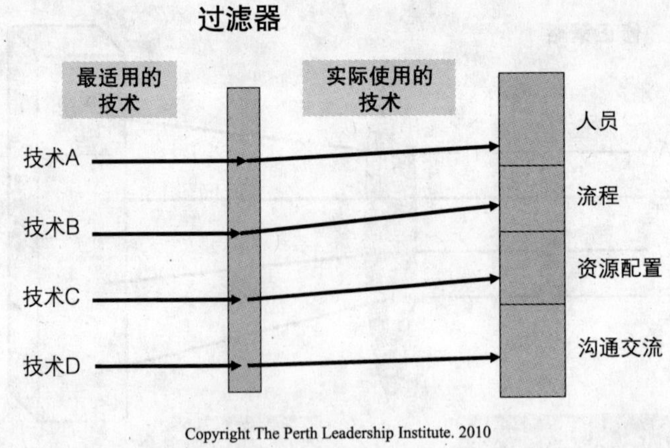

图36 管理技术过滤的修正

在修正过程中，领导者需要关注那些他或她不习惯使用的管理技术。领导者往往需要设立公司流程来强化这一行动，否则他或她就会不断试图放弃这些让他或她感到不舒服的技术。这是对挑选合适的团队成员或合作伙伴的补充。因为如果不管出于何种原因（如费用问题），领导者无法雇用这类人，那么这些流程就显得更为重要。

4. 向相反的领导风格转变

我们在本书中展示的业绩模型具有一个强大的推论：一旦知道了自己的领导力类型，你就会知道应该如何修正自己的行为。你必须努力向相反的领导风格转变。毫无疑问，说起来容易做起来难，但至少我们有了一个路线图。

例如，如果你是一个乐善好施者，那么根据我们的模型，你应该效仿那些未修正过的企业变革者。乐善好施者不愿意尝试新的东西并对未来进行投资。他或她需要这样做。乐善好施者在某种程度上是利他的，所以他或她应该像未修正的企业变革者一样更关注企业。对于每一种领导力类型，这一一般规则都是一样的。

提升 16 种领导力类型的商业业绩

现在，我们可以看出针对 16 种领导力类型的修正方法的轮廓。领导者应该确定他或她的主要行为风格和目标，并以一种有意义但并非压倒性的方式对其进行修正。如何做到这一点呢？

这一结果是基于我们所建立的 PLOM 模型得出的。平衡特定商业个性的行为，总是出现在相反的商业个性中。原因很简单，PLOM 模型是建立在全方位对立面的基础上。这使领导者只需要加入完全相反的领导力个性要素，就能完善自己的商业个性。只有通过在占主导地位的行为中加入领导者比较弱势或者存在差距的管理技术，才能完善主导行为，否则将事倍功半，如图 37 “领导力平衡原则” 所示。

任何企业领导者都需要平衡为数众多的竞争性目标和利益，一位企业领导者只朝一个方向努力就可以取得成功的例子是极为罕见的。

为了成功地平衡各方人士的合法权益，以及各种不同的公司运作模式，企业领导者需要在某种程度上关注其他的模式和目标。领导者的商

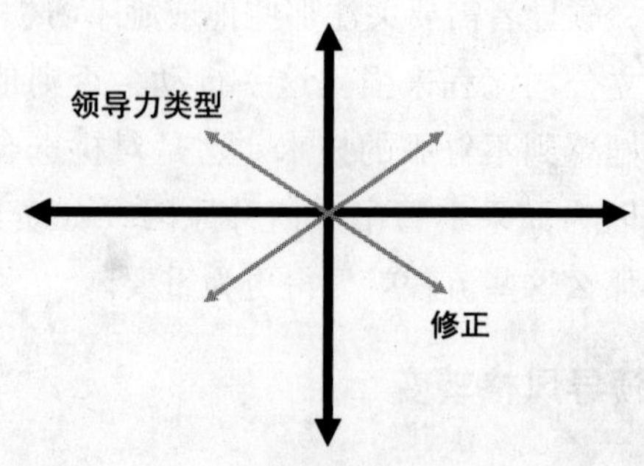

Copyright The Perth Leadership Institute. 2010

图 37　领导力平衡原则

业个性已经为他提供了一些主要的优势和方法。

因此，完善方法不是减少企业领导者在这些领域的优势，而是要对它们进行平衡，以使企业的领导者能够实现一些他本来没法实现的目标。在一定程度上，企业的领导者不会考虑其他领域，在这些领域中，他可能存在某些盲点。如果他没有满足合理的需求，而且没有采取正确的方法，那么他就有可能面临失败的风险。

这种方法为领导者提供了一种合乎逻辑并且一致的框架，使得领导者明白应该怎么做才能通过引入其他要素来弥补自己的技能不足，从而消除这些差距。

修正的基本原则是：对于商业个性的每一个组成部分，我们应该建立一定形式的平衡。也就是说，商业个性中每个要素的主要推动力不应该降低至零——这既不现实，也不可能——而是应该通过对商业个性的其他要素加以有限的关注而得到平衡。

使用上一节讲述的基本技巧，我们可以通过各种不同的方式实现这种平衡。请注意，我们并不希望领导者改变自己的商业个性，而是要他或她认识到自己不擅长的领域，并采取适当措施，通过各种修正来弥补这些不足。

在下面的图形中，我们会罗列出各种领导力风格在修正过程中所需要应用的基本技巧。这不是我们开发出的所有技巧，而只是抛砖引玉，从中你可以看到基本思路，并拓展出其他技巧。

使命修正

根据我们的反向原则（rule of opposites），每个使命模式中占主导地位的领导力类型都应该根据图 38“使命模式修正”进行修正。

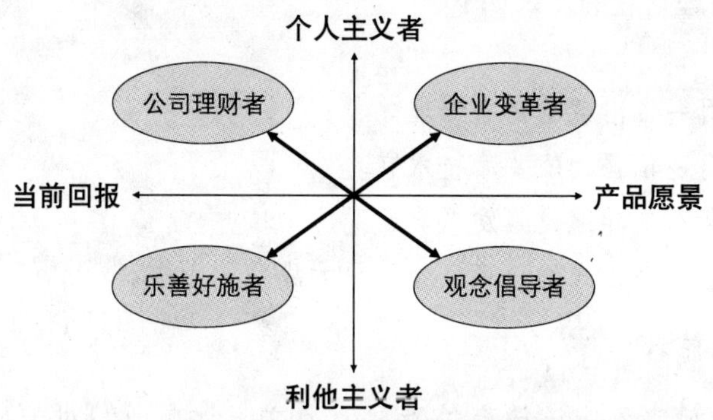

图 38 使命模式修正

企业变革者

企业变革者不该对自身的愿景让步——这是他们的优势。相反，他们应该在继续关注当前收益的同时考虑其他要素——企业的生存。这将使股东及投资者相信，他或她并不是头脑糊涂的空想家，而是在关注企业的生存以及长期价值。

企业变革者有时也倾向于带有一些利他主义的风格。由于乐善好施者可能会为了强调个人声誉而利他，所以自负是这种带有利他风格的企业变革者的通病。

对企业变革者的建议如下：

- 聘用一名有实力的 CFO。
- 聘用若干出色的业务经理。
- 建立独立的战略和产品研发委员会。
- 组建强大的预算委员会。

公司理财者

公司理财者不应该放弃其使命，因为他们对于公司的价值就在于能够帮助公司生存以及获得强劲的现金流。但他或她也应该适当关注产品愿景，这是他们的一个薄弱环节。

他或她还应该在其战略中融入一些利他主义风格，因为这对于他们的个人声誉而言至关重要。在大部分情况下，这类领导者不会为此心动，他们情愿保持中立，并适当关注公司的认可度。

对公司理财者的建议如下：

- 聘用一位出色的销售经理。
- 聘用一位强大的首席技术官。
- 定期召开异地战略发展会议。
- 设置一个正式的、可衡量结果的战略规划流程。

乐善好施者

乐善好施者不应该放弃关爱，因为这通常是他们对于公司的一种重要资产。这种关注点可以使外界相信公司关爱的使命——这是一种重要的品牌资产，同时也向世人证明公司是以诚信为根本的。同样，乐善好施者也不应忽略对当前收益的关注，因为收益是公司发展壮大的保障。

这类领导者应该加入对于实现产品愿景的修正，这是他们的薄弱环节。此外，他或她应该注重企业权益和公司认可度，而不只是确保自己的关爱性格不危及公司和公司股东的利益。

对乐善好施者的建议如下：

- 聘用一位强大的首席技术官。
- 聘用一位出色的销售经理。
- 定期召开异地战略发展会议。
- 设置一个正式的、可衡量结果的战略规划流程。
- 关注公司品牌和品牌认可度。
- 制定一个方案以提升公司及其利益。

观念倡导者

观念倡导者的巨大财富在于他们关于企业和社会进步方面的愿景。他们的利他主义风格使人们相信公司是诚信的，并愿意与之打交道，即使公司存在生存问题。所以，这些优点不应被领导者丢弃。

在进行修正时，这类领导者应该加入对于当前回报的关注，这是他或她的弱点。他或她同时也应该关注公司认可度，以确保自身的目标没有损害公司及其股东的利益——这往往是这类领导者的通病。

对观念倡导者的建议如下：

- 聘用一名有实力的 CFO。
- 聘用若干出色的业务经理。
- 建立独立的战略和产品研发委员会。
- 组建强大的预算委员会。
- 关注公司品牌和品牌认可度。
- 制定一个方案以提升公司及其利益。

管理模式修正

在此，我们需要重申，根据我们的反向原则，管理模式中的主要领导力类型应该遵循图 39 所示的规律：

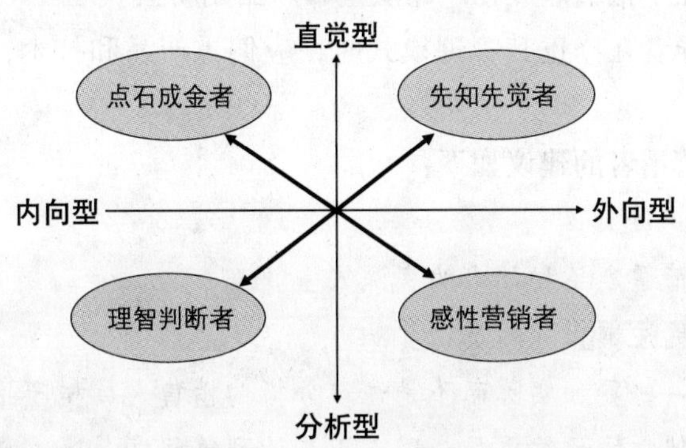

图 39　管理模式修正

理智判断者

理智判断者使公司聚焦于逻辑方面。这使得公司具有强大的正规分析系统，为公司的良好运营提供了坚实的基础。这类领导者能够规避未经论证、导致公司业绩不佳的战略。但理智判断者在人际关系方面存在不足，而且往往会过于注重逻辑。

理智判断者有必要采取一些行动来激励对销售和人际关系的关注。

改善自己在销售方面的不足，使公司的员工和流程更人性化，这对理智判断者而言是很有意义的。

对理智判断者的建议如下：

- 聘用一位出色的销售经理。
- 聘用一些更注重直觉的高层经理。
- 引进针对雇员的公司内部交流项目。
- 确立正式的战略规划流程。
- 少依靠备忘录，更依赖同员工和客户的即兴讨论。

感性营销者

感性营销者对于公司的价值在于他们擅长销售和战略合作。这使得公司拥有良好的销售业绩，但产品组合差强人意。不过，领导者不应该在这种战略上退缩，他们只需要对其进行弥补。感性营销者必须注重提高公司在技术和产品方面的地位，着眼于提高毛利率和产品附加值。这种领导者往往不把重点放在产品质量和产品创新上。

这类领导者在修正其管理模式时，应偏重产品和技术，注重产品质量。

对感性营销者的建议如下：

- 雇用精通产品和技术的资深人士。
- 聘用更注重直觉的员工。
- 启用一些更加实际而不是注重分析的销售人员和产品开发者。
- 通过独立的预算委员会引入正式的预算程序。

点石成金者

点石成金者对于公司的价值在于他们对产品和产品改进的强烈关注。此外，他们所管理的公司在财务上相当务实，这确保了公司不会在技术上过度投资，并且保证了公司有充足的短期现金流，而偏好技术的领导者往往会有这方面的问题。

点石成金者与感性营销者是相反的。他在修正管理模式时，要加入感性营销者的风格，如关注销售、注重客户关系等，以弥补自身的薄弱环节。

对点石成金者的建议如下：

- 雇用一位强大的、有自己想法的销售经理。
- 引入正规的客户规划和战略。
- 组建独立的客户满意度委员会。
- 制定员工沟通计划，定期召开员工会议，收集员工的意见和反馈。

先知先觉者

先知先觉者对于公司的价值在于他们对客户关系和销售的重视。他们有很强的预见能力，明白如何通过改善客户体验让公司实现盈利。

先知先觉者与理智判断者是相反的，所以需要学习一些理智判断者的行为风格。他们在市场营销方面应该更理智一些，更关注产品的研发、创新和质量。

对先知先觉者的建议如下：

- 雇用一位强大的、有自己想法的营运经理。
- 引入正规的预算技术。
- 制定正规的、独立的产品战略开发流程。
- 成立独立的质量委员会，任命经理，并设定可以衡量的质量管理目标。

职业模式修正

职业模式中的每一种主要领导风格都应该按照图 40 “职业模式修正”所示进行修正。

项目工程师

项目工程师在产品设计和开发方面十分出色，给公司带来了巨大的价值。项目工程师偏重产品和技术，所以从技术层面来讲，他们的产品设计十分精良，但在销售、营销和客户关系方面相对薄弱。

在修正自身风格时，他们应该学习客户分析师，更加关注客户关系，加强销售，重视产品创新——这些往往都是项目工程师所欠缺的。

对项目工程师的建议如下：

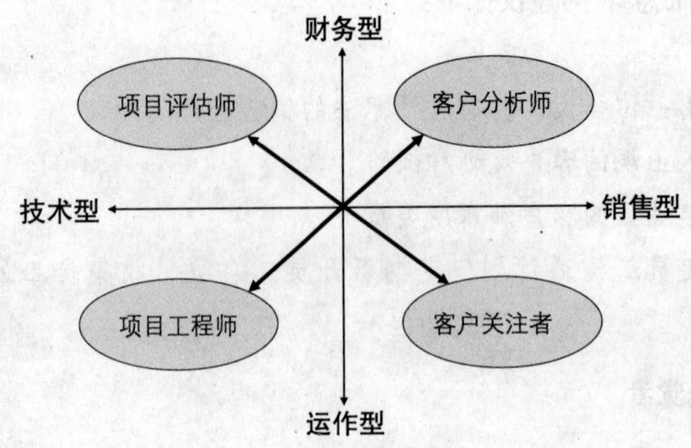

图 40　职业模式修正

- 聘用强大的销售经理。
- 建立正规的客户战略。
- 为销售人员提供更多的佣金激励。
- 建立正式的公司战略流程。
- 每半年由独立的战略经理召开一次战略会议。

项目评估师

项目评估师为他们的企业带来了巨大的优势。他们能找出技术和产品的最佳组合，使得产品具有可行性，且能为公司带来可观的收入。这种能力是偏好技术的领导者所欠缺的。

项目评估师都是以财务和支出削减为导向的领导者。但他们在销售和设计方面存在着不足，需要采取措施加强这些方面的能力。他们对削减成本的注重导致他们忽略了对产品进行创新的需求，因此需要更加关注产品创新。这种类型的领导者需要尝试在客户项目中扮演更积极的角色。

对项目评估师的建议如下：

- 聘用有实力的销售经理。
- 雇用资深的产品设计经理，让他们自由发挥。
- 建立正规的公司战略流程。
- 引入正规的员工沟通战略。

- 安排一些即兴讨论会。
- 建立一个旨在监测和提高客户满意度的计划。

客户关注者

客户关注者给他们的公司带来了巨大的优势。他们善于向客户及潜在客户推广公司和产品，大幅度提高销售业绩。与项目评估师不同的是，他们在客户关系和战略联盟方面得心应手，但是在财务方面相当薄弱。客户关注者往往会有财务超支的问题，在内部产品质量管理和预算方面显得力不从心。

这类领导者在学习项目评估师风格的同时，也不该失去自己的特色。寻找良好的合作伙伴，赢得狂热的客户，是他们与生俱来的天赋。

对客户关注者的建议如下：

- 雇用一位有实力的 CFO，并且认可他或她觉得正确的东西。
- 建立正规的质量管理流程，如 ISO 或者 TQM。
- 降低销售人员提成对销售的影响。
- 聘用资深的产品经理。
- 建立正式的产品规划流程。

客户分析师

客户分析师给他们的企业带来了一种强大且罕见的能力。他们能够在满足客户需求的同时，计算出如何使他或她的企业获得最高回报。这在偏重销售的领导者中是相当罕见的。客户分析师和项目工程师是截然相反的两类领导者。

这类领导者善于处理客户关系，但是在技术和产品领域相当薄弱。如果他们不想因为产品质量或是技术而失败，那就需要好好拓展这些领域的资源。

对客户分析师的建议如下：

- 雇用强大的质量经理，确保产品质量和客户满意度。
- 聘用资深产品经理。
- 建立正规的产品开发流程。
- 引入正式的战略规划流程。

领导模式修正

最后，在领导模式方面，每种主导的领导力风格都应该根据图 41 所示的方式进行修正。

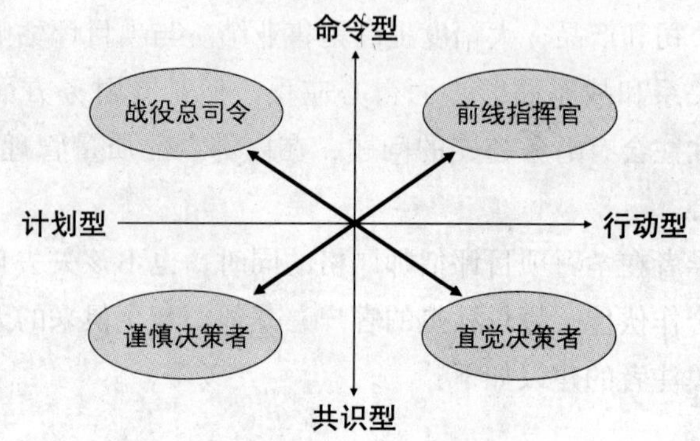

图 41　领导模式修正

前线指挥官

前线指挥官是果断、快速的决策者，这是他的长处，给他或她的企业带来了巨大的价值，尤其是在企业面临巨大变化或者激烈竞争时。前线指挥官也给公司带来了众多的规则和纪律。这往往是一个巨大的弱点，在一定程度上影响了公司的稳定性。同时，员工也会因为得不到授权而感觉受挫。

前线指挥官类型的管理者需要吸收正式的规划风格，减缓决策的速度，多一些分析，进而降低环境的不稳定性，降低出现错误、产品质量问题以及客户关系不稳定的倾向。此外，他们还应该加强与员工的合作，让他们自愿参与到工作中。

对前线指挥官的建议如下：

- 雇用注重规划的 CFO。
- 设置正规的预算规划流程。
- 成立质量委员会。
- 建立正规的战略规划流程。

战役总司令

战役总司令是不太了解细节但拥有强大领导能力的领导者。他们的主要能力是进行建设性的规划，即能帮助企业在极其复杂和困难的情况下增加股东价值。战役总司令类型的领导者是强大且有条不紊的领导者，他们很少犯错。但是，这类领导者往往因为过于依赖规划和集中管理而造成反应不够迅速，无法有效应对竞争问题。

这类领导者需要采纳分权化的管理方式，将更多的权利授予他或她的员工，制定更有弹性的规则，适当进行一些试验或者快速决策。

对战役总司令的建议如下：

- 组建一个“臭鼬工厂”（skunk works），提出一些新的思路并进行尝试。
- 制定管理职权列表，列明各种职位的权力范围和支出限额。
- 设置奖励计划，奖励各种创新想法。
- 建立有竞争力的产品队伍和销售队伍。

直觉决策者

直觉决策者对他或她的公司有着巨大的贡献和吸引力。这类领导者善于将权利交给下属，同时能够快速果断地制定决策。直觉决策者与战役总司令相反，所以他们可以使用一些后者的技术来完善自己，包括更加集中的规划、放慢决策的速度，并制定更多的规则来控制难以驾驭的员工。

通过采取一些修正措施，更加强调规划，直觉决策者可以在提高产品质量的同时保留自己的激情——正是这种力量使其团队成为业界公认的可怕对手。

对直觉决策者的建议如下：

- 聘用一位资深 CFO。
- 组建产品质量委员会。
- 使用 TQM 或者 ISO 的质量流程进行产品开发和运营。
- 适当降低销售人员的提成造成的影响。
- 建立正式的战略规划流程。

谨慎决策者

谨慎决策者拥有的不寻常的能力是其公司的巨大潜在资产。他们能够把不同类型的人组合起来为了共同的利益而奋斗，也能够激发他们的员工产生最有创意的想法。谨慎决策者是卓越的民主主义者，能够卓有成效地使用公司的民主政策，通过规划降低企业管理风险。这种领导风格常出现在年轻、比较理想化的公司中，但在许多大企业或者某些非营利组织或政府中也能找到这种领导风格。谨慎决策者与前线指挥官是相反的。

因此，他或她需要向前线指挥官风格的领导者靠拢，学习他们的快速决断力和纪律性，以提高自身在产品开发和营销方面的反应速度与决策力。

对谨慎决策者的建议如下：

- 对一些不需要通过委员会批准但需要特定经理批准的决策，制定相应的规则和流程。
- 组建一个“臭鼬工厂”，直接向 CEO 报告。
- 充分利用销售激励机制。
- 雇用资深 CFO 来削减委员会运营开支。

本章要点：修正领导力业绩

在本书中，我们讨论了完善各种领导风格的基本原则。我们认为，下列原则对于制定改善 16 种领导风格的指导方针来说是至关重要的：

- 采纳以业绩为基础的领导力模型。
- 优势意味着不足。
- 利用一些你不太熟悉的管理技术。
- 为了使业绩获得提升，领导者需要平衡商业个性，即考虑管理团队的商业个性和自身所使用的修正方式两方面的因素。
- 平衡的风格总是出现在自身领导风格斜对角的象限中。
- 根据这一模型，我们可以解决那些可能导致失败或者执行力下降的问题。

- 要执行这一战略，管理者必须修正自己的管理技术过滤机制和商业个性造成的“透镜”焦距扭曲。
- 本节概述了进行修正所需的战略方法和管理技术。

各种领导风格的修正技术都存在于其相反类型的领导风格中。如果对这些技术进行适当混合，领导者就可以发现一张自我完善的路线路，这一路线图将有效地引导他或她提升公司业绩。

附录　领导力导航图模板

你可以使用图 42 所示的领导力导航图模板为自己或其他人建立类似的模板。

请注意，您需要根据网格线确定被分析者的确切位置。X 轴和 Y 轴网格线的交点显示了在你所分析的模型中被分析者的行为所处的位置。

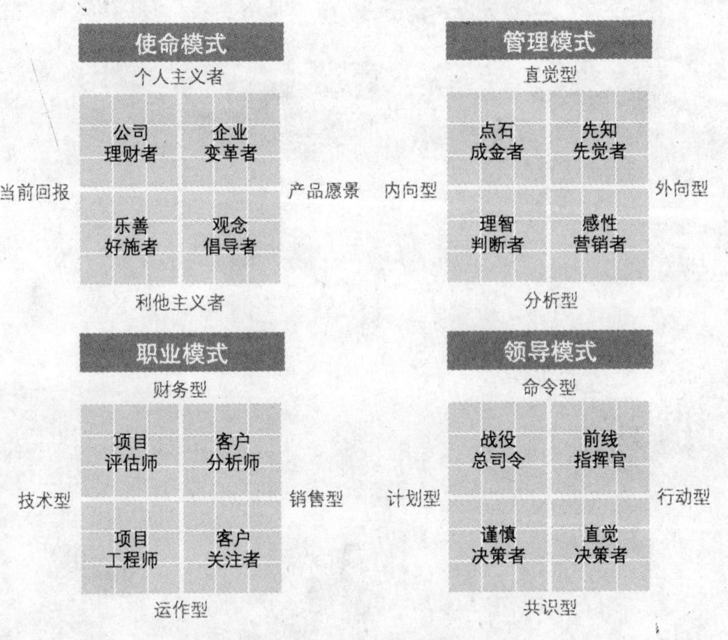

图 42　领导力导航图模板

注　　释

[1] 参见 Lucier. C.，Schuyt，R.，Spiegel. E.，“CEO Succession 2002：Deliver or Depart.” Strategy + Business，Issue 31，Summer 2003 pp. 32 – 45

[2] 例如，参见 Tichy，N. *The Leadership Engine：How Winning Companies Build Leaders at Every Level*，HarperCollins，2003.

[3] Byrne，J.，*Chainsaw Al：The Notorious Career of Al Dunlap in the Era of Profit – At – Any – Price*，HarperBusiness，2003，p. 25.

[4] Rich，L.，*The Accidental Zillionaire*，John Wiley and Sons，2003.

[5] 1984 ~ 1987 年，作者曾经担任一家新闻集团持股公司的总裁，并与默多克有过数次会谈。

[6] Bertrand. M，and Schoar，A.；“Managing with Style：The Effect of Managers on Firm Policies.” *Quarterly Journal of Economics*，2003，118（4），pp. 1169 – 208

[7] Prince，E. Ted，*The Three Financial Styles of Very Successful Leaders：Strategic Approaches to Identifying the Growth Drivers of Every Company*，McGraw Hill，2005.

[8] 参见 Bernard Bass 的著作及其原作 Leadership and Performance beyond Expectations，Macmillan USA，1985.

[9] Seltzer and Bass，1990.

[10] HarperCollins，2001.

[11] J. Countryman，2003.

[12] 参见 Myer，Isabel Myer，and Myers，Peter，*Gifts Differing：Understanding Personality Type*，CPP Books，1993. Lee and Norman Barr，*The Leadership Equation：Leadership，Management and the Myers-Briggs*，Eakin，1989. 另请参见 Berens，L. and Nardi，D.，*The Sixteen Personality Types：Descriptions for Self – Discovery*，Telos，1999.

[13] 参见 Edward de Bono，*Lateral Thinking Step By Step*，Perennial，1990.

[14] Larry Bossidy et al，*Execution：The Discipline of Getting Things Done*，Crown，2002.

[15] 参见 *Out Of The Crisis*，Edward Deming，MIT Press，2000.

[16] 参见 Juran，J. M.，*Juran on Leadership For Quality：An Executive Handbook*，The Free Press，1989.

[17] Manfred F. R. Kets de Vries，*Leaders，Fools and Impostors：Essays on the Psychology of Leadership*，iUniverse，2003，2nd Edition.

[18] Johnson，J. and Orange，M.，*The Man Who Tried to Buy the World*，Portfolio，New York，2003，pp. 26 – 7.

[19] Ibid，p. 170.

[20] Ibid，pp. 152 – 3.

[21] Langley，M.，*Tearing Down the Walls：How Sandy Weill Fought His Way to the Top of the Financial World-and then Nearly Lost it All*，Simon and Schuster，2003，p. 326.

[22] Ibid，p. 328.

[23] Ibid, p. 54.

[24] Schoenberg, R., *Geneen*, Norton, 1985, p. 45.

[25] Ibid, p. 41.

[26] Ibid, p. 335.

[27] Tedlow, R., *Giants of Enterprise: Seven Business Innovators and the Empires they Built*, HarperBusiness 2003, p. 143.

[28] Ibid, p. 163.

[29] Ibid, p. 168.

[30] Swartz, M. and Watkins, S., *Power Failure: The Insaide Storry of the Collpase of Enron*, Doubleday, 2003, p. 307.

[31] O'Boyle, T., *At Any Cost: Jack Welch, General Electric and the Pursuit of Profit*, Alfred A. Knopf, 1998, p. 11

[32] Ibid, p. 63.

[33] Ibid, p. 80.

[34] Slater, R., *The New GE: How Jack Welch Revived an American Institution*, Business One Irwin, 1993, p. 41

[35] Johnson and Orange, op. cit., p. 153.

[36] Byrne, J., *Chainsaw: The Notorious Career of Al Dunlap in the Era of Profit - At - Any - Price*, HarperBusiness, 2003, p. 59.

[37] Rifkin, G. and Harrar, G., *The Ultimate Entrepreneur: The Story of Ken Olsen and Digital Equipment Corporation*, Contemporary Books, 1988, p. 57.

[38] Ibid, p. 84.

[39] 例如，参见 Juran, op. cit.

[40] 参见 Miller, D., *The Icarus Paradox: How Exceptional Companies Bring About Their Own Downfall*, HarperBusiness, 1990，以及他对组织文化的讨论，p. 5ff.

[41] Senge, P., *The Fifth Discipline: The Art and Practice of the Learning Organization*, Doubeday, 1990.

[42] McKibben, G., *Cutting Edge: Gillette's Journey to Global Leadership*, Harvard, 1998, p. 78.

[43] Ibid, p. 77.

[44] Ibid, p. 72.

[45] Op. cit., p. 23.

[46] McKibben, op. cit., p. 255.

[47] Ibid, p. 82.

[48] Ibid, p. 76.

[49] Ibid, p. 79.

[50] I bid, p. 75.

[51] Ibid, p. 76.

[52] Ibid, p. 76.

[53] Ibid, p. 76.

[54] Ibid, p. 82.

[55] 1995 ~2000 年，笔者担任 INSCI 公司的 CEO，这是一家上市公司。迪克·郭士纳在1996 ~1997 年供职于该公司董事会。

[56] Garr, D., *IBM Redux: Lou Gerstner and the Business Turnaround of the Decade*, HarperBusiness, 2000, p. 3.

[57] Ibid, p. 24.

[58] Ibid, p. 75.
[59] Ibid, p. 204.
[60] Ibid, p. 305.
[61] Ibid, p. 206.
[62] Ibid, p. 218.
[63] Ibid, p. 237.
[64] Ibid, p. 324.
[65] Ibid, p. 268.
[66] Ibid, p. 342.
[67] Ibid, p. 271.
[68] Ibid, p. 85.
[69] Ibid, p. 87.
[70] Ibid, p. 103.
[71] Ibid, p. 42.
[72] Ibid, p. 25.
[73] Ibid, p. 60.
[74] Ibid, p. 17.
[75] Ibid, p. 92.
[76] Ibid, p. 103.
[77] Ibid, p. 118.
[78] Ibid, p. 286.
[79] Ibid, p. 17.
[80] Ibid, p. 96.
[81] Ibid, p. 100.
[82] Tedlow, op. cit. pp. 39 - 40.
[83] Ibid, p. 40.
[84] Ibid, p. 40.
[85] Ibid, p. 57.
[86] Ibid, p. 56.
[87] Ibid, p. 59.
[88] Ibid, p. 27.
[89] Ibid, p. 58.
[90] Ibid, p. 52.
[91] Ibid, p. 58.
[92] Ibid, p. 55.
[93] Rich, L., *The Accidental Zillionaire: Demystifying Paul Allen*, John Wiley, 2003, p. 89 and passim.
[94] Ibid, p. 93 and p. 188.
[95] Ibid, p. 118.
[96] Ibid, p. 107.
[97] Ibid, p. 138.
[98] 例如对 Moxi 的投资，这是他的众多投资之一，p. 213.
[99] Ibid, p. xix.
[100] Ibid, p. 15.
[101] Ibid, p. 184.

[102] Ibid, p. 198.
[103] See McElheny, V., *Insisting on the Impossible: The Life of Edwin Land: Inventor of Instant Photography*, Perseus, 1998, p. 341ff.
[104] Ibid, p. 459.
[105] Ibid, p. 403
[106] Ibid, p. 427.
[107] Ibid, p. 460.
[108] Ibid, p. 436.
[109] Ibid, p. 383.
[110] Ibid, p. 420.
[111] Ibid, p. 437.
[112] Ibid, p. 198, and p. 201.
[113] Ibid, p. 381.
[114] Ibid, p. 382.
[115] 参见 Lager, F., *Ben & Jerry's: The Inside Scoop: How Two Real Guys Built a Business With a Social Conscience And A Sense of Humor*, Crown, 1994.
[116] I bid, p. 125ff.
[117] Ibid, p. 37.
[118] Ibid, p. 28.
[119] Ibid, p. 160.
[120] Ibid, pp. 148 - 149.
[121] Ibid, p. 154.
[122] Ibid, p. 151.
[123] Ibid, p. 151.
[124] See Roddick, A., *Body and Soul: Profits with Principles-The Amazing Success Story of Anita Roddick and The Body Shop*, Crown Trade Paperbacks, 1991.
[125] See Worthy, J., *William C. Norris: Portrait of a Maverick*, Ballinger, 1987.
[126] Shawcross, op. cit., p. 367.
[127] Greenslade, R., *Maxwell: The Rise and Fall of Robert Maxwell and His Empire*, Carol Publishing, 1992, pp. 24 - 47.
[128] Kets de Vries, *Manfred, Leaders, Fools and Impostors: Essay on The Psychology of Leadership*, iUniverse, 2003, p. 104.
[129] Greenslade, op. cit., pp. 83 - 84.
[130] Ibid, p. 85.
[131] Ibid, p. 86.
[132] Ibid, p. 51ff.
[133] Ibid, p. 25.
[134] Ibid, p. 58.
[135] Kets de Vries, op. cit, p. 105.
[136] Greenslade, op. cit., p. 93
[137] Kets de Vries, op. cit., passim and Greenslade, op. cit, passim.
[138] Wallace, J., and Erickson, J., *Hard Drive: Bill Gates and The Making of The Microsoft Empire*, John Wiley, 1992, p. 272 and p. 11.
[139] Ibid, pp. 43 - 44. and p. 75.
[140] Ibid, p. 43.

[141] Ibid, p. 117.
[142] Ibid, p. 104.
[143] Ibid, p. 39.
[144] Ibid, p. 61.
[145] Ibid, p. 182.
[146] Ibid, p. 50.
[147] Ibid, p. 117.
[148] Edstrom, J. , and Eller, M. , *Barbarians Led By Bill Gates: Microsoft From The Inside: How The World's Richest Corporation Wields Its Power*, Henry Holt, 1998, p. 35.
[149] Wallace and Erickson, p. 304.
[150] Loomis, C. , et al, "One Helluva Candy Store," *Fortune*, May 11, 1998, vol. 1327, Issue 9.
[151] Ibid. Also Phillips, A. , "On Top of The World", *Maclean's*, April 20, 1998, vol 111, Issue 16.
[152] Langley, M. , *Tearing Down the Walls: How Sandy Weill Fought His Way to the Top of the Financial World...and then nearly Lost it All*, Simon and Schuster, 2003, p. 278.
[153] Loomis, op. cit.
[154] Cash, J. , "Leaders Who Inspire", *Information Week*, May 11, 1998, Issue 681.
[155] Langley, op. cit. , p. 307.
[156] Ibid, p. 308.
[157] Silverman, G. , et al. , "Is This Marriage Working", *Business Week*, June 7, 1999, p. 127.
[158] Ibid.
[159] Ibid.
[160] Langley, op. cit. 285.
[161] Lowenstein, R. , *Buffett: The Making of an American Capitalist*, Doubleday, 1995, p. 287.
[162] Ibid, p. 284.
[163] Ibid, p. 287.
[164] Ibid, p. 150.
[165] Ibid, p. 225.
[166] Ibid, p. 225.
[167] Ibid, pp. 225 - 226.
[168] Ibid, p. 67.
[169] Ibid, p. 70.
[170] Ibid, p. 13.
[171] Ibid, p. 85.
[172] Ibid, p. 296.
[173] Ibid, p. 290.
[174] Ibid, p. 192.
[175] Ibid, p. 193.
[176] Ibid, p. 342.
[177] Ibid, p. 67.
[178] Ibid, p. 289.
[179] Ibid, p. 288.
[180] Ibid, p. 286.
[181] Ibid, p. 294.
[182] Tedlow, op. cit. p. 191ff.

[183] Ibid, p. 227.
[184] Ibid, p. 237.
[185] 参见 Waters, J., *John Chambers and The Cisco Way: Navigating Through Volatility*, John Wiley, 2002.
[186] Waters, op. cit., p. 15.
[187] See Elins, M., "The New Phone Company", *Business* 2.0, November 2003, pp 82 - 92.
[188] 参见 Tedlow, op. cit., p. 236.
[189] Ibid, p. 143.
[190] Ibid, p. 147.
[191] Ibid, p. 161.
[192] Ibid, p. 169.
[193] Ibid, p. 159.
[194] Ibid, p. 150.
[195] Ibid, pp. 161 - 162.
[196] Ibid, p. 163.
[197] Ibid, p. 151.
[198] Ibid, p. 155.
[199] Ibid, p. 145.
[200] Ibid, p. 157.
[201] Ibid, p. 162.
[202] Koehn, N., *Brand New: How Entrepreneurs Earned Consumers' Trust from Wedgwood to Dell*, Harvard, 2001, p. 273.
[203] Ibid, p. 274.
[204] *Business Week*, Nov 3, 2003, p. 82.
[205] Ibid, p. 82.
[206] Koehn, op. cit. p. 261.
[207] Ibid, p. 273.
[208] Ibid, p. 272.
[209] *Business Week*, Nov 3, 2003, p. 77.
[210] Ibid, p. 79.
[211] Ibid, p. 80.
[212] Ibid, p. 78.
[213] Ibid, p. 79.
[214] Ibid, p. 82.
[215] Ibid, p. 82.
[216] Ibid, p. 77.
[217] Abodaher, D., *Iacocca*, Zebra Books, 1984, p. 3 and p. 39.
[218] Ibid, p. 19.
[219] Ibid, p. 54.
[220] Ibid, p. 46.
[221] Ibid, p. 157.
[222] 例如，参见，ibid, p. 239 和 p. 170..
[223] Ibid, p. 170.
[224] Ibid, p. 175.
[225] Ibid, p. 246

[226] Ibid, p. 328.
[227] Ibid, pp. 407 – 409.
[228] Ibid, p. 409.
[229] Ibid, p. 195.
[230] Ibid, p. 221.
[231] Tedlow op. cit. p. 324.
[232] Ibid, p. 353.
[233] Ibid, p. 353
[234] Quoted in ibid, p. 347.
[235] Ibid, p. 358.
[236] Ibid, p. 336.
[237] Ibid, p. 357.
[238] Ibid, pp. 331 – 332.
[239] 1984 ~ 1987 年间，笔者担任 CP 国际公司的 CEO，这是一家纽约的新成立的软件公司。新闻集团通过总部设在澳大利亚的 Computer Power 集团持有该公司 1/3 的股份。我的办公室就在默多克的办公室下面。
[240] O'Boyle, T., *At Any Cost: Jack Welch, General Electric and The Pursuit of Profit*. Knopf, New York, 1998, pp 11 – 12.
[241] Ibid, p. 15.
[242] Ibid, p. 86.
[243] Ibid, p. 135，引自韦尔奇在伊利诺伊大学时为其授课的教授的话，韦尔奇在该校获得博士学位。
[244] Ibid, p. 237.
[245] Ibid, p. 47.
[246] Shawcross, W., *Murdoch: The Making of a Media Empire*, Touchstone, 1997, p. 249.
[247] Ibid, p. 287.
[248] O'Boyle, op. cit., p. 31.
[249] Schoenberg, *Geneen*, Norton, 1985, p. 25.
[250] Ibid, pp. 30 – 31.
[251] Ibid, p. 127.
[252] Ibid, pp. 202 – 203.
[253] Ibid, p. 195.
[254] Ibid, p. 45.
[255] Ibid, p. 73.
[256] Ibid, p. 137.
[257] Ibid, pp. 31 – 32.
[258] Ibid, p. 236.
[259] Ibid, p. 40.
[260] Ibid, p. 41.
[261] Ibid, p. 255.
[262] Ibid, p. 253.
[263] Ibid, p. 39.
[264] Rifkin, G. and Harrar, G., *The Ultimate Entrepreneur: The Story of Ken Olsen and Digital Equipment Corporation*, Contemporary Books, 1988, pp. 75ff.
[265] Ibid, p. 84.

[266] Ibid, p. 191.
[267] Ibid, p. 197.
[268] Ibid, p. 123.
[269] Ibid, p. 123.
[270] Ibid, p. 4.
[271] Ibid, p. 5.
[272] Ibid, p. 105.
[273] Ibid, p. 107.
[274] Ibid, p. 16.
[275] Ibid, p. 31.
[276] Ibid, p. 87.
[277] Ibid, p. 285.
[278] Ibid, p. 160.
[279] Ibid, p. 129.
[280] Ibid, p. 53.
[281] Tedlow, op. cit, p. 83.
[282] Ibid, p. 89.
[283] Ibid, p. 104.
[284] Ibid, pp. 111 - 112.
[285] Ibid, p. 81.
[286] Ibid, p. 112.
[287] Ibid, p. 75.
[288] Ibid, p. 86.
[289] Ibid, p. 73.
[290] Ibid, p. 76, and pp. 86 - 87.
[291] Ibid, p. 78.
[292] Ibid, p. 86.
[293] Ibid, p. 106.
[294] Ibid, p. 407.
[295] Ibid, p. 405.
[296] Ibid, p. 405.
[297] Ibid, p. 404
[298] Ibid, p. 403.
[299] Ibid, p. 408.
[300] Ibid, p. 400.
[301] Ibid, p. 398.
[302] Ibid, p. 399.
[303] Ibid, p. 391.
[304] Ibid, p. 397.
[305] Ibid, p. 395.
[306] Ibid, p. 395.
[307] Ibid, p. 375.
[308] Ibid, p. 382.
[309] Ibid, p. 383.
[310] Ibid, p. 401.

[311] Ibid, p. 390.
[312] Ibid, p. 388.
[313] Ibid, p. 403.
[314] Ibid, p. 399.
[315] Rifkin, op. cit., p. 9.
[316] Ibid, p. 29.
[317] Ibid, p. 53.
[318] Angel, K., *Inside Yahoo: Reinvention and the Road Ahead*, John Wiley, 2002, pp. 8 – 9.
[319] Ibid, p. 43.
[320] Ibid, pp. 33 – 34 and p. 40.
[321] Ibid, p. 39.
[322] Ibid, pp. 39 – 41.
[323] Lowe, J., *Damn Right: Behind the Scenes with Berkshire Hathaway Billionaire Charlie Munger*, John Wiley, 2000, p. 2.
[324] Ibid, p. 100.
[325] Ibid, p. 59.
[326] Ibid, p. 216.
[327] Ibid, p. 171.
[328] Ibid, p. 47.
[329] Ibid, p. 47, p. 95, p. 52.
[330] Ibid, p. 77.
[331] Rich, L., *The Accidental Zillionaire: Demystifying Paul Allen*, John Wiley, 2003, p. 188 and passim.
[332] Ibid, p. 198 and p. 184.
[333] Ibid, p. 118.
[334] Cohen, A., *The Perfect Store: Inside eBay*, Little, Brown, 2002, p. 6 and passim.
[335] Ibid, p. 185.
[336] Ibid, p. 6 and p. 31.
[337] Ibid, p. 31.
[338] Ibid, p. 32.
[339] Ibid, p. 89.
[340] Tedlow, op. cit., p. 95.
[341] Lowe, op. cit. p. 5.
[342] Ibid, p. 40.
[343] Bibb, P., *Ted Turnher: It Ain't as Easy as it Looks*, Johnson Books, 1997, p. 160 and passim.
[344] Ibid, p. 160.
[345] Ibid, p. 160.
[346] See for example op. cit. p. 240.
[347] Ibid, p. 254.
[348] 参见 Schonfled, R., *Me and Ted Against the World: Thye Unauthorized Story of the Founding of CNN*, Cliff Street, 2001, p. 115 and passim.
[349] Bibb, op. cit., p. 226.
[350] Ibid, p. 213.
[351] Ibid, p. 229.
[352] Ibid, p. 229.

[353] Swartz, M., with Watkins, S., *Power Failure: The Inside Story of the Collapse of Enron*, Doubleday, 2003, p. 25 and p. 40.
[354] Ibid, p. 104.
[355] Ibid, p. 223.
[356] 参见关于 Vince Kaminski 的讨论，他是安然公司的重要数学家，对安然的金融阴谋进行了尖锐的批评，pp. 168 - 173.
[357] Ibid, p. 17.
[358] Ibid, p. 44.
[359] 例如，参见关于安然董事会混乱状况的讨论，这反映了整个公司的文化。
[360] Ibid, p. 35.
[361] Ibid, p. 56 and p. 52.
[362] Ibid, p. 78.
[363] Ibid. p. 73.
[364] Ibid, p. 261.
[365] Ibid, p. 20.
[366] Jim Collins, *Good to Great*, HarperBusiness, 2001, p77 ff.
[367] Tedlow, op. cit. p. 67ff.
[368] William Shawcross, *Murdoch: The Making Of A Media Empire*, Touchstone, 199, p. 189.
[369] Ibid, p. 316.
[370] Tedlow, op. cit. pp. 340 - 341.
[371] Ibid, p. 353.
[372] Ibid, p. 335
[373] Ibid, p. 143.
[374] 参见 Tornow, W. and London, M., *Maximizing The Value Of 360 - Degree Feedback: A Process For Successful Individual And Organizational Development*, Jossey-Bass, 1998.
[375] McKibben, op. cit., p. 125.
[376] Ibid, p. 214.
[377] Ibid, p. 223.
[378] Ibid, p. 225.
[379] Krass, P., *Carnegie*, Wiley, 2002, p. 509.
[380] Ibid, p. 124.
[381] Ibid, p. 89.
[382] Ibid, p. 58.
[383] Tedlow, op. cit. p. 50.
[384] Ibid, p. 51.
[385] Lager, C., op. cit. p. 133.
[386] Ibid, p. 179.
[387] Ibid, p. 178.
[388] McElheny, op. cit., p. 458.
[389] McElheny, op. cit. p. 83.
[390] Cohen, op. cit., p. 126.
[391] Langley, op. cit., p. 286.
[392] Lowenstein, op. cit., p. 108.
[393] Greenslade, op. cit., p. 58.
[394] 参见 Greenslade, op. cit., passim.

[395] Wilson, op. cit. , p. 252.
[396] Ibid, p. 114.
[397] Deutschman pp. 266 – 267.
[398] Langley, op. cit. , p. 19.
[399] Ibid, p. 325.
[400] Ib id, p. 119.
[401] Tedlow, op. cit. , p. 151.
[402] Ibid, p. 150.
[403] Ibid, p. 153.
[404] Tedlow, op. cit. p. 291.
[405] Schoenberg, op. cit. , p. 335.
[406] Ibid, p. 334.
[407] Ibid, pp. 335 – 336.
[408] Swartz, op. cit. , p. 225.
[409] Ibid, p. 261.
[410] Tedlow, op. cit. , pp. 404 – 405.

书系代码	书　　名	作　者	定 价
经营管理			
BM001	《并购成长》(Digital Deals)	Geis	29. 80
BM002	《绩效！绩效！》(企业培训版) (Coaching for Improved Performance)	Fournie	39. 80
BM003	《质量无泪》(Quality Without Tears)	Crosby	39. 80
BM004	《海阔天空——我在 DELL 的岁月》	方国健	20. 00
BM005	《心时代——一个情感化的世界及其经济图景》	曹世潮	20. 00
BM006	《情境领导者》(The Situational Leader)	保罗・赫塞	18. 00
BM007	《EMBA 销售管理》(Sales Management)	Calvin	45. 00
BM008	《EMBA 财务管理》 (Finance and Accounting for Non-financing Managers)	Weston	49. 80
BM009	《EMBA 兼并与收购》(Mergers and Acquisitions)	Weston	38. 00
BM010	《EMBA 公司战略》(Corporate Strategy)	Colley	39. 80
BM011	《EMBA 创业管理》(Entrepreneurial Management)	Calvin	49. 80
BM012	《EMBA 领导艺术》(Managerial Leadership)	Topping	35. 00
BM013	《EMBA 战略营销管理》 (Strategic Marketing Management)	Parry	42. 00
BM014	《EMBA 公司治理》(Corporate Governance)	Colley 等	49. 80
BM015	《六西格玛是什么》(What is Six Sigma)	Pande	15. 00
BM016	《六西格玛基础教材》(The Six Sigma Basic Training Kit)	Juran	80. 00
BM017	《六西格玛团队实战手册》 (The Six Sigma Way Team Fieldbook)	Pande, Neuman, Cavanagh	49. 80
BM018	《六西格玛团队怎么做》(Six Sigma Team Pocket Guide)	Federico	16. 00
BM019	《杰克・韦尔奇领导艺术词典》 (Jack Welch Lexicon of Leadership)	Krames	32. 00
BM020	《杰克・韦尔奇的 29 个领导秘诀》 (29 Leadership Secrets from Jack Welch)	Slater	29. 80
BM021	《通用电气"群策群力"》(GE Work – Out)	Ulrich 等	39. 80
BM022	《顶峰》(Million Dollar Consulting)	Weiss	48. 00
BM023	《战略计划实务》(Applied Strategic Planning)	Goodstein 等	48. 00
BM024	《平衡计分卡实用指南》(Balanced Scorecard)	Paul Niven	49. 80
BM025	《战略物流管理》(Strategic Logistic Management)	Stock	80. 00
BM026	《整合——企业并购成功之道》(M&A Integration)	Schweiger	39. 80
BM027	《战略领导》(The Art and Discipline of Strategic Leadership)	Freedman	32. 00
BM028	《经理薪酬完全手册》 (The Complete Guide to Executive Compensation)	Bruce R. Ellig	65. 00

书系代码	书　　名	作　者	定　价
BM029	《突破困境的领导艺术》(Leadership When the Heat's On)	Cox, Hoover	39. 80
BM030	《朱兰自传》(Architect of Quality)	Juran	50. 00
BM031	《卓越领导》(The Extraordinary Leader)	Zenger 等	39. 80
BM032	《精益六西格玛案例》(Learning into Six Sigma)	Wheat 等	18. 00
BM033	《领袖魅力》(Executive Charisma)	Benton	39. 80
BM034	《西南航空案例》(The Southwest Airlines Way)	Gittell	49. 80
BM035	《危机领导》(Leader Shock)	Hicks	29. 80
BM036	《应变》(Agile Business for Fragile Times)	麦卡锡 等	35. 00
BM037	《绩效导向的领导力》(Results-Based Leadership)	Ulrich 等	49. 80
BM038	《企业沟通的威力》(The Power of Corporate Communication)	Argenti 等	39. 80
BM039	《贯彻执行　现在就做》(Why Can't We Get Anything Done Around Here?)	李夫顿 等	20. 00
BM040	《高效能团队领导智慧》(Leadership Lessons of The Navy Seals)	坎农 等	39. 80
BM041	《竞争性销售》(Hope is not a Strategy)	佩吉	39. 80
BM042	《丰田汽车案例》(The Toyota Way)	莱克	49. 80
BM043	《风险管理》(Risk Management)	科罗赫 等	80. 00
BM044	《团队工作》(The Work of Teams)	卡岑巴赫	39. 80
BM045	《通用电气案例》(GE Work-out)	Ulrich 等	49. 80
BM046	《质量无泪》(修订版)	Crosby	39. 80
BM047	《绩效改进 19 讲》(201 Ways to Turn any Employee Into a Star Performer)	霍利	29. 80
BM048	《人性管理》(The Uncertain Art of Management)	奥斯曼	39. 80
BM049	《透明管理》(The Transparency Edge)	佩格诺	29. 80
BM050	《成本改进 181 法》(A Manager's Guide to Creative Cost Cutting)	大卫·杨	29. 80
BM051	《直觉》(The Art of What Works)	杜根	39. 80
BM052	《劣势者的优势》(The Underdog Advantage)	莫里	39. 80
BM053	《精益六西格玛服务》(Lean Six Sigma for Service)	乔治	55. 00
BM054	《活学活用博弈论》(Game Theory At Work)	米勒	39. 80
BM055	《巅峰绩效》(Peak Performance)	卡岑巴赫	39. 80
BM056	《丰田汽车:精益模式的实践》(The Toyota Way Fieldbook)	莱克 等	65. 00
BM057	《什么是公司治理》(What is Corporate Govermance)	科利 等	18. 00
BM058	《MBA 名校的 10 堂课》(What the Best MBAs Know)	纳瓦洛	49. 80
BM059	《现代企业管理教程》(Understanding Business)	尼科尔斯 等	50. 00
BM060	《领导艺术》(The Art of Leadership)	曼宁 等	50. 00
BM061	《产品生命周期管理》(Product Lifecycle Management)	格里夫斯	49. 80
BM062	《创新从头开始》(What customers want)	伍维克	29. 80
BM063	《创新引擎》(Fast Innovation)	George	39. 80

书系代码	书　　名	作　者	定 价
BM064	《苹果电脑案例》(The Apple Way)	Cruikshank	39. 80
BM065	《企业外包实务》(The Manager's Step-by-Step Guide to Outsourcing)	Dominguez	29. 80
BM066	《重塑创业精神》(Lead Like an Entrepreneur)	桑伯里	45. 00
BM067	《顾客导向》(The Outside-In Corporation)	邦德	39. 80
BM068	《定价与收益优化》(Pricing and Revenue Optimization)	菲利普斯	60. 00
BM069	《笑梁山》	陈实	35. 00
BM070	《价值流管理:面向全局供应链的精益方法》	多尔斯麦思卡罗	43. 00
BM071	《新企业所得税法与会计准则比较分析》	张炜	68. 00
BM072	《丰田产品开发体系》	摩根,莱克	60. 00
BM073	《联想:中国 IT 企业国际化品牌行销之道》	周锡冰	39. 80
BM074	《每秒千桶》(A Thousand Barrels a Second)	特扎基安	39. 80
BM075	《活学活用丰田生产方式》	田鹏	26. 00
BM076	《什么是精益》(Lean Production Simplified)	丹尼斯	35. 00
BM077	《纳税会计》	张炜	46. 00
BM078	《精益办公价值流》(The Complete Lean Enterprise)	凯特,劳克尔	35. 00
BM079	《超越平衡计分卡》(Beyond the Balanced Scorecard)	布朗	39. 80
BM080	《超越约束理论》(Beyond the Theory of Constraints)	莱文森	35. 00
BM081	《精益企业文化》(Creating a Lean Culture)	曼恩	39. 80
BM082	《银行供应链金融》	汤曙光,任建标	45. 00
BM083	《商业个性与领导模式:有效提升你的事业与公司业绩的领导力法则》	普林斯	39. 80
经济学			
E -001	《中国经济》(Chinese Economy)	蔡昉,林毅夫	39. 80
E -002	《宏观经济学》(Macroeconomics)	Dornbusch	60. 00
E -003	《经济学》(Economics)	McConnell,Brue	79. 00
E -004	《微观经济学》(Microeconomics and Behavior)	Frank	65. 00
E -005	《环境经济学》(Introduction to Environmental Economics)	Field 等	50. 00
E -006	《财富的诞生》(The Birth of Plenty)	Bernstein	49. 80
E -007	《ArcView GIS® 与 ArcGIS® 地理信息统计分析》(Statistical Analysis of Geographic Information with ArcView GIS® and ArcGIS®)	David Wong 等	58. 00
E -008	《MBA 宏观经济学》(Macroeconomic Patterns and Stories: A Guide for MBAs)	里默	55. 00
管理学			
MT001	《战略物流管理》(Strategic Logistic Management)	Stock	80. 00
MT002	《物流战略咨询》(Supply Chain Strategy)	Frazelle	49. 80

书系代码	书　　名	作　者	定 价
MT003	《组织人员配置》(Staffing Organization)	Heneman, Judge	
MT004	《战略管理》(Strategic Management)	Dess 等	40.00
MT005	《数据模型与决策:运用电子表格建模与案例研究》(第1版)(Introduction to Management Science)	Hillier 等	75.00
MT006	《数据模型与决策:运用电子表格建模与案例研究》(第2版)(Introduction to Management Science)	Hillier 等	75.00
MT007	《电子商务导论》(Introduction to E-Commerce)	雷波特 等	58.00
MT008	《供应链设计与管理》(Designing and Managing The Supply Chain)	辛奇—利维 等	40.00
MT009	《管理学基础》(Management)	克尼基 等	48.00
MT010	《定价》(Pricing)	门罗	65.00
MT011	《精通战略》(Mastering Strategy)	雷格斯比 等	39.80
MT012	《战略采购管理》(Harnessing Value in the Supply Chain)	班菲尔德	39.80
MT013	《逆向管理》(Don't Oil the Squeaky Wheel)	Rinke	39.80
MT014	《跨国管理》(Transnational Management)	Bartlett 等	79.80
MT015	《运营管理》(Matching Supply with Demand)	Cachon 等	50.00
MT016	《供应链与价值网创新企业案例》	任建标	35.00
MT017	《数据模型与决策:运用电子表格建模与案例研究》(第3版)(Introduction to Management Science)	Hillier 等	79.00
MT018	《供应链管理》(Supply Chain Management)	李令遐	42.00
MT019	《服务运作管理》(Services Management)	范・路易	65.00
MT020	《儒家思想与中国商务》(Confucianism and Business Practices in China)	刘芊	116.00
MT021	《供应链成本管理》(Supply Chain Cost Management)	安克莱萨里亚	35.00
营销管理			
MM001	《定位》(Positioning)	Ries & Trout	39.80
MM002	《营销战》(修订版)(Marketing Warfare)	Ries & Trout	39.80
MM003	《营销革命》(Bottom-up Marketing)	Ries & Trout	39.80
MM004	《新定位》(The New Positioning)	Trout	39.80
MM005	《颠覆广告》(Disruption)	让—马贺・杜瑞	40.00
MM006	《创意的竞赛》(Which Ad Pulled Best?)	Purvis	39.80
MM007	《广告文案名人堂》(The Art of Writing Advertising)	Higgins	29.80
MM008	《产品经理的第一本书》(The Product Manager's Handbook)	Gorchels	39.80
MM009	《全球整合营销传播》(Communicating Globally)	舒尔茨	39.80
MM010	《整合营销传播:利用广告和促销建树品牌》(IMC: Using Advertising and Promotion to Build Brands)	Duncan	298.00

书系代码	书　名	作　者	定 价
MM011	《市场战略》(The Market Makers)	Spulber	48.00
MM012	《全球营销》(Global Marketing)	乔尼·约翰逊	60.00
MM013	《网络营销》(Internet Marketing)	默罕默德 等	65.00
MM014	《产品经理的第二本书》(The Product Manager's Field Guide)	Linda Gorchels	39.80
MM015	《营销学基础》(Essentials of Marketing)	佩罗特,麦卡锡	60.00
MM016	《文案发烧》("Hey, Whipple, Squeeze This.":A Guide to Creating Great Ads)	苏立文	39.80
MM017	《小鱼吃大鱼》(Eating the Big Fish)	摩根	45.00
MM018	《什么是战略》(Trout On Strategy)	特劳特	29.80
MM019	《整合营销传播:创造企业价值的五大关键步骤》(IMC: the Next Generation)	唐·舒尔茨 等	39.80
MM020	《促销管理的第一本书》	Schultz	39.80
MM021	《广告箴言》(And Now a Few Words From Me)	加菲尔德	29.80
MM022	《营销计划手册》(The Successful Marketing Plan)	赫宾 等	60.00
MM023	《渠道管理的第一本书》(The Manager's Guide to Distribution Channels)	哥乔斯 等	35.00
MM024	《项目管理的第一本书》(The McGraw-Hill 36 – Hour Project Management)	库克,塔特	
MM025	《细读杰克·韦尔奇》	Krame,Slater	39.80
MM026	《品牌资产管理》(Brand Asset Management)	戴维斯	39.80
MM027	《互愿营销》(Opt-In Marketing)	罗曼 等	39.80
MM028	《小技巧　大销售》(401 Killer Marketing Tactics)	费尔藤斯坦	39.80
MM029	《作业成本管理的第一本书》(Common Cents)	特尼	39.80
MM030	《产品经理手册》(The Product Manager's Handbook)	哥乔斯	55.00
MM031	《商战》(20 周年纪念版)(Marketing Warfare)	Ries & Trout	68.00
MM032	《博客营销》(Blog Marketing)	Jeremy Wright	39.80
MM033	《品牌驱动力》(Building the Brand-Driven Business)	戴维斯,邓恩	39.80
MM034	《定价的艺术》(The Art of Pricing)	Mohammed	29.80
MM035	《营销 7 堂课》(Mastering Marketing)	罗斯金 – 布朗	39.80
MM036	《心战之地:存亡之道,不可不察. 第 1 卷》	刘松涛	39.80
MM037	《游击营销调研》(More guerrilla marketing research)	卡登,林达 等	55.00
MM038	《心战法则:攻城为下,攻心为上. 第 2 卷》	刘松涛	68.00
MM039	《攻心战术:以逸待劳,避实击虚》	刘松涛	49.80
销售管理			
SM001	《成功销售管理的 7 大秘诀》(7 Secrets to Successful Sales Management)	Wilner	39.80
SM002	《电话行销,轻松成交》	姚能笔	39.80
SM003	《摸透顾客心》(Ten Demandments)	Mooney Bergheim	39.80

书系代码	书　　名	作　者	定 价
SM004	《练就铁齿铜牙》(Secrets of Power Persuasion for Salespeople)	Dawson	39. 80
SM005	《轻松收款》(Collections Made Easy)	卡罗尔	39. 80
SM006	《打倒墨菲定律　挽救我的销售》(Beating the Deal Killers)	Giglio	39. 80
SM007	《增加销售的 12 种核心技术》(Beyond E)	Diorio	39. 80
SM008	《销售管理》(Sales Force Management)	Johnston 等	49. 00
SM009	《汽车销售的第一本书》	孙路弘	39. 80
SM010	《终极销售力》(Ultimate Selling Power)	莫伊,洛伊德	39. 80
SM011	《顶尖销售的 25 堂课》(Secrets of Top Performing Salespeople)	乔诺 等	29. 80
SM012	《引爆销售的 10 大黄金法则》	Desena	39. 80
SM013	《再造销售奇迹》	Eades	39. 80
SM014	《攻心式销售》	Bosworth	24. 80
SM015	《百万销售师》	Gardner	24. 50
SM016	《成交》	Victor	29. 80
SM017	《直销经理的第一本书》(Making Millions in Direct Sales)	马拉汉 等	39. 80
SM018	《直销 37 计》(The Ultimate Guide to Network Marketing)	乔·鲁比诺	39. 80
职场发展			
CD001	《外企面试宝典》(More Best Answers to the 201 Most Frequently Asked Interview Questions)	DeLuca	25. 00
CD002	《人才心理测评》(Psychological Testing at Work)	Hoffman	25. 00
CD003	《演讲的艺术》(Strictly Speaking)	Buckley	29. 80
CD004	《五大会计师行》	周年洋 等	24. 80
CD005	《职业经理自修手册》(The Manager's Self-development Guide)	Pedler	35. 00
CD006	《关键对话》(Crucial Conversations)	Patterson 等	29. 80
CD007	《静思录》(Finding Your Strength in Difficult Times)	David Viscott	19. 80
CD008	《商务英语书信写作精益求精篇》	康宁汉 等	29. 80
CD009	《商务人士日常书信写作》(Great Personal Letters for Busy People)	布赫	48. 00
CD010	《销售信函》(Sales Letters Ready to Go)	贝塞尔 等	32. 00
CD011	《商务信函》(Business Letters Ready to Go)	Bayse	39. 80
CD012	《我爱笨老板》(How to Work for an Idiot)	胡佛	29. 80
CD013	《实用英语动词短语》(Basic Phrasal Verbs)	斯皮尔斯	35. 00
CD014	《赛马》(Horse Sense)	里斯,特劳特	29. 80
CD015	《报刊装帧设计手册》(The Newspaper Designer's Handbook)	哈洛维	128. 00
CD016	《君子善言》(Speak Like a CEO)	贝茨	32. 00

书系代码	书　　名	作　者	定 价
CD017	《脱颖而出》(Shine)	汤普森	29.80
CD018	《量子飞跃》	谢尔顿,刘芊	29.80
CD019	《纳米说服力》	姚能笔	29.80
CD020	《你就是品牌》(U R a Brand!)	卡普塔	29.80
CD021	《关键 60 秒——轻松赢面试》(The First 60 Seconds)	伯恩斯	35.00
CD022	《争论的十大金律》(How to Argue)	赫林	25.00
投资理财			
IF001	《赢得"输家的游戏"》(Winning the Loser's Game)	Ellis	29.80
IF002	《向格雷厄姆学思考,向巴菲特学投资》(How to Think Like Benjamin Graham and Invest Like Warren Buffett)	Cunningham	39.80
IF003	《巴菲特怎样选择成长股》(How to Pick Stocks Like Warren Buffett)	Vick	29.80
IF004	《最后的合伙人》(The Last Partnership)	Geisst	29.80
IF005	《财务报表分析与证券定价》(Financial Statement Analysis and Security Valuation)	Penman	98.00
IF006	《技术分析》(Technical Analysis Explained)	Pring	80.00
IF007	《技术分析 A－Z》(Technical Analysis from A to Z)	Achelis	55.00
IF008	《股票价值评估》(Valuing a Stock)	Gray 等	39.80
IF009	《蜡烛图精解(第 3 版)》(Candlestick Charting Explained)	Morris	60.00
IF010	《技术分析习题集》(Study Guide for Technical Analysis Explained)	Pring	25.00
IF011	《股票市场的时机选择》(Timing the Stock Market)	亚历山大	48.00
IF012	《最佳卖出点》(It's when You Sell that Counts)	卡西迪	39.80
IF013	《股市名言》(Buy the Rumor, Sell the Fact)	麦洛	29.80
IF014	《向格雷厄姆学思考,向巴菲特学投资》(修订版)	Cunningham	39.80
IF015	《华尔街投资银行史》	Geisst	49.80
IF016	《信用风险:度量与管理》	瑟维吉尼	65.00
IF017	《财务报表分析与证券定价》(第二版)(Financial Statement Analysis and Security Valuation)	Penman	98.00
IF018	《信用评分模型技术与应用》	陈建	60.00
IF019	《现代信用卡管理》	陈建	80.00
IF020	《标准普尔教你做好个人理财》(The Standard & Poor's Guide to Personal Finance)	道尼	25.00
IF021	《标准普尔教你做好第一笔投资》(The Standard & Poor's Guide for the New Investor)	马蒂夫	25.00
IF022	《标准普尔教你做好长期投资》(The Standard & Poor's Guide to Long-Term Investing)	提格	20.00

书系代码	书　　名	作　者	定 价
IF023	《股市法则》(Stock Market Rules)	沙伊莫	29.80
IF024	《股指期货 100 问》	中国国际期货武汉研究中心	25.00
IF025	《巴菲特选股魔法》	洪瑞泰	25.00
IF026	《发现机会》(Discover the Upside of Down)	科比	39.80
IF027	《对冲基金经理笔记》(Money Mavericks:Confessions of a Hedge Fund Manager)	克罗耶	39.80

(具体数据以出书为准)

销售服务:010-88191017,88191063(FAX)
E-mail:　webmaster@ewinbook.com
邮购地址:北京市阜成路甲 28 号新知大厦　中国财政经济出版社邮购部
邮购费用:书价加 15%
电　　话:010-88190406　88190488
邮　　编:100036